可见的学习在行动

VISIBLE LEARNING INTO ACTION:
INTERNATIONAL CASE STUDIES OF IMPACT

[新西兰]约翰·哈蒂（John Hattie）
[新西兰]德布·马斯特斯（Deb Masters）著
[澳大利亚]凯特·伯奇（Kate Birch）

彭正梅 伍绍杨 邓莉 等 译

教育科学出版社
·北京·

译者前言

一

康德认为，人作为大地之上唯一有理性的造物，被赋予了完满的自然禀赋，但必须通过自己的努力才能逐步将其发挥出来。人类可以通过试验来寻求更好地推进"一种均衡且合目的地发展人之一切自然禀赋的教育"，因为人只有通过教育才能成为人。

但教育学总是处于晦暗之中。我们的教育方法并不总是有效的，尽管我们做了大量的教育试验和实证研究，力图使教育学像自然科学那样精确。我们也非常重视对学习的研究，希望能认识学习，从而开启它、引导它和支持它，但"学习"却还总是隐藏着，它在教育行动的笼罩下仅有一部分是看得见的。

就目前而言，似乎有两条路径有可能使教育学实现"科学化"：一是通过教育领域中的大数据分析，研究不同因素和结果之间的相关性，寻找教育实践中的一般规律；二是通过认知心理学和神经科学的跨学科研究，寻找人类大脑的学习机制，并探讨它对教育实践的启示。

从这一点来看，哈蒂此前出版的《可见的学习：对 800 多项关于学业成就的元分析的综合报告》（简称 VL）和《可见的学习与学习科学》（简称 VLS）可以被视为对学界迄今为止在这两条路径上的探索的综合和总结。在前一本著作中，哈蒂利用统计技术综合了 20 世纪 80 年代以来教育领域中的 800 多项元分析，并将影响学业成就的不同因素进行排序和归类，进而构建了一个基于证据的普通教育学体系。该书一经出版就引起了西方教育界的轰动，因为自杜威和进步主义教育运动以来，"学生中心论"牢牢地占据了西方教育界的主流话语。同时，教育政策制定者也更加关注优化学校设施和环境、推行课程改革和实施大规模测评项目，教师的行为和教学实践很大程度上被忽略了。然而，哈蒂的这本有着稳固实证基础的著作却展现了教育中的另一番图景，它向我们传达的信息是："教师很重要！"

哈蒂批评了削弱教师作用的建构主义教学方法，并认为建构主义更多是反映了舆论的偏好，而非建立在坚实的证据基础之上。他主张教师主导的直接教学和基于证据的教学改良主义。《可见的学习与学习科学》进一步从学习科学的视角佐证了这一观点：人脑是自然选择的结果，但远非一个完美的或最优化的系统，它带有种种局限和缺陷，其中对学习影响最大的是大脑的认知资源是有限的，我们需要通过刻意练习使基本的知识和技能自动化，降低认知负荷，才能腾出更多的心智空间进行深度学习。在这个过程中，来自"更有能力的他者"的指导和反馈是至关重要的。社会脑假说也认为，人类更擅长从社会榜样、直接教学和他人提供的信息中学习。

从这两条路径出发，哈蒂初步构建了一个科学化的"可见的学习"理论体系，但他并没有止步于此。"可见的学习"理论最终需要被运用到实践中，对实践产生影响，并在实践中得到检验。该系列的《可见的学习（教师版）——最大程度地促进学习》（简称VLT）和《可见的学习在行动》（简称VLA）是对如何改善教育实践这个议题的回应。VLT澄清了教师在学校教育中应该担当的角色，并为教师的教学实践提供了八个通用的心智框架。哈蒂认为，教师不应该只是学生身边的向导，而是应该成为学生学习的"激活者"，采取强有力的干预措施对学生施加影响和给予有效反馈。教师要成为"适应性学习专家"，根据学生的实际情况采取不同的教学策略，并基于证据持续不断地改善教学。他主张教师应该像外科医生一样，对自己的行为和教学采取"清单式"的管理，时刻反思和改善自身的教育实践和专业水平。

在《可见的学习》出版后不久，哈蒂的团队就与认知教育公司展开合作，着手将理论孵化成切实可行的教师培训和学校改进项目。这个项目被称为"可见的学习$^+$"，目前已经在全球多个地区的学校中开展，包括美国、加拿大、英国、澳大利亚、新西兰以及北欧国家等，这些学校形成了一个庞大的"可见的学习"社区。尤其是在澳大利亚和新西兰，基于"可见的学习"理论的学校改进模式已经成为一种新常态。VLA是对这些实践项目及其成果的一次阶段性总结，它为我们展现了将"可见的学习"理论运用于学校改进和变革的真实案例。

哈蒂通过对教育实证研究元分析的二次元分析，以及对学习科学领域的系统性综述，构建了一个"科学化"的"可见的学习"理论。但这种科学化的建构并非只是冷冰冰的数据堆砌，也不只是对肉眼不能及的微观机制的客观描述，而是始终带有实践关怀。曾经是一名教师，后来成为教师教育者，这种经历使作为教育研究者的哈蒂始终在思考他的研究发现如何能够对改善学校教育有所贡献。因而,他没有止步于教育科学研究,而是将这种科学化的教育学原理继续拓展为教师教学和学校改进的实践理论。

尽管哈蒂的研究结论拒斥了教育领域中占据主流的建构主义话语,引发了不少争论和质疑,但更重要的是他向我们展示了一个完整的实证研究范式。教育研究者在居高临下的象牙塔中做学问,教师在三尺讲台上教书,两者难有交集,而哈蒂的研究向我们展示了如何将科学教育学与实践教育学结合起来,如何通过教育的科学研究改善学校教育,来帮助实现康德所言的人的自然禀赋。

二

哈蒂在 VLA 中指出,过往的学校教育改革大多是反映了决策者的一时之好,而没有建立在稳固的证据基础之上,因而也没有将改革持续下去的动力。学校是一个繁忙的地方,每天都为不同的新方向而奔波忙碌,教师对这些新举措不是无所适从,就是习以为常。针对这种情况,哈蒂的建议是采取一种结构化的学校改进模式,组建学校指导联盟,制订一个详细的时间表去监控各种措施的落实情况,让这些新活动成为学校日常运作的常规事项。

哈蒂将这个学校改进模式称为"影响循环",包括五个阶段:(1)判断学生的现阶段学习成果,即学生处于哪一个水平,他们的学习需求是什么,预期取得的理想成果是什么;(2)审视教育者是否具备足够的知识与技能帮助学生取得理想成果,教师要通过学习使自己的知识和技能与学生的需求相匹配;(3)教师要有计划地调整自己的行动,包括制订新的行动计划和保证计划的落实;(4)搜集证据,评估教学对学习的影响,学生的行为发生了什么改变;(5)运用工具和教师收集的证据去理解当前的情况,并计划下一个目标,重新开始这个循环。

早在 20 世纪 80 年代,教育研究者斯蒂芬·凯米斯(Stephen Kemmis)就提出了一个教师行动研究的"螺旋循环",即"计划—行动—观察—反思—再计划"。哈蒂的"影响循环"是对"凯米斯程序"的改良和具体化。如果我们从"凯米斯程序"的视角去理解哈蒂的"影响循环",它表现出以下几个特征:(1)首先在计划阶段,教育实践改进的主题并非随意选取的,它着眼于学生的学习需求。同时,学生的学习需求也不是教师主观臆测的,而是需要以数据作为支撑,我们可以看到本书呈现的很多学校在开始"影响循环"之前都经历了一个收集基准数据的过程。(2)在教师采取行动之前，它强调教师自身的专业学习。这一点非常重要，过去很多人都提出过"教师成为研究者"的概念，但在实践中很难实现，这很大程度上是因为它假定教师拥有充分的能力开展研究，而忽视了教师继续学习的重要性。(3)"观察"可以被理解为收集证据的过程，尽管收集不同类型的证据很重要，但哈蒂更强调定量数据的收集，教育系统应该为教师设计和开发有效的评估工具。(4)在反思阶段，教师需要思考和分析结果，但更重要的是提供反馈的过程，这些反馈信息为开启下一个"影响循环"打下基础。"影响循环"帮助教师过上一种合作与创造的生活，在无止境的探索中不断地改进教育实践。

哈蒂通过对"可见的学习$^+$"项目的案例分析总结出五条关键线索，这构成了"影响循环"的聚焦点和着力点：(1)"认识你的影响力"，这个主题聚焦的是评价与证据，哈蒂强调评价或考试不是为了问责，而是为了改进教学，教师通过评价收集自身影响力的证据，并根据证据做出可靠的教育决策；(2)"有效反馈"，为了使反馈的效力最大化，在开展教学之前，教师应该与学生共同制订"学习意图"与"成功标准"，在学习结束以后，教师可以采取"学习进程可视化"或运用技术提供清晰且及时的反馈；(3)"可见的学习者"，建立共同的学习语言，树立一个理想学习者的形象，激励所有学生朝着那个方向努力；(4)"有热忱、善激励的教师"，这个主题聚焦于构建专业学习共同体、消除职业倦怠和重塑教师文化，走课、组建教师互助小组、集体备课等都是有效的措施；(5)"'可见的学习'学校"，这个主题是对前四条线索的总结，强调发挥学校领导者的作用，实施全校范围的改进项目，并与更广泛的学习共同体建立联系。作为实施"影响循环"的主体，教师是贯串这五条线索的主要角色，教师要建立以下十个心智框架：

- 将自己视为评价者；
- 将自己视为变革的驱动者；
- 思考学生如何学习，而不是教师如何教学；
- 将评价视为对自身影响力的反馈；
- 开展对话，而非独白；
- 享受挑战；

- 建立良好的师生关系；
- 运用学习的语言；
- 明白学习需要付出努力；
- 教师之间开展合作。

三

哈蒂很少谈论学校之外的事情，比如阶层、贫穷、家庭资源、健康、社会环境等，并不是说这些事情不重要，这些事情甚至比学校之内的所有事情都重要，20世纪60年代的《科尔曼报告》早已证实了这一点。哈蒂清楚地意识到教育者的局限性，教师无法改变学生来自什么样的家庭，也无法改变他所在的学校处于什么样的社区中。哈蒂更愿意从教育者能够改变的事情上寻找答案，因此他十分强调教育者所应担当的角色。学校教育总是受到外部条件的制约，很多人将学校视为社会再生产的工具、未来人才的"筛选器"，教师能期待自己做些什么？如果说教育只是社会经济政治的反映，那么教育又如何能够如康德所说使人的全部自然禀赋发挥出来，从而创造一个生机勃勃、不断进步的社会和文明？

康德坚信人类是不断朝着改善前进的，但这个命题仅仅是可能的，而不是必然的，人在漫漫的历史长河中有义务去促进这种进步，就像人在道德领域中有义务履行德性一样。康德谈到古代的先知和预言家并非真的能够预知未来，就如同《俄狄浦斯王》中的神谕，他们实际上是用自己的预言来帮助这些预言的实现。对于教育者而言，如果他只是一味感叹"寒门再难出贵子"，或者抱怨自己所在的学校缺乏优越的条件、没有优质的生源，而没有切实地思考如何在力所能及的范围内改善自己的教育实践，那么他正好是掉进了负向的"自我实现"陷阱。康德认为，我们有义务去相信和期待进步，这些信念将直接影响到我们此时此刻的行动和选择，从而影响未来的走向。同理，教师也有义务相信和期待教育的改善最终能带来社会的改善，教师不应该只是承认教育的局限，将教育视为一种谋生手段，而是应该相信教育是一项改造人类心智的工程学。

在本书中，哈蒂向我们展示了很多生动的案例，这些案例表明改善不止发生在富裕的学校、优秀的班级或者卓越的个体身上，那些处于不利、劣势和边缘的学校和群体也能够取得极大的改善，而在这些改善的背后凝聚的正是教师的不懈努力。在哈蒂看来，学校教育应该成为一个"调节器"，放大家庭和社会的正面影响，同时中和它们的负面影响。在这个过程中，教师至关重要，他既是知识和文化的传授者，更是儿童学习的社会榜样。如果所有教师都能形成改善教育的思维方式，那么优质的教育资源就不再是稀缺的了，教育才能真正称得上"面向所有人"，那么经由教育的改善使人的全部自然禀赋发展出来就不再是一个遥不可及的梦想。如哈蒂所言，"认识你的影响力"，相信你的影响力和发挥你的影响力！

认识你自己，这是对每一个体的要求；而认识你的影响力，应该是教师的重要职责。哈蒂的可见的学习，就是一个关于有热忱、善激励和高影响力教师的故事。这个故事是目前学校教育改进的关键。

本书是团队合作翻译的成果：陈亭秀、黄菲儿、吴井娴、朱玉明以及汪妮等参与了本书的最初翻译，在此表示感谢。

彭正梅　伍绍杨　邓　莉
华东师范大学国际与比较教育研究所
2018 年 6 月 1 日于丽娃河畔

目　录

致谢 / 001
概述与前言 / 003
　　研究的视角（约翰·哈蒂）/ 003
　　专业发展模型（德布·马斯特斯）/ 009
　　实践的故事（凯特·伯奇）/ 012
　　积极阅读指南 / 实施活动的理论 / 021

第 1 部分　认识你的影响力 / 023

　　第 1 章　澳大利亚凯勒·维尤思小学 / 024
　　第 2 章　中国香港智新书院 / 046
　　第 3 章　澳大利亚萨达迪恩小学 / 069
　　附录 1.1　积极阅读指南 / 083
　　附录 1.2　从理论到实践 / 084

第 2 部分　有效反馈 / 085

　　第 4 章　澳大利亚蒙米亚小学 / 086
　　第 5 章　澳大利亚基督教长老会女子学院 / 107
　　附录 2.1　积极阅读指南 / 121
　　附录 2.2　从理论到实践 / 123

第 3 部分　可见的学习者 / 125

第 6 章　新西兰石田学校 / 126

第 7 章　瑞典古斯塔夫·瓦萨科兰学校 / 144

第 8 章　英国霍奇山小学 / 156

第 9 章　挪威奥斯高学校 / 171

附录 3.1　积极阅读指南 / 184

附录 3.2　从理论到实践 / 185

第 4 部分　有热忱、善激励的教师 / 187

第 10 章　新西兰克利夫登学校 / 188

第 11 章　美国莫伯利学区 / 206

第 12 章　美国沃尔福德小学 / 216

附录 4.1　积极阅读指南 / 231

附录 4.2　从理论到实践 / 232

第 5 部分　"可见的学习"学校 / 233

第 13 章　澳大利亚奥克斯利学院 / 234

第 14 章　澳大利亚沃东加小学 / 257

第 15 章　英国托伯莫里学校 / 280

附录 5.1　积极阅读指南 / 295

附录 5.2　从理论到实践 / 297

总结 / 298

参考文献 / 300

索引 / 303

致　谢

本书的完稿是"可见的学习"旅程众多里程碑中的一个。约翰·哈蒂（John Hattie）2009年出版的著作《可见的学习：对800多项关于学业成就的元分析的综合报告》激励和驱使全世界的教育者进行深刻的自我反省，评估各自环境中的不同影响。我们感谢约翰·哈蒂，因为我们被这个系列的故事所鼓舞。我们要感谢他亲自审阅每一个故事，并提供反馈，询问我们的意见，以确保这些关于影响因素的故事确凿可信。我们也感谢德布·马斯特斯（Deb Masters），作为新西兰认知教育有限公司（Cognition Education Ltd）"可见的学习$^+$"（Visible Learning^{plus}）项目的主任，她策划将此研究转化成一个专业的学习框架，使教育者能够将理论付诸实践。她和新西兰认知教育团队一起工作，也和澳大利亚、北美、英国、斯堪的纳维亚和荷兰的顾问团队合作，在全世界推广"可见的学习$^+$"。德布与约翰·哈蒂和凯特·伯奇（Kate Birch）合作撰写了本书的"概述与前言"，为这本书提供概述和基本理论。她督促此项目的开展，并始终愿意以各种方式提出建议、给予鼓励并跟进项目。谢谢你，德布，你的影响是深远的。

除此之外，也要感谢这些人：这些故事中的校长、教师和学生们，他们愿意分享自己的故事供大家学习。谢谢高层领导团队花了大量时间整理自己的故事，检查并复查，与认知团队沟通，确保信息的准确性。他们是第一群承认还未得到教育良方的人，但是他们一直在努力地确保其教导的每一位学生都能取得最佳的教育结果。

同样要感谢"可见的学习$^+$"的顾问：安斯利·罗斯［Ainsley Rose，美国柯温（Corwin）出版社］，玛丽安娜·斯科格沃尔［Marianne Skogvoll，挑战学习（Challenging Learning）］，比特·松丁（Bitte Sundin，挑战学习），杰恩－安·杨（Jayne-Ann Young，认知教育有限公司），海伦·巴特勒（Helen Butler，澳大利亚柯温出版社）和克雷格·帕金森［Craig Parkinson，英国奥西里斯（Osiris）教育公司］。他们挑选学校并与其开展合作，将学校的工作整理成文稿。当其他学校看到、听到并感受到建设"可见的学习"社区会是什么样的，并同样受到鼓舞和激励时，他们在编辑和收发邮件上投入的大量时间就收到成效了。我们很幸运，有一个国际化的有热忱、善激励的顾问团队，与学校一起使"可见的学习"蓬勃发展。

我们需要向编写团队表达最多的感谢。本书幕后有一个写作团队，他们从15所学校收集原始材料，将其精心整理成每一章中的故事。凯特·伯奇（认知教育）与世界各地的顾问和教育工作者负责撰写这本书。从长时间的工作以及这些案例研究呈现出来的惊人结果来看，她对细节的关注、温和的施压、不懈的追求以及对"可见的学习"的热爱是显而易见的。来自新西兰惠灵顿的凯特·德雷弗（Kate Dreaver）用个性和诚恳的写作风格讲述故事，不但有吸引力，而且还提供丰富的细节，使故事内容更加翔实。她投入无数个小时研究每一所学校，尽可能精确和完整地绘出它们的旅程。她得到了彼得·德威特（Peter de Witt）的大力协助。彼得是一个凭其真才实学在教育界享有盛誉的作家，他与凯特共同写作了部分发生在北半球的故事。谢谢你们的热情，谢谢你们每时每刻表现出来的幽默感，谢谢你们都愿意成为完美主义者、爱唠叨的人和胜利者！我们不可能再找到一个更有能力的团队来一起完成这本书了。

最后，我们想要感谢来自劳特利奇出版社（Routledge）的布鲁斯·罗伯茨（Bruce Roberts）。他提供了许多鼓励和指导，保证了这本书的顺利完成。

认知教育有限公司执行总裁特里·贝茨（Terry Bates）

概述与前言

这本书汇集了来自世界各地学校的故事，这些故事都属于"可见的学习⁺"专业发展计划的一部分。这个计划建立在约翰·哈蒂研究的基础之上，是由他和认知教育团队的专业人士合作开发的。它帮助学校和个体检验他们的证据，根据对学生的影响，调整他们的专业实践。无论是对学校，还是对整个项目来说，这些故事远未结束。你在这里看到的只是瞬间的片段，但我们衷心希望这些片段能够例证，当我们尝试真正地理解我们对我们所服务的年轻人产生的影响并为之负责时，将会发生什么。

研究的视角（约翰·哈蒂）

作为一个年轻的教师，后来作为一个教师教育者和学者，让我十分惊奇的一件事是人们都在寻找真正影响学生学习的因素。似乎每个人都在寻找那样的知识，但求诸不同地方。他们给出了五花八门的方法——这些怎么可能都是正确的？如果我们知道了"什么起作用"的真相，那么为什么我们不都那样做？而且，它们所起的作用相同吗？肯定有些方法比其他的更重要吗？为了寻找这些问题的答案，我对大量的元分析进行了综合分析，这现在成为"可见的学习"的基础。

我发现，如果我们只是问"什么促进学习"，答案是"几乎所有事情都能促进学习"。（到目前为止）1137项元分析的平均效应中，超过95%是积极的。但是如果仅仅问"什么起作用"是毫无意义的。教育领域中的任何一件事，我们都能找到支撑的证据。我们需要把关注的焦点从"什么起作用"转移到"什么最起作用"上。庆幸的是，数以千计的研究者、教育从业者和学生准许我们仔细检验他们的教与学，这意味着我们能获得需要的信息来回答这个关键问题。

图 0.1 切中要点。它根据研究文献中提及的影响因素对学生学习成果的影响的大小，绘制出各个效应量范围中影响因素的数量。它表明，很少有影响因素

会降低学生的学业成就（即效应量低于 0）。这些效应量近似于正态分布，大约一半在 0.4 以上，另外约一半在 0.4 以下。改进教育的关键在于，我们如何阐释那些高于平均或低于平均的影响因素。这是"可见的学习"先前系列著作的主要目的。

正如图 0.1 显示，许多教师和学校已经处于高于平均值的区域，即选择了对学生学习成果的影响高于平均值的策略。我们的目的就是去了解这个高于平均值的影响，并让所有教育者都进入这一区域。对于那些已经在高于平均值的区域中的教师和学校，我们只需让他们继续做他们正在做的事，理解他们的思维和行动，欣赏他们，并将他们敬为教育成功联盟中的一员。

重要的是，"可见的学习"的研究表明，成功一直在我们身边。我们不需要去芬兰，或者上海，或者是毗邻市郊的贵族学校去见证成功：它就在我们身边。我们是否有勇气去踏实地寻找成功所在之处，理解它、重视它，将成功作为基石去建立一个改造学校和系统的联盟？我们是否有足够的理智不去贬低那些目前尚未在高影响区的人，而是在他们朝这个方向努力时，找到办法来帮助他们？这本书里所说的这些学校故事充分例证了这份勇气、这种理智和周全的改进方法。从他们进步的轨迹来看，他们有不同的起点，但是他们都认真地考量了他们为学生设定的目标、他们用于支持改善的资源以及他们必须做哪些事去变得更好。

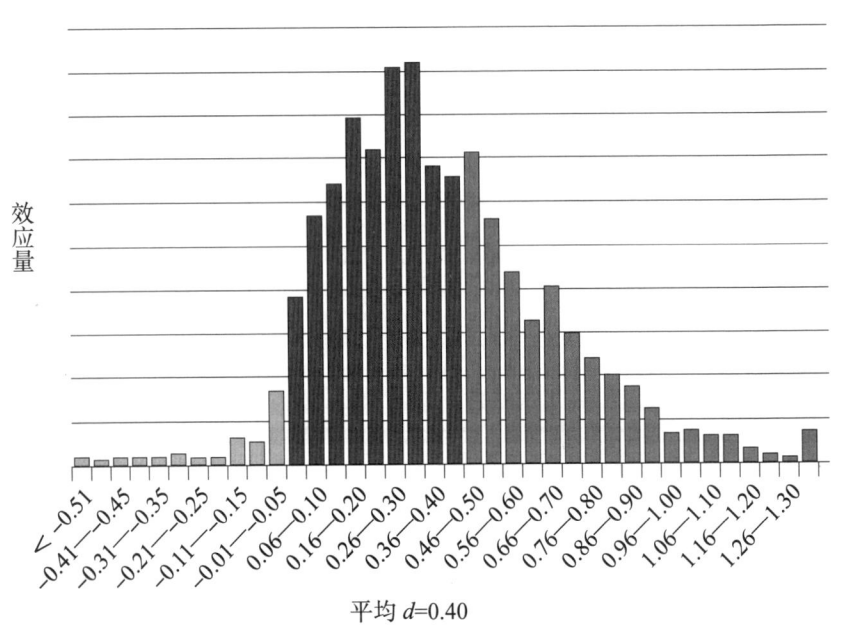

平均 $d=0.40$

图 0.1　效应量分布

包容个体的差异是许多教师的基本信念。事实上，这就是主张每个班级都是独一无二的，教师需要根据他们独特的学生灵活地运用各种教学方法和资源。这真实且令人生畏：这意味着教师需要理解每一种因素对学生学习的影响，并懂得如何运用。现在我们知道："适应性实践者"不是一个超人，而是一个学习者——他能从研究和自身环境中找到证据，并运用它开创新格局，迎接新挑战。

"可见的学习"先前的系列著作共同讲述了一个故事，即与效应量最小的影响因素相比，到底是什么支撑着那些对学生学习产生最大效应的影响因素。以证据为基础，给出一个更令人信服的故事，这个创造性过程是教学科学的核心。是的，有很多的数据点，涉及数以百万计的学生（约 250 万），我们可以围绕这些数字的某些方面展开争论。但是这忽略了重要的一点——这整个故事算是一个令人信服的解释吗？

这个故事开始于 20 多年以前，在过去的 15 年，各种文章和著作都讲述过这个故事。在"可见的学习$^+$"项目的心智框架和线索中，它的主题被反复提起。迄今为止，很少有人质疑"可见的学习"的故事，我们也没找到其他的可行解释。当教师和学校领导者接触到"可见的学习"的伟大构想并将其作为框架，根据他们环境中的学习者的特定需求、优势和抱负去选择有研究基础的策略时，将会发生什么？这本书中的故事将延续这个主题。

认识你的影响力

这个故事始于"认识你的影响力"的概念，特定的教师、学校或系统的领导者对他们负责的学习者的学习结果将会造成什么影响？如果这种影响高于可接受的水平，那么，接下来的目标是继续这种做法。如果影响未能达到可接受水平，那么就改善、调整和改变它。检验那些系统地取得了较好效果的人的实践，是"可见的学习"故事的主要部分，而且多数情况下，"可见的学习"所做的，如前所述，是认可他们一如既往地做下去。但"认识你的影响力"有一些关键方面：影响的实质、大小及其普及程度。

第一，影响是什么？正如本书第 1 章所述，这是个没有简单答案的关键问题。答案并不像"效应量"那么简单。其中一个关键的出发点是，学校领导热烈讨论在他们的学校里影响意味着什么——跨越不同学科领域，跨越表层和深层的学习。当然，课程应在一定程度上提供帮助，它提供期望、进展以及获得成果的步骤。但不幸的是，许多课程文件是成人"集体思维"的结果，制定出我们成人认为应该教的东西,将其划分成不同领域和主题,并常常被表面的知识所主导。然而,学校需要知道学生如何通过课程取得进步,需要知道不同学生很可能以不同的速度、在不同的时间里取得进步。要知道影响是什么,需要理解进步,理解学生进步在哪里,并允许他们以多种方式进步,而不是规定所有人都在同一进度上。这方面的知识必须共享,否则,如果一个学生遇到了一个对挑战和进步有不同定义的新教师,那么他的学习就可能被打乱。它也必须是恰当的:期望值低的教师很容易实现低层次的进步,而期望值高的教师也很容易实现高层次的进步(Rubie-Davies, 2014)。

当学生也能共享这些知识时,教师和学校领导者共享对这些影响的理解所起的作用就会增强。这就是为什么成功的标准这么受人瞩目(详见第3章)。"可见的学习"的研究表明,如果学习者把成功的本质看成是学习一个概念和一系列课程的开始,那么他们就会很快向成功进发了。而且,对于改变教师与学习者之间的关系,从而分享学习的力量,深刻理解成功的标准似乎尤为关键。例如,在霍奇山小学,教师推出了"彩色编码"的策略,学生可以用它来监测在达到写作的成功标准上的进展情况。这成为深度学习对话的基础,这种对话超越了学生的学习,拓展到教师如何调整自己的实践以更好地支持学习。

第二,认识你的影响力需要讨论这个影响的预期大小。如前所述,仅仅促进学生的学习是不够的。教师对这个影响的大小的理解才是最重要的。如果有好的评估,增加的效应量会是理解影响大小的一个有价值的工具。尽管从根本上说,重要的不是效应量和考试分数。在学校的每一天和每一节课,教师和学生都在做判断,这些判断才是重要的,而不是数据、考试分数或者效应量。如何解读测量的结果以更好地帮助教师做出判断,这是"可见的学习"故事的核心。那些影响达到了我们的预期效果了吗(这意味着对预期影响有预先的定义)?无论我们用何种测量方法,那些影响都能被合理评价吗?那些影响与表层学习和深层学习的合理比例有关吗?它们足够大吗?它们的哪些方面被意识到了?哪些没有被意识到?

第三个需要考虑的是这种影响的普及程度。在每一节课上,有时候不管我们是否努力,至少我们当中的一些学生学习了我们希望他们学习的内容。是的,我们可以声称这些学生成功了,但关键是达到预期成果的学生的数量。有没有学生因为已经落后了而被排除在外?有没有学生已经达到了预期效果但却没有获得拓展自己的机会?这些学校很困惑地发现,某些学生能够很好地达成预期结果，但是这些学生取得进步的概率与同龄人相比很小。沃东加小学和智新书院就是例子。

只有在解答了影响的本质、大小和普及程度这三个问题后，我们才能问原因和解释。在学校教育中，我们常常在理解我们的影响之前就草率地寻求解释。在第 5 章描述的那些"可见的学习"的学校中，领导者将与教师一同解决这些问题所需的时间和学习放在首位。学校领导者融入到教师之中，根据学习到的经验，讨论这些话题；这是基于证据的反思。数据不能提供反思或判断：那是专业人员的作用。但数据是做出成功判断的基础——下一步该怎么走、该删去什么、该关注什么。

请注意，标语"认识你的影响力"中的"你"是复数，因此强调团队合作。教师（学生）之间的合作行动是"可见的学习"带给我们的重要信息，这意味着学校领导者的角色对学校模式的成功至关重要。像"可见的学习$^+$矩阵模型"（Visible Learning^{plus} Matrix）这样的工具支持学校领导者帮助教师参与到多渠道的信息收集、分析和解释的过程中。在蒙米亚小学的案例中，这样的过程需要全体成员关注有效反馈的本质，关注如何更好地运用学生的学业数据、倾听学生的声音，去设计课程并帮助他们成为能自我评价的"可见的学习者"。

系统

我们很不喜欢的一件事是，教育者声称一个学校或系统的好坏只与教师有关。这过于依赖教师个体，因为"可见的学习"的信息清晰地显示，教育结果取决于由学校领导者引领的、得到整个系统的支持和滋养的教师们。换句话说，教育结果是教师和学校领导者的专业能力相结合才有的结果。发展这样的专业能力，滋养它，建立一个专业的联盟，这是一个系统为促进学习所能做的最昂贵的但也是最值得的投资。

教育事业中存在很多令人分心的事，我们很多人都会受其迷惑。这些令人分心的事包括教学楼和教室的大小和形状、我们将学生分班的方式、课程和评价体系，以及聘用未经培训的成人（例如教师助理）。我们并不是说这些都不重要，而是说如果这些变得太重要了，它们就会干扰教与学的成功。

学校运作的条件是很重要的。我们使用大量的资源建立这些条件，所以没有借口说不具备最佳条件。但很明显，这里有一个临界点，超过这个临界点时，投入更多到外部条件上的收益是有限的。大多数西方国家都早已过了这个临界点，所以我们关注的应该是如何最好地利用我们有的资源，而不是要求更多。

我们知道，改善系统最好的手段是培养学校职工的能力，这就是应该集中投入资源的地方。系统通过以下方式培养他们的能力：

- 投资于以证据为基础的教师教育［例如，教育者培训认证委员会（Council for the Accreditation of Educator Preparation）[1]新建立了一个标准去支持以证据为基础的项目］。
- 为教师和领导者提供资源，使进展评估更加容易（例如，根据学生学习的证据，而非成人的集体思维，建立清晰的课程进展分级）。
- 设计有助于教师和领导者共同判断进展情况的评估系统（例如，我的团队开发的e-asTTle[2]，是一个既能够提供详细的教学和学习信息，也能够被用于汇总和分析数据的系统工具）。

将研究转化为实践

我们知道一次性的专业学习不太可能有大影响（Timperley et al., 2007）。我刚开始工作时经常出现在学校和会议上。即时的反应对我个人来说是一种强化，但是我知道这产生的长期的影响即便有也是很轻微的。在第一本《可见的学习》出版之后，邀请我做演讲的人大量增加，但我意识到四处演讲收效甚微，因而有所顾虑。基于这个理由，我组织了一批专业发展的专家，将主要的想法都转化为能在学校使用的不同方案。这是"可见的学习[+]"的基础，这个项目在这本书里的很多故事中得到例证。如果——并且只有——当教练能够证明他们的专业学习方案对参加的校长和教师的大多数学生都产生了明显且足够大的影响时，这个方案才是成功的。标准不是教师是否满意、享受这些会议、学到很多东西、喜欢演讲者，也不是觉不觉得座位很舒服（尽管无法解释为什么不应该是这样）。标准是对学生的影响。"可见的学习[+]"团队开发的模型就是为了展示这种影响，这本书就是证据的一部分。

正如可见的学习所呈现的，"教育的实践"是存在的：我们的确知道哪些效果最佳、哪些效果最差。然而，当我检视很多学校的专业发展方案时，想法就

---

[1] http://caepnet.org/。
[2] http://e-asttle.tki.org.nz/。

发生了变化。教师常常像喜鹊一样走上专业发展的道路：他们只挑选和选择与他们的理论相符的数据。同时，许多培训者却忽视教师的理论，没有考虑教师工作的具体情况以及他们关注的重点。下文描述的"可见的学习$^+$"项目试图同等地对待理论和实践。当影响的证据被放在重要的位置，对话、实践和日常工作都能顺利开展，并且在专业学习的培训者离开学校以后还能继续下去。

专业发展模型（德布·马斯特斯）

2010年，"认知教育"（Cognition Education）[①]的"可见的学习$^+$"团队启动了这个任务，即将"可见的学习"的故事转化成一个全新的专业学习项目。"可见的学习$^+$"项目包括一系列的工作坊，能够为学校领导和教师提供知识和工具，使他们参与到研究中，并思考什么对学生是最有效的。项目主任德布·马斯特斯和约翰·哈蒂紧密而持续的合作保证了这个项目的严谨。

该项目旨在建立一个专业学习的过程，当培训者离开特定的学校、团体或系统后，这个项目依然能运作。这需要建立一个能使教师自如地运用影响循环（impact cycle，在12—13页有所描述）的系统、日常惯例和沟通方式。这个过程促进个体和组织开展具有适应性的实践，它首先需要项目的"影响力教练"（impact coach）开展具有适应性的实践，因为他们要对不同地方、不同人群特定的愿望、能力和需求做出回应。

很多时候，参加者会出席一个"建基日"（或者用我们内部语言说是一个"大日子"）。这一天将会介绍和强调先前的研究和故事，包括综述"影响"的概念以及如何测量"影响"，并介绍关于反馈、学习者自评的关键信息以及整个专业发展模式背后主要的心智框架。然后，学校可以从"基础系列"转向"进阶系列"：基础系列通过帮助他们开展一个自我反思的过程提供支持，而"进阶系列"则是拟订一个改进的目标行动计划。

基础系列关注教学领导的概念，以及学校领导团队如何能与他们的同事们合作，使整个学校都参与到项目中。它向领导者提供工具和帮助，让他们去思考现在学校中什么是有效的和什么是无效的。在搜集和分析数据以后，学校根据它们的发现拟订一个行动计划。

[①] "认知教育"是一个全球教育咨询和培训机构，位于新西兰，下属于"认知信托"（"认知信托"向当地学校发放教育补助），参见 http://cognitioneducation.com/。

学校是繁忙的地方，很快就会为计划新方向而忙碌，而能促使变化发生的任务常常会变得难以实施。行动计划过程以米歇尔·巴伯尔（Michael Barber）的工作为基础（Barber et al., 2011）。这一过程由学校指导联盟（school-guiding coalition）所带领，由一个项目实施团队所实施。指导联盟和项目实施团队一起规划行动，设置目标，设定一个时间表去监控各种活动（见图 0.2）。目标是让新的活动成为学校日常运行例程的一部分，而不是"附加品"。

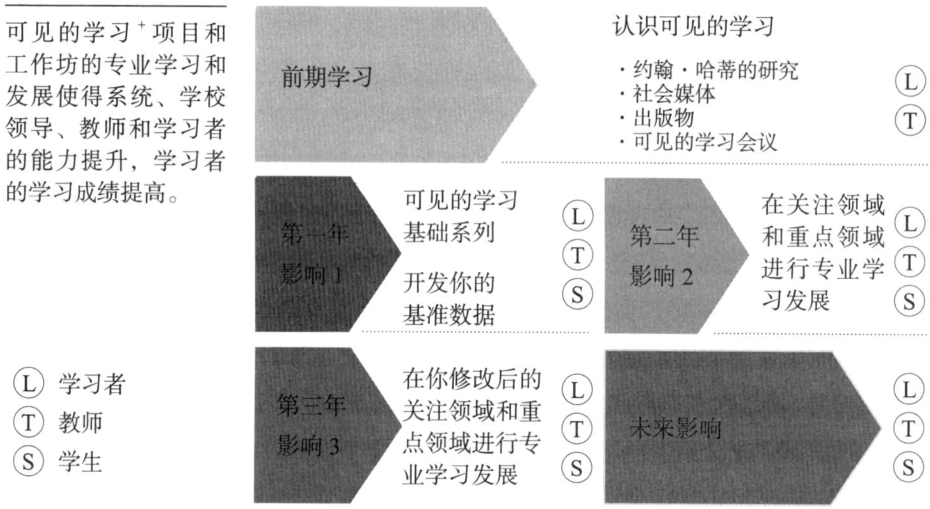

图 0.2 在你的学校建立一种可持续且可测量的能力

进阶系列的工作坊是行动计划的下一步。这些工作坊能使教师更加了解串联"可见的学习"关键要素的五条线索。这些线索构成了本书的基础结构，在每章中都能得到例证。

当学校、学区、整个州或区域检视其实践和证据时，它们可能会发生一些讨论，而"可见的学习+"的材料可以为这些多样且各不相同的、需要"具体问题具体分析"的讨论提供框架。当运用这些材料和开展讨论时，学校可以有很多切入点。在有些情况下，学校可能为所有的教师提供"建基日"的培训；另外的一些情况是，学校领导团队自己筛选出一些关键信息，并规划自己的方式，引入新的学习和证据收集工具。有时候是教师个体参加到"可见的学习在行动"的工作坊中，而学校其他的教师可能不会广泛地参与其中。

案例研究中提到某些学校是"共同影响项目"（Collaborative Impact Program）的一部分，这个项目旨在促进系统层面的变化。一个系统可以是几所学校的集群，或是整个州，甚至是整个国家。当不同学校展开合作，政策制定者与学校一起努力在系统和过程上达成共识，这将最有效地催生出系统层面的深度变革（Levin, 2012）。由于这个原因，"可见的学习$^+$"团队与世界各地的同行和系统领导者合作开发程序和工具，以识别教育系统的优势和症结。一旦收集到足够的证据，这个团队就要与系统的指导联盟一起弄清楚，为了使学生达到预期的结果，教师和领导者需要具备何种知识和技能。这个信息被用来共同设计一个专业学习项目，项目中包含很多"可见的学习$^+$"项目的元素。虽然学校都参与到"可见的学习$^+$"项目中，然而由于志趣、具体情境和需求的差异，每所学校在"共同影响项目"中的旅程都有所不同。

"共同影响项目"明确旨在发展系统内的能力。证据表明有效的专业学习需要花费三到五年，并需要外部专业人员的支持（Timperley et al., 2007）。因为这个原因，这个项目被设计为一系列影响循环。在系统层面，这些影响循环通常持续一个学年；而在教师层面，它们往往持续三个月。通过收集证据，根据证据做出改进的计划，实施改进方案，然后监控和追踪改进方案的影响，学校可以确保其"可见的学习"旅程能够达到团队的期望。为了增强这个项目的效能和可持续性，这个项目帮助建立一支影响力教练团队，使其成为学校工作的指引者。通过合作和新的学习，这个团队的成员和学校以及系统的领导们一起成为"可见的学习"的旗手。"共同影响项目"整合了"可见的学习"方法，创造出一种共通的语言，使共同的、明确的目标在整个系统中清晰可见。

为了满足对"可见的学习"的国际需求，认知教育有限公司与在澳大利亚和美国的柯温出版社、英国的奥西里斯教育公司、斯堪的纳维亚的"挑战学习"以及荷兰的巴扎尔特（Bazalt）集团建立了合作关系。合作伙伴们使用认知教育公司开发的"可见的学习$^+$"的材料。由"认知教育"培训的顾问团队使"可见的学习$^+$"项目能在每个国家独特的情境和课程中顺利实施。认知教育公司正在落实质量控制，以确保全世界的工作坊都与"可见的学习"研究保持一致。这包括监控每个工作坊对参与者、他们的学校以及——最重要的是——这些学校的学生的影响。

实践的故事（凯特·伯奇）

主要的信息

这本书中呈现的故事描述了全球 14 所中小学和 1 个学区的"可见的学习"旅程。每所学校都有独特的背景，被挑选作为"可见的学习"学校国际社群的代表。这些学校经过慎重考虑，下定决心要确保其所有的学生都能在学业成就上超越他们的潜力。

虽然"可见的学习"的实施有很多切入点，但是每所学校的故事都遵照一个相似的结构，将来自于领导者、教师、学生和家庭的讨论、行动和反思活灵活现地呈现出来。在"可见的学习"中，这被称为"影响循环"：一个以证据为基础的调查探究和知识建构循环。这个循环建立在一个热切的希望之上，即让年轻人达到社区预期的结果。它发生在不断探索之中，即如何运用约翰·哈蒂的研究发现去改善教育。这个循环（见图 0.3）有五个独特的阶段：

1. 决定学生的学习成果：我的学生的学习需求是什么？在这所学校中"影响"意味着什么？
2. 教育者的知识和技能：基于学生的需求，我的学习需求是什么？
3. 改变的行动：在计划和实施中识别需要采取的行动和行为。
4. 评估影响：搜集证据给监控者，并评估教学对学习的影响。
5. 继续循环：计划"下一步到达哪里"。通过运用一系列工具，领导者和教师按照"可见的学习"的以下五条线索去收集关于目前情况的证据。

- 认识你的影响力；
- 可见的学习者；
- 有热忱、善激励（passionate and inspired）的教师；
- 有效的反馈；
- "可见的学习"学校（系统、过程和结构）。

对研究的学习为指导联盟领导下的学校提供了一个理论透镜，帮助它检视自身的数据和"可见的学习"研究带来的信息，回答三个重要的反馈问题：

我要达到什么水平？

我如何达到目标水平？

下一个目标是什么？

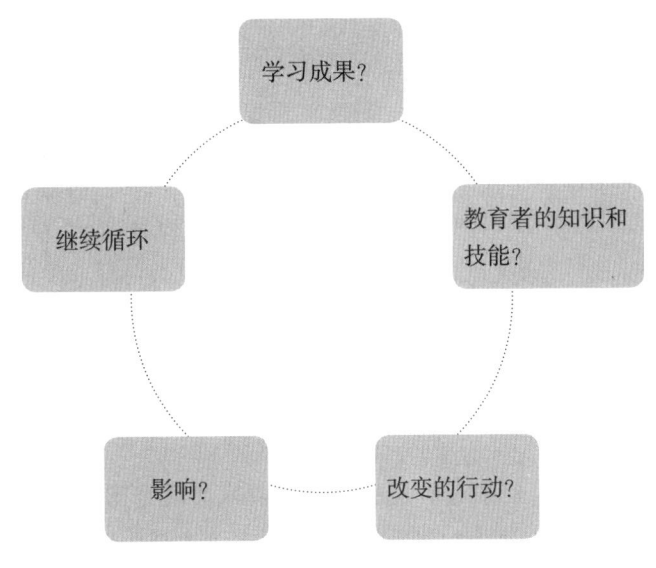

图 0.3 "可见的学习"影响循环

这些问题是决策的基础并推动决策，适用于循环的每个阶段。根据这些基本的证据，学校决定了它们的出发点。当期望、关注领域和目标都清晰地建立起来时，学校就进入了影响循环的下一个阶段。计划的实施围绕着知识建构，以及改变教师、学生和其他利益相关者的行动和行为。通常，这能获得很多资源的支持，比如工作坊、"可见的学习$^+$"的顾问们提供的咨询和监控。

最重要的关注点是这些变化的影响。立竿见影的方案使学校能够持之以恒地迎接挑战，自信地继续推进，受到证据的鼓舞——它们确实产生了重要影响。知道它们的影响使它们能够重新审视和聚焦，为下一个影响循环的决策过程打下基础。同样重要的是，这个影响信息允许学校在不同的阶段庆祝它们的成功。

这是一所学校对其决策过程的描述：

> 什么值得保持？我们应该做多少以及怎么做才能对我们学生的学习产生积极的影响……不是"他们做了什么"而是"他们学到了什么"……我们对哈蒂著作的行动研究是一种刺激，这种刺激能够触发许多重大变革。以一种不同视角，我们开始清理、纠正和瓦解传统。在我们周围有很多"神

圣不可侵犯的东西"正在消亡。

（指导联盟，澳大利亚凯勒·维尤思小学）

这本书分为五个部分。每个部分都能体现出最能反映学校的焦点的线索。当然这五个部分也有重叠的地方，因为"可见的学习"五条线索交织在一起，结成一张结实的网，服务于学校及其社区。每个部分里会有许多章节，都是讲述各个学校的故事。本书总共有 15 章。

第 1 部分：认识你的影响力

第 1 部分关注"认识你的影响力"这条线。它阐释了三所学校——凯勒·维尤思小学、智新书院和萨达迪恩小学——是如何使用数据的。

> 对我来说，从领导者的角度来指导实践的两个问题是："你有什么证据能证明你产生了影响？"和"你如何来评估那些证据？"因此，要使教师参与其中，校长需要问"这就足够了吗？"和"有证据能说明这足够吗？"，然后"基于那个证据，我们要做什么？"
>
> 现在，影响力的概念需要我们敞开教室的大门。它涉及观察对学生学习所产生的影响是什么，在学生的作品中寻找证据，然后引领那些对话和讨论。例如，"你所在的领域中，进步是什么样子的？"或"你认为挑战是什么样子的？"同时，特别是在高中环境下，"你怎么看待每个学生在所有的学科中取得了进步？"

（哈蒂，访谈，Hattie, 2013, p.15）

第 1 章：澳大利亚凯勒·维尤思（Keilor Views）小学

在凯勒·维尤思小学，对影响不断展开的调查，驱动着每个层面的改进。凯勒·维尤思小学的教师和领导正在学习如何寻找他们对学生产生影响的证据，透过学生的眼睛去观察这些证据，从他们自身的学习和实践中汲取教训。学校确定其核心目标是帮助每位学生至少实现"一年的学习获得一年的成长"。学校希望能达到的战略性结果——通过这个目标能实现的结果——是将学生培养成为"可见的学习者"。

这是我们对我们学校"可见的学习"的期望：凯勒·维尤思小学的所有学生在所有学科学习上的效应量都能大于0.4，他们展示出拥有评价能力的"可见的学习者"品质。学习、评价和反馈的话语融入整所学校。

（凯勒·维尤思小学，"可见的学习"计划，2013年）

第2章：中国香港智新书院

  智新书院是一所私立的独立学校，坐落于香港的大屿山。这所学校是由英基学校协会（English Schools Foundation，简称ESF）所运营的。它包括小学和中学。在智新书院，"认识你的影响力"是教师专业发展过程的关键，教师的专业发展驱动着数量庞大且水平不一的学生群体学业成就的提升，这在"可见的学习"实施之前就已经很好地达到了国际水准。然而，领导者并不只是想带领一所"做得很好"的学校。他们希望带领一所不断进步的学校，在这样的学校里，所有学生的能力都能够得到拓展，包括那些已经比预期水平领先两到三年的学生。

  在这个故事中，我们看到，一所规模庞大且成功的学校的领导者如何使职工转变方向，运用以证据为基础的探究方法去改进他们的实践及其对学生的影响。这一章包括六个小片段，描述了这所学校不同年级的教师所进行的探究，每一个都包含了对学生成就的影响的证据。

第3章：澳大利亚萨达迪恩（Sadadeen）小学

  2012年，约翰·哈蒂拜访了艾利斯泉镇（Alice Springs），并讲述了他的研究。在萨达迪恩小学，领导团队非常兴奋并很渴望实施这个项目，将其视为解决澳大利亚土著学生学业成就长期偏低问题的一条有效途径。他们最初的调查数据强调他们已经知道了什么：他们还有很长的路要走。整个2013年，领导团队将重点放在了基于约翰·哈蒂的九个心智框架的教师专业发展上。这使教师形成了更强大的信念，即他们有能力去改变他们对学生的看法，意识到"尽管我们无法改变学生的处境，但我们能够改变我们对学生的看法"。他们有数据能够证明他们对学生产生的影响。

第2部分：有效反馈

  我们知道很多关于反馈的事，但如何在教室里将反馈的效力最大化，我们仍需发现更多。一方面，反馈是对学业成就最有力的影响因素之一；另一方面，反馈也是这些影响因素之中最多变的。为了使反馈被接收并产生积极的影响，我们需要透明且有挑战性的目标（学习意图），与这些目标相关的对目前状况的理解（对先前表现的了解），透明的和能被理解的成功标准，以及教师和学生在投入精力、实践与目标和成功标准相关的策略和理解时的承诺和技能。

（Hattie，2012b，p.134）

第 2 部分描述了有效的反馈在两所学校的实施情况，这两所学校分别是蒙米亚小学和基督教长老会女子学院。这部分内容关注反馈的施予和接收，以及教师如何知道学生能够理解其接收到的反馈并做出适当的反应。

第 4 章：澳大利亚蒙米亚（Monmia）小学

这所学校的特点是多元性，学生来自超过 30 种不同的文化。三分之二的学生来自于社会经济背景较差的家庭。这个故事主要是关注学校对"可见的学习"反馈模型的实施情况。校长洛雷恩·贝尔（Lorraine Bell）说道：

"可见的学习"使我的领导风格和思维方式发生了改变，让我更深刻地认识到了有效反馈的力量。这不仅仅是"另一个倡议"。它是以扎实研究为基础的一个改革方案，通过有力的证据，让学生能够理解学习，能够清晰地表达他们需要知道什么、他们接下来应该达到什么水平。

第 5 章：澳大利亚基督教长老会女子学院（Presbyterian Ladies' College）

基督教长老会女子学院的高层领导团队 2012 年参加了"可见的学习[+]"的入门工作坊，他们对研究带来的信息的力量深有感触，特别是研究对反馈的洞见，以及反馈在培养能够调控自身学习的、有评价能力的学习者方面的作用。

在第一个学期结束时，学校会以书面报告的形式向学生和家长提供反馈，而这些洞见促使学校领导对这些反馈的质量进行反思。学校的领导者决定接下来将学生的学习结果作为优先考虑的事："发展有评价能力的学生，这些学生能根据反馈做出回应，能够辨识他们处于什么水平、想要达到什么水平、怎样达到目标水平。"这个故事描绘了他们是如何完成这个目标的。

第 3 部分：可见的学习者

第 3 部分关注"可见的学习者"这条线索。"可见的学习者"很了解自己的学习，并且非常积极地学习。他们明白他们处于什么水平、如何努力以及下一步将要做什么。这个部分有四所学校。石田学校、霍奇山小学、奥斯高学校和古斯塔夫·瓦萨科兰学校。每所学校都以自己的方式在学生身上培养"可见的学习者品质"，即对自己的学习负责，并且以己为师。学校获得成功的过程是从不同利益相关者的角度来描述的。

第 6 章：新西兰石田（Stonefields）学校

在这个故事中，你将了解到石田学校所采取的措施，这些措施增强了学生的自信，培育了他们掌控学习过程和进度的能力。这个故事描述了学校为创造"可见的学习者共同体"采取了什么行动，介绍了 0—2 年级学生的教师凯瑟琳·杰克逊（Katherine Jackson）的经历。凯瑟琳是一位新来的很有经验的幼儿教师，曾经在英国和新西兰任教。她对培养有评价能力的学习者很有热情，当 5 岁的学生进入她的课堂之时，这种培养就开始了。

第 7 章：瑞典古斯塔夫·瓦萨科兰（Gustav Vasaskolan）学校

2011 年瑞典政府进行了全面改革，包括实施新的国家课程，赋予学校计划更大的自由，同时也建立了一个更加严格的问责制度，期望学校比过去更加关注学生的学习成果。古斯塔夫·瓦萨科兰学校的领导者积极地响应了这次改革。他们珍惜新的课程改革带来的机遇，学生的学习成果成为他们的新焦点。"可见的学习"是古斯塔夫·瓦萨科兰学校在瑞典语学校实施一个全新观念的跳板：他们已经开始努力寻找与学生协作的方法，即通过挑战学生使其知道他们处于学习的哪个阶段，要往哪个方向努力，必须掌握和学习什么才能达到目标。他们设定了学习的目标以及成功的标准，并围绕它们进行反馈。在写这个故事时，古斯塔夫·瓦萨科兰学校处于他们实践的早期阶段，但是这个故事表明，假如教师和领导者保持开放的学习心态，并且了解学习的目的，短期内是可能见效的。现在，教室之内、同事之间的互动变得更加以学习为中心，系统和惯例得以建立，使进步能够得到理解和监控。古斯塔夫·瓦萨科兰学校的学生已经开始展示出"可见的学习者"的某些重要品质。

第 8 章：英国霍奇山（Hodge Hill）小学

在这个故事中，你将知道霍奇山小学的教师和领导者如何改变他们学生思考和谈论学习的方式。霍奇山小学是英国伯明翰市的一所规模很大的学校，超过90%的学生是亚洲人,大多数是巴基斯坦人。相当一部分的学生是英语学习者,许多学生来自于低经济收入的家庭。学校需要一个强劲的引擎来应对迅速增长的学生人数以及不断扩大的职工群体所引起的混乱。事实证明,"可见的学习"可以成为那个引擎。仅仅实施了一年,教师和学生的关系有了很明显的转变,结果是学生能更好地掌控他们的学习,并且很快地习得了"可见的学习者"的品质。最近的数据分析显示,这使学生成绩获得显著的提高。

第9章:挪威奥斯高(Åsgård)学校

奥斯高学校是一所有着330名学生的小学,学生年龄在6岁到12岁之间。学校坐落在挪威奥斯陆外围的一个小城市奥斯(Ås)。它位于挪威社会经济水平较高的地区,是挪威平均教育水平最高的区域之一。奥斯高学校多年来被认为是一所学业成就很高的学校,但是当学校的领导者开始深度分析学生成绩的数据时,他们发现没有最大限度地促进学生成长。这个关于影响的故事描述了这所学校"可见的学习"之旅的第一年。在这段时间内,指导联盟注重运用学习意图、成功标准、有效反馈和效应量,将其作为提高学生学业成就的一种手段,帮助他们成为有评价能力的学习者。

第4部分:有热忱、善激励的教师

第4部分内容是关于有热忱、善激励的教师。这部分描述两所学校和一个学区,它们为那些在日常工作中为实现优秀而努力的教师建立程序和机制。在克利夫登学校、沃尔福德小学和莫伯利学区,有热忱、善激励的教师尽力尝试对他们班上的所有学生施以积极的影响。这绝非偶然。他们的学校和学区的领导者建立了程序和机制来支持教师合作制订计划、发展积极的关系并跟踪教学的效果。

第10章:新西兰克利夫登(Clevedon)学校

这个故事讲述的学校刚从一段困难岁月中走出来,将自己重建为一个学习型社区,他们都有一份使所有学生都获得成功的热诚。学校的领导团队希望拥有这样的教师:

- 有热忱、善激励,知道自己对学生学习过程和学业成就的影响。
- 能够互相合作和互相支持,共同致力于将他们对学生学习的影响最大化。
- 懂得运用反馈去改善学校的机制和程序。

这个故事深入地讲述了学校的旅程,以它对新手教师雷切尔·贝克(Rachael

Baker）专业成长的影响作结。雷切尔是 5—6 年级的教师，她对写作、在线学习和使用数字工具促进学习有很大的热情。她十分关注她对学生学习以及学生视自己为学习者的影响。她和学生之间建立了积极的关系，并努力工作以确保她的班级里的所有学生都有评价能力并能够讨论自己的学习。她密切跟踪学生的学业成就，设定计划满足学生的个体需求。雷切尔有一个"成长的心智框架"：她愿意尝试新的行动和新的方法。

第 11 章：美国莫伯利（Moberly）学区

塔拉·林克（Tara Link）有几种身份，但是她主要的身份是学区专业发展的推进者。这个故事中非常重要的是，她创立了新教师就职培训项目（SHINE），这个项目重点关注"可见的学习"，针对学前至 12 年级的教师。这个故事讲述的是她如何将这些新教师培养成有热忱、善激励的教师——这样的教师诠释了"可见的学习"这条线索的精髓。她的目标是为教师在教育理论研究和实际的课堂应用之间架起一座桥梁。她从关注学习目标和反馈开始。这逐渐转化成一种以学生的自我反思作为反馈的方式，以及学生和教师对评价的运用。学生的语言也发生了转变，从"我在做什么"转变为"我在学什么"。随着形成性评价和学生的自我反思成为日常实践的一部分，学生的参与度也得到了提高。另外，学区数据表明，学生在州测试中的表现在不断地提高。

第 12 章：美国沃尔福德（Wolford）小学

沃尔福德小学的目标是一直实现学生学习 100% 的成功。学校领导者相信，当一个学生学习失败了，这对学校的影响是很小的，但却代表了这个学生和其家庭 100% 的失败。2012 年 8 月，沃尔福德小学参与了专业发展行动，这个行动关注教师对学生的影响。他们以约翰·哈蒂的效应量来检验他们的实践并提出了质疑。他们重点发展高度合作的年级层面的团队，团队中的教师设计具有挑战性和吸引力的课程，在教学中采取富有成效的措施，聚焦学生的学习。

> 我们的工作不得不受限于得克萨斯州政府和联邦政府。我们有课程要求和政府强制实施的评估。教师对教学内容和每天的时间要求没有很多的自主权。他们能够做的就是控制合作的水平、如何进行教学、他们对学生的影响以及对学生学习的关注。
>
> [校长卡罗尔·图尔凯特（Carol Turquette）]

第 5 部分："可见的学习"学校

第 5 部分描述的线索是关注"可见的学习"学校中独特的系统、过程和结构。这一章谈及的学校承认,帮助学生超越他们的潜力、取得比他们预想中更多的成就,这是学校的道德目的。每所学校都运用了"可见的学习矩阵模型"作为基础,去探究那些支撑有效的教与学的机制和实践。教师们为合作腾出时间,定期进行走课和观察,与其他教师一起对他们的实践展开以证据为基础的讨论。这三所特色学校是奥克斯利学院、托伯莫里学校和沃东加小学。

第 13 章:澳大利亚奥克斯利(Oxley)学院

奥克斯利学院一直坚持使学生学习达到优秀的承诺。在实施"可见的学习"之前,它也参与了一系列的教师专业学习和其他旨在实现此愿景的行动。然而,却没有确凿证据表明他们成功了。学生和家长越发想要获得那些证据。学院的领导者意识到要想通过学校教育来为学生提供连续的有效教学,他们需要从原来狭隘的方式转变为所有教师共同对所有学生的学习负责。当副院长凯瑟琳·库尼奇(Kathryn Cunich)于 2012 年 9 月份参加"可见的学习"报告时,她认识到这是一个使整所学院取得进步的机会。凯瑟琳解释说,他们计划成为一所因为学生学习优秀而受到尊重的学校。随着时间推移,改变发生了。随着学院实施"可见的学习"框架,关注点从课程转向学习、从假设转向证据,"可见的学习者"的品质不仅仅在学生身上显现出来,还显现在教师和学院领导身上。

实现这一改变不是容易的事,这一旅程不是对每个人都一样。这个故事让你一睹奥克斯利学院在转变成"可见的学习"学校过程中的成功与挑战。

第 14 章:澳大利亚沃东加(Wodonga)小学

尽管学校五年标准化测试的外部趋势数据显示,学生取得的成果已经"足够好了"。但领导团队意识到他们并没有尽其所能,正是这样一种意识推动了这个故事中的变化。当学校的学业成就达到瓶颈状态,领导团队依然想看到一种上升的趋势,并认为解决之道在于教师的专业学习。

这个故事描绘了沃东加小学如何实施一个将探究、行动和反思整合在一起的改革过程。通过这个过程,学校将自己转化成为"可见的学习"学校。在那样的环境中,学校领导者是"教学领导者",他们腾出时间合作,有规律地走课,与教师一起展开以证据为基础的讨论——实践与它对学习成果的影响之间到底有什么关系。领导者、教师和学生使学习对自己开放,且互相开放,掌控自己的命运,努力实现学校的共同愿景——永远聚焦于学习。

第15章：英国托伯莫里（Tobermory）学校

托伯莫里学校是坐落于苏格兰马尔岛的一所乡村学校，学校的办学宗旨是："共同创造具有这样一种文化的社区：我们的年轻人能融入其中、取得成功；他们志向远大、勇于创新；在这里，他们可以做最好的自己。"2012年被任命为校长的克雷格·比迪克（Craig Biddick）第一个承认：尽管学校的"可见的学习"旅程才刚刚开始，但他和他的教师已经非常认真地进行自我反思，运用证据收集工具，以一种目标更加明确的方式向他们提供关于全校学习的有价值的信息。后来，他们制订了一个从收集证据到行动阶段连贯一致的计划。

在最近的"可见的学习"大会上，他对其他教育者的建议是，实施"可见的学习"，你不是买了一个适合自己的盒子，而更像是你获得了工具去调查、设计和打造属于自己的盒子。克雷格知道要让教师接受这个需要做一些工作，承诺成为"可见的学习"学校需要很多年，不是几个月的事情。虽然如此，要感谢他的决心和他的职工的努力，托伯莫里学校在不到一年的时间里已经有了很大的改变。

积极阅读指南 / 实施活动的理论

正如你将会见到的，"可见的学习"项目不是让学校经历一个步调一致的实施过程，而是要它们了解来自于"可见的学习"和它们自身背景的证据，进而设计和评估那些能够为学生带来最好结果的解决方案和方法。这是一个纷繁复杂却又非常积极的过程。

这些学校在实施"可见的学习"的原则时都显示出初步的成功，但它们并不是"可见的学习"的范例，它们更多地是例证了这个研究的一些关键信息。为了获得最佳的阅读效果，我们鼓励你像这些故事中的教育者一样，带着同样的好奇心和目的去阅读、思考和行动。因此，每个部分结尾都有一个推荐的活动，目的是帮助你深度阅读每章并从故事中全面理解学习。在每章的结论部分也为你设计了一个阅读指南，目的是帮助你展望和思考学习与你的学校如何能够关联起来。阅读指南放在每部分末尾的附录里。

第1部分

认识你的影响力

第1章　澳大利亚凯勒·维尤思小学

　　对我来说，从领导者的角度来指导实践的两个问题是："你有什么证据能证明你产生了影响？"和"你如何来评估那些证据？"因此，要使教师参与其中，校长需要问"这就足够了吗？"和"有证据能说明这足够吗？"，然后"基于那个证据，我们要做什么？"

　　现在，影响力的概念需要我们敞开教室的大门。它涉及观察对学生学习所产生的影响是什么，在学生的作品中寻找证据，然后引领那些对话和讨论。例如，"你所在的领域中，进步是什么样子的？"或"你认为挑战是什么样子的？"同时，特别是在高中环境下，"你怎么看待每个学生在所有的学科中取得了进步？"

（哈蒂，访谈，Hattie, 2013, p.15）

　　本质上，"认识你的影响力"意味着将我们教育者所做的事与学习者身上发生的事联系起来。在澳大利亚凯勒·维尤思小学，对影响力的持续调查推动着各个层面的改进。

背　　景

　　澳大利亚凯勒·维尤思小学成立于2010年1月，由凯勒·唐斯（Keilor Downs）小学和卡尔德·莱斯（Calder Rise）小学合并而来。它位于澳大利亚墨尔本西北25公里处的凯勒·唐斯郊区，坐落在凯勒·唐斯小学的旧址之上。自从合并后，这所崭新而古老的学校经历了一个重建的过程，包括一个重大的建筑项目。我们可以看到十间教室得到了翻新，另外新建了六间教室、一座图书馆和一个露天的运动场所。

　　凯勒·维尤思小学有420名学生，从学前水平（5岁）到6年级（11到12岁）。学生的种族差异很大，很多学生的母语不是英语。多数学生来自于家庭收入低于国家平均水平的家庭。

教职工团队共有 24 名成员,他们大部分是来自于之前的两所学校。由校长查尔斯·布兰奇福特(Charles Branciforte)领导。学校的高层领导团队包括助理校长马修·伯格(Matthew Borg)以及骨干教师格洛丽亚·波波洛(Gloria Puopolo)和里塔·斯库泰里(Rita Scuteri)。里塔也是学校教与学的教练。

这所学校的校训是"远见、诚实、自豪"。

图 1.1 欢迎来到凯勒·维尤思小学 [①]

概 况

在凯勒·维尤思小学,专业学习一直都是处于优先地位的,但是这段旅程并不是一帆风顺的。在两所学校合并之前,查尔斯是凯勒·唐斯小学的校长。他制订了一个改善学校的战略计划,包括他自己作为教与学的领导者的专业发展。课程的重点是读写能力,他聘用了教育顾问萨利·斯莱特里(Sally Slattery)来指导和训练选定的教师。萨利同样扮演着领导团队的"诤友"角色。这个方法奏效了,但由于合并过程的经费问题而未能持续。取而代之的是,马

---

① 竖立在学校大门外的欢迎标志是用多种语言写成的,包括凯勒·维尤思小学学生家庭使用的所有语言。2013 届的学生干部募集资金,使欢迎标志得以完成。

修和里塔据其所学实施了一个由新的阅读评价系统支持的内部导学模式。同时，查尔斯与当地教育局合作建立了一个专业发展会议中心。这个中心向新的专业发展行动提供经费支持。其中一项就是聘用顾问苏·科斯特洛（Sue Costello），支持教师运用范例作为评估读写能力的方法。这引起了学校对"可见的学习"的兴趣，并加入到认知教育公司与"凯勒/圣奥尔本斯网络"（Keilor/St Albans Network）在 2012 年组织的一次新西兰考察旅程。与网络中的其他学校（包括蒙米亚小学，它的故事在这本书中也会被谈到）一样，他们为造访"可见的学习"学校时的见闻所折服。最后他们自己也踏上了"可见的学习"之旅，使其学生的学习成果有了显著提升。

这个故事主要聚焦于"认识你的影响力"这个观念。它关注凯勒·维尤思小学的教师和领导者如何学习寻找他们对学生影响的证据，透过学生的眼睛去思考这些证据，并从他们自身的学习和实践中汲取经验教训。

有代表性的领导者

这个故事主要基于对指导联盟的整体反思，但将直接引述下面这三位领导者的话：

2013 年，州政府授予**查尔斯·布兰奇福特**"维多利亚州年度小学校长"的称号，肯定了他作为一名激励人心的学习领导者的成功。查尔斯解释道："我们的学习社区是我的动力；它激励我创造优良的学习机会，为我们的儿童、职工和学习环境提供最好的资源。为来自不同背景的儿童提供成功的机会一直激励和推动着我。"

马修·伯格从 2012 年 1 月起担任凯勒·维尤思小学的助理校长。他是一位特殊教育教师（specialist teacher）、班级教师（classroom teacher）和骨干教师。马修说道："我对教学和学习的激情，是为我们所教的学生放大每一个学习机会，我们共同找出什么值得坚持。"

里塔·斯库泰里 2005 年在凯勒·唐斯小学开始他的教学生涯，2009 年起担任读写课程的负责人。同时，她获得了接受萨利·斯莱特里培训的机会，并与马修一起开发新的阅读评价系统。里塔说："这是我旅程的起点。突然一切都变得明朗了！我明白了简单的教学法和明晰的实践是如何改变教室中的学习的。"今天，她通过培训和"可见的学习"的全校改进策略，为推动学校课程和教育实践的变革助力。

凯勒·维尤思小学的"可见的学习"故事

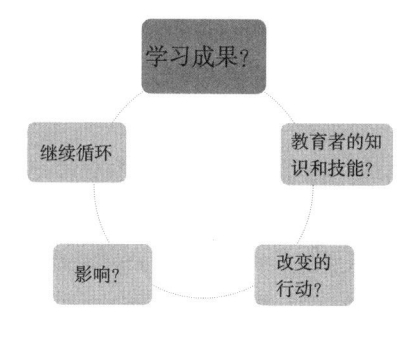

理想的学习成果是什么?

两所学校的合并带来了巨大的挑战,但也为学校社区提供了机会去重新定义它对学生的期望,以及重新审视它的基本信条和实践,根据学校在达成理想的学习成果时所起的作用去做出评价。

这是一个非常独特的境况。我们抓住机会去深究"什么才值得坚持"。我们重新审视了所有东西——从我们的校服、校徽到那些能代表学校的核心价值和核心目标的东西。为了确保我们的学生取得持续的成功,我们大胆地探索、试验和发展创新的策略与实践去适应一个不断变化的世界,但同时我们的价值观和目标保持不变。

(查尔斯·布兰奇福特)

2011年,查尔斯和他的团队了解到,学生的学业成就没有达到他们想要的结果。尽管数据告诉他们,之前的行动带来了改善,但学生进步的幅度依然没有赶上全国平均水平。尽管取得了一系列的成功,特别是在读写能力方面,但是学校内部的学生成绩差异相当大。这可以在图1.2中得到例证,图1.2展示的是一个班级在一年时间里阅读上的进步。

图1.2反映的是实施初期的情况,它表明运用新的跟踪表单和最新设计的基准体系已经产生了影响。它使学生的成长方式变得清晰可见,这样我们能够对它们做出解释、分析、比较和讨论。如果教师想要了解他们的影响,这种清晰性是至关重要的。

课堂观察和走课已经成为学校例程正常的一部分,因此领导团队更加了解课堂内发生的事情。通过运用"可见的学习$^+$"的工具和过程,比如学生访谈和焦点小组(focus groups),可以确证这一点。团队很清楚学生经常未处于教学和学习的中心,他们当然没有意识到他们需要"将自己视为教师",也缺乏这方面的策略。当学生焦点小组被问及他们认为一个"好的学习者"是什么样的或者会做什么时,他们的回答大多隐含着一种消极的学习方式:

"听教师讲。"

"完成他们的工作。"

"好好表现。"

"善于倾听。"

"不会被别人分心。"

"一直听教师讲/专心听教师讲。"

"竭尽所能。"

"尽他们的最大努力。"

"直接开始他们的任务。"

"很少讲话/从不讲话。"

"低头。"

"做事干练简洁。"

"注意力集中。"

"提问题。"

造访新西兰成功的"可见的学习"学校的机会,使他们明白这是可能的:当学生拥有"可见的学习者"的能力和技巧时,他们能够获得多种学习成果,这将有助于今后人生的成功和完满。

这次调查的结果是,学校将其核心目标定为帮助每个学生实现"一年的学习至少获得一年的成长"。学生应该达到的战略性成果——要完成目标必须达到的成果——是成为"可见的学习者"。

凯勒 · 维尤思小学 2012 年阅读基准数据追踪表

姓名：　　　　年级：3　　　　教师：*****

方塔斯和皮奈尔基准评价	A	B	C	D	E	F	G	H	I	J	K	L	M	N	O	P	Q	R	S	T	U	V	W	X	Y	Z
里格比基准评价	1	2	3/4	5/6	7/8	9/10	11/12	13/14	15/16	17/18	19/20	21	22	23	24	25	26	27	28	29	30	30+				
维多利亚州基本学习标准	0.5	0.5	1	1	1.25	1.25	1.25	1.25	1.5	1.75	2	2.25	2.25	2.25	2.5	2.75	2.75	2.75	3	3.25	3.5	3.75	3.75	4.25	4.35	4.5
年级水平	P	P	P	EOP	1	1	1	1	EO1	2	EO2	3	3	3	EO3	4	4	4	EO4	5	EO5	6	6	EO6	7	7
学生姓名											98%	97%	97%		98%											
学生姓名												96%			96%	96%										
学生姓名												99%			96%	98%			98%							
学生姓名											98%			99%	98%											
学生姓名									99%		97%	98%		98%												
学生姓名												100%			98%	97%										
学生姓名										99%	99%	97%	98%													
学生姓名												98%			97%	99%	98%									
学生姓名												98%				98%										
学生姓名															99%				100%	100%						
学生姓名												97%			98%	98%			98%							
学生姓名															97%				98%							
学生姓名															100%				99%	100%	99%					
学生姓名									98%		96%	97%														
学生姓名												97%			100%	98%		96%								
学生姓名												99%			96%	97%	97%									
学生姓名											97%	99%	96%		97%											
学生姓名									97%	98%		96%														
学生姓名												99%		96%	96%											
学生姓名				98%			96%																			
学生姓名											99%			96%	98%											
学生姓名									98%	96%		98%														
学生姓名											96%	98%	96%		99%											
学生姓名									98%		96%	99%			97%											
学生姓名															97%				97%	100%	98%					
学生姓名											98%	98%	97%		97%											
学生姓名												99%			100%	99%			97%							

第 1 学期初　　第 2 学期末　　第 3 学期末　　第 4 学期末

□ 实施项目 2 年后的成果

图 1.2　阅读基准数据

这是我们对我们学校"可见的学习"的期望：凯勒·维尤思小学的所有学生在所有学习科目中的表现都超过一年的投入后应得的成长，他们展示出有评价能力的"可见的学习者"品质。学习、评价和反馈的话语融入整个学校。

（凯勒·维尤思小学，"可见的学习"计划，2013年）

教师和学校领导需要什么知识和技能来取得这些成果？

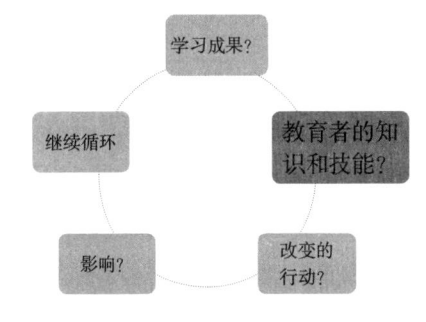

新西兰之旅结束以后，凯勒·维尤思小学与该地区另外21所学校一同参加了"可见的学习$^+$网络"为期三天的系列培训。"可见的学习$^+$"顾问海伦·巴特勒（Helen Butler）担任诤友和外部教练的角色，指导学校重新审视学生、教师和领导者的学习需求。学校组建了指导联盟，查尔斯、马修和里塔作为领导团队负责筹划全校的发展旅程，而指定的教师聚焦于课堂实践。

查尔斯解释了他在选拔指导联盟成员时做出的战略性决策：

首先，指导联盟的领导层必须共享同一种思维方式和信条。我要任命一支共享同一愿景的团队。这很不容易，因为这需要与在职者开展艰难的对话，可能面临无法续约、外部任命、打破学校内部"隐性提拔机制"等问题。

这个评论印证了领导团队的观点：学习成果的差异是教师效率差异的结果。然而，教师没有意识到学生学业成就与教师实践之间存在类似的关系。他们对学生的言行没有足够的关注，也没有利用调查结果去决定下一步该怎么做。令人担忧的是，很多教师不明白学习意图和成功标准的重要性和作用，它们能确保教师和学生真正明白学习目标并监控学习的进程。

我们做了很多工作来消除"然而"的文化，比如，"然而我们的儿童很贫穷"，"然而我们的儿童在家不阅读"。当教师能更深入地分析这个概念，他们就可以在课堂上掀起改进的浪潮。

（指导联盟）

下面两段陈述反映了领导团队的理解，学校需要将对学生的预期结果和对教师和领导者的预期结果紧密结合起来。第一段陈述指明了在教育者以及学生身上培养"可见的学习者"品质的重要性：

我们构建了一种包容的教育环境，依据"可见的学习"的原则传授高质量的课程，并为此感到自豪，我们在这种环境中培养有评价能力的学习者。当教师透过学生的眼睛去观察学习，学生以己为师，我们就一起成为高度可见的学习者。

（凯勒·维尤思小学，2013年对学校社区做出的年度报告）

第二段陈述反映了学校致力于运用数据去"认识你的影响力"。

我们精确的数据搜集和分析有助于个体学生和学生群体制定战略性目标。

（同上）

这些关于"可见的学习"、评价能力和"认识你的影响力"的概念使领导团队知道了教师是如何做的，并且为了获得改善，他们需要何种类型以及多大程度的支持。学校领导者以蝴蝶的生命周期去类比教师对眼前旅程的准备程度（见图1.3）。毛毛虫是那些安于现状不愿改变的人；而蝴蝶是富有成效的实践者，为了改善学生学习，他们对提升自身专业知识和技能拥有浓厚而持久的兴趣。

032 | 可见的学习在行动

蝴蝶的生命周期

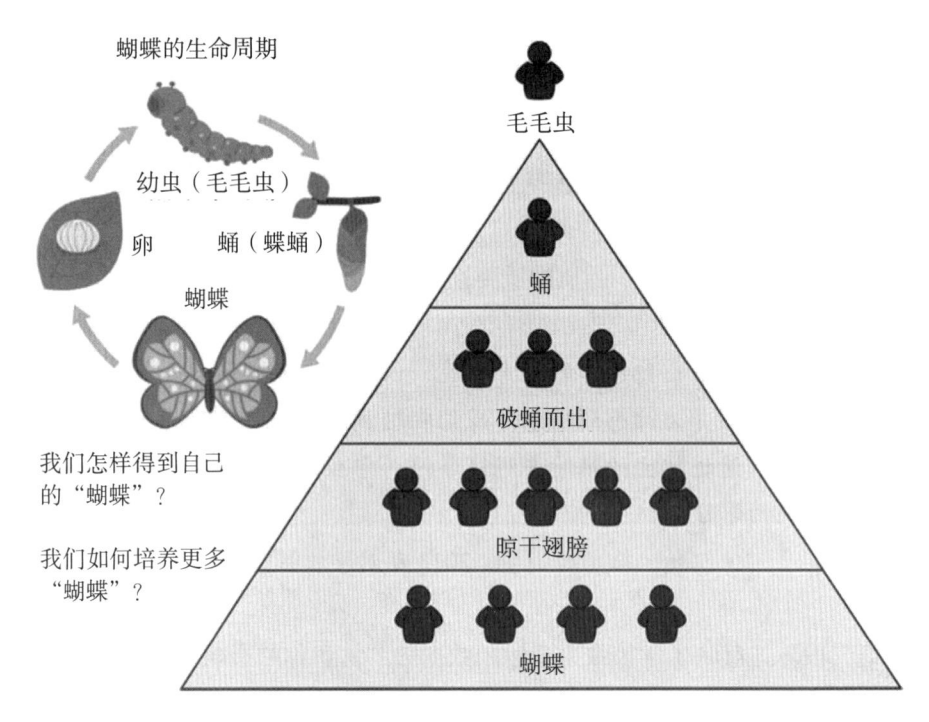

幼虫（毛毛虫）

卵　　蛹（蝶蛹）

蝴蝶

我们怎样得到自己的"蝴蝶"？

我们如何培养更多"蝴蝶"？

毛毛虫

蛹

破蛹而出

晾干翅膀

蝴蝶

图1.3　蝴蝶图

教师和学校领导尝试了什么新行动？

学习成果？

教育者的知识和技能？

改变的行动？

影响？

继续循环

　　学校领导者认真地与所有教职工分享了学习的旅程，深知教师对这些必须学习和做出改变的东西有不同的准备程度。全体职工大会提供了机会去分享那些研究成果——包括哈蒂的"可见的学习"研究及其同事雪利·克拉克（Shirley Clarke）和海伦·廷珀利（Helen Timperley）的研究。这些研究者基本上都认同这一观点：必须将评估作为一种工具去理解学生在重要的学习成果上的进步，并将这种理解运用到课堂乃至全校的下一阶段的决策上。

　　对研究的学习提供了一面理论透镜，通过这面透镜，学校在指导联盟的领导下审视自身的数据和来自于"可见的学习"研究的信息，并且自问：

> 什么值得保持？我们应该做多少以及怎么做才能对我们学生的学习产生积极的影响……不是"他们做了什么"而是"他们学到了什么"……我们对哈蒂著作的行动研究是一种刺激，这种刺激能够触发许多重大变革。以一种不同视角，我们开始清理、纠正和瓦解传统。在我们周围有很多"神圣不可侵犯的东西"正在消亡。
>
> （指导联盟）

某个营利性拼写培训项目就是一个很好的例子，它告诉我们为什么必须破除这些"神圣不可侵犯的东西"。教师每天同一时间要求学生去学习他们的"单词能手"（Smart Words）小册子，完全不顾目的或者内容的相关性、学生的拼写水平，也不顾学生在缺乏上下文时理解单个词汇的能力。对许多学生来说，这简直是浪费时间。

当然，放弃一种大家熟知且习惯使用的方法会带来一个问题："我们要用什么来替换它？"学校需要找到那些可能"更好"、更有效的方法。"可见的学习"研究提供了必要的原则和框架去构建一种全新的、得到普遍认可的教育学，这种教育学建立在"什么能真正有效地提高学习成果"的证据之上。

> 我们对"可见的学习"原则的持续考量和评估构成了我们全校策略的基础。它影响我们所做的一切，从提供有吸引力的课程，到建立高期望，从通过形成性评价来形成反馈循环去促进个体成长，到最大限度地提高出勤率，再到创造一个共同愿景以提升学习热情。
>
> （指导联盟）

教师获得大量通过小组形式学习的机会，指导联盟的成员向每个小组提供支持。指导联盟在组建团队时，特地确保每个小组都至少有一位处于"蝴蝶阶段"的教师，他很可能对其他教师产生积极的影响。教师同样获得个人示范以及针对他们特定需求的指导。

"认识你的影响力"的一个重要策略是同事互相观察以及后续的学习交流。领导团队的观察和走课会持续下去，同时将目光投向研究证明有效的实践：那些实践的实施情况如何，它们到底有没有达到预期效果。学生的意见现在是被纳入这些观察之内的。

教师也互相造访彼此的课堂，观察教学过程并互相提供反馈。

图 1.4 是凯勒·维尤思小学指导联盟编制的表单，用于支持课堂观察。基于对有效课堂中什么发挥作用的研究，它列出了学校的期望，并为以证据为基础的严谨对话提供基石。

量化数据对理解课堂层面乃至整个学校层面的影响是至关重要的。

> 我们定期查看并分享学生成绩和成长的数据，这是一种反思学习和我们专业项目有效性的方式。我们评估并再评估还需要提供什么样的支持。
>
> （指导联盟）

图 1.5 提供了另一个关于教师基准数据的例子，学校每学期都会整理基准数据，用以分析全校的阅读成绩。教师共享这些数据，使讨论聚焦于这些关键问题："我们要达到什么水平？""我们如何达到目标水平？""我们的下一个目标是什么？"

聚焦于"认识你的影响力"的对话通常很有挑战性。当我们透过学生的眼睛去观察事物时，我们可能经历一种失调的感觉——由于我们的基本信条和假设受到挑战而感到失去平衡。正如海伦·廷伯利和他的同事在 2007 年证实的那样，这会使我们以达成预期影响的方式重构先前的信条和假设。但它同样会使我们罔顾事实，对研究发现自圆其说地巧辩过去，从而保护我们个体的认同感。真正的双边学习对话需要时间，并且需要敏感地察觉到个体教育者处于个人提升旅程的哪个位置上。

由于他们在学校实施了"可见的学习"，凯勒·维尤思小学的指导联盟深深地意识到有必要建立一种信任且有挑战性的关系。

> 我们运作的方式必须是透明的，"信任"应该被默认为最重要的：在年级交接时相信你从前一位教师那里获得的数据；相信你课堂上的"教育走访"是为了确认学生的成长和学习得分，并向你提供高质量的反馈；相信这种指导模式是互惠的，它将有助于建立你的专业能力；相信研究，相信学校领导层的教学专业知识。
>
> （指导联盟）

学生	**参与：** 专注，学习互动	
	学习： 能够清晰地表达他们如何学习以及如何才表明成功	
教学法	**课的结构：** 微型课，独立的时间，分享 GANAG①	
	学习意图和成功标准： 清晰的、书面的、经过讨论的学习意图和成功标准 学生融入其中（阅读，写作，记分） 在教室的前方 在课中和结束时提到	
	同伴讨论： 在微型课分享想法时使用 与同伴讨论设定的期望 使用对话提纲	
	资源： 使用锚形图 数字学习（elearning）	
	切换： 学生了解常规例程 课的各部分转换很流畅	
内容	**词汇：** 明确且相关	
	计划： 团队共识 与学校的课程文件保持一致	
	评价： 和一堂课的学习相关 形成性评价还是总结性评价？ 协商？ 自我评价分数？	
	有效的学习者素质： 海报张贴 使用词汇	

图 1.4 观察指南

---

① GANAG 指的是一种标准的教学计划：设置目标（Goal）、回顾先前（Access）知识、接收新（New）知识、应用（Apply）知识、检验是否达成目标（Goal）。——译者注

物理环境	**锚形图：** 相关的、清晰的且吸引人的 教室前方需要有图表 环绕整个房间有逻辑地张贴图表	
	教室图书馆： 封面朝外 种类/标签要清晰 500—1000 本书 文本的范围 舒适的空间	
	展示	

图 1.4　观察指南（续）

教师里塔和凯蒂（Katie Salera）是教师建立互信关系的一个例子，这意味着她们能进行聚焦于学生学习成果的有挑战性的对话。这两位教师是"可见的学习"最早的拥护者，她们很快就看到了它如何使学校达成其战略意图，并热衷于在课堂上采纳"可见的学习"的原则。在专家培训以后，她们决定对数学教学实施一次联合调查。她们采取学生分组配对的方法，组织了一次关于线性代数的前测，然后根据学生的长处和需求的证据，设计了一系列的课程。在实施过程中，她们互相观摩，互相提供反馈，之后再实施后测。

里塔和凯蒂深入地分析了在教与学过程中发生的事情及其影响。她们一起计算了每个学生、每个班级以及全体学生的效应量。她们拆解了数值增加和没有变化的地方，并分析了差异所在之处。她们严苛地"寻根问底"，询问很多不同的问题，关于她们设定的期望，关于她们传授课程的方式。她们将学生和教学实践置于讨论的中心，避免意气用事，从而开展了利于双方的、有意义的对话。她们通过分享评估结果来互相学习。

第1章 澳大利亚凯勒·维尤思小学

第四学期

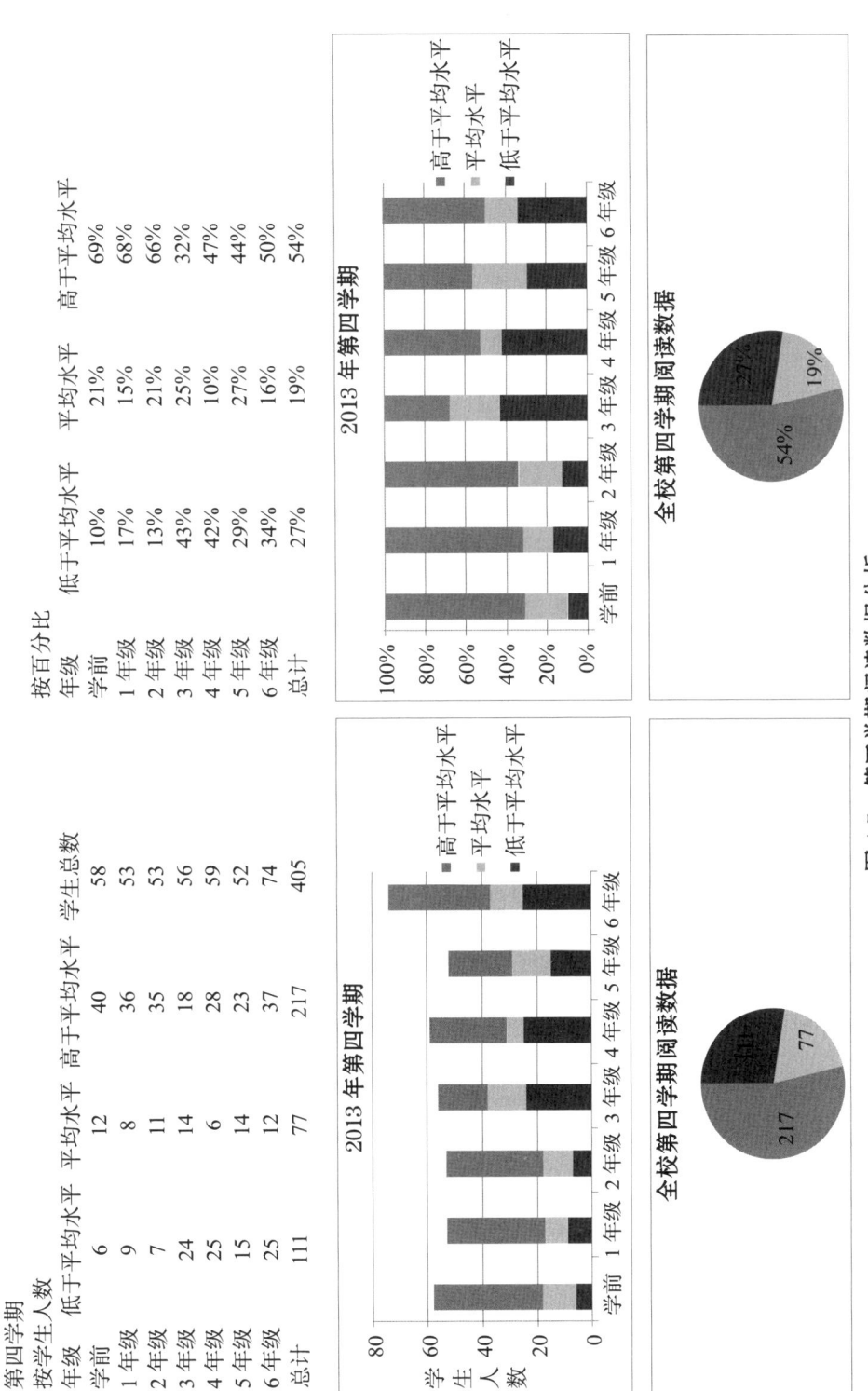

按学生人数

年级	低于平均水平	平均水平	高于平均水平	学生总数
学前	6	12	40	58
1年级	9	8	36	53
2年级	7	11	35	53
3年级	24	14	18	56
4年级	25	6	28	59
5年级	15	14	23	52
6年级	25	12	37	74
总计	111	77	217	405

按百分比

年级	低于平均水平	平均水平	高于平均水平
学前	10%	21%	69%
1年级	17%	15%	68%
2年级	13%	21%	66%
3年级	43%	25%	32%
4年级	42%	10%	47%
5年级	29%	27%	44%
6年级	34%	16%	50%
总计	27%	19%	54%

图 1.5 第四学期阅读数据分析

改变的行动有什么影响？

到2012年年底，学校结束了它的第一个影响循环。教师的观察和走课揭示了教师教学法与学生和教师获得评价能力所需的东西变得更加连贯一致。学校层次的变革支持着这种转变，比如合作计划采用相同的模板。"可见的学习"开始自发地向前推进：

> 我开始认真地思考我的计划和学习内容的传授。我的计划文件不再只是为了服从规定，它们真实而生动地反映了我课堂上发生的事情。我的目标越明确，我就越清晰地听到学生成功和成就的声音。
>
> （班级教师凯蒂）

里塔在报告中表示，以"认识你的影响力"为中心的反馈对话，成为凯勒·维尤思小学日常事务的一部分：

> 作为凯勒·维尤思小学的教与学教练，我参与了教师定期举行的汇报大会。这些讨论促使教师反思和提问，为他们个人的教学实践规划未来目标，同时致力于整个学校的进步。我们以学生的分数、声音和评估的数据，去检验我们在课堂内外产生的影响。我期望我们能携手并肩地参与到这个反馈循环之中，这会成为培训过程的一个关键部分。

尽管还没成为实践的常规部分，但有些教师已经在整理效应量的数据，并根据这些数据显示的学生学习情况来规划下一步。比如，图1.6展示了5年级教学团队整理的数据，用以分析数学除法单元的教学效果。它比较了这学期从开始到结束学生关于除法的知识和技能的变化。教师共同分析数据并基于以下问题做出了解释：

> 这对未来的计划意味着什么？
> 我们该如何分享实践经验，以使各个年级的数据显示出更加一致的成功？

什么可能造成学生个体之间的差异？

教师也发现这些珍贵的数据展示了学生自己，并成为一种对进步做出反馈和与学生一起设定未来数学学习目标的方式。

指导联盟记录了对学生学习结果的以下影响：

- 学生关于学习意图和学习成功的表达变得更加清晰了；
- 学生将自己视为成功的关键；
- 学生现在讨论的是他们正在学习什么，而不是他们正在做什么；
- 5年级和6年级的"学生意见调查"结果有所改善；
- 最重要的是，数据显示大多数学生的学业成绩得到了快速提高，平均效应量在0.4以上。

在最初两年，学校超越了它为5年级学生设定的目标。这些学生都参与了"可见的学习"旅程前两年的实施。在超过两年的时间里，他们在 NAPLAN[①] 中的效应量增长，阅读达到1.11，数学达到1.53。对那些最初成绩在预期水平以下的学生来说，增长尤其惊人，效应量达到1.20—3.58。从图1.6中可以看到学生在数学方面的变化，图1.7显示了学生在 NAPLAN 阅读方面进步的数据。

在学生谈论学习时，这些进步尤其明显。

> 现在当学生被问到遇到困难时将会怎么做，他们会这样回答：
> "我利用学习意图使自己专注于学习。"
> "当我陷入困境时，我有策略解决。"
> "我知道学习可能很棘手。"
>
> （指导联盟）

---

① NAPLAN 是澳大利亚的全国评估项目，主要评估学生的读写和计算能力。——译者注

37 效应量
评估主题：除法　　　　　　　　　　　　　　5 年级

年级	姓名	分数 1	分数 2	效应量
5G	学生	0	20	2.35
5G	学生	12	20	0.94
5G	学生	9	22	1.53
5G	学生	24	25	0.12
5G	学生	1	22	2.47
5G	学生	0	18	2.12
5G	学生	26	25	−0.12
5G	学生	1	22	2.47
5G	学生	26	26	0.00
5G	学生	1	14	1.53
5G	学生	1	23	2.59
5G	学生	2	22	2.35
5G	学生	5	26	2.47
5G	学生	0	20	2.35
5G	学生	25	26	0.12
5G	学生	19	26	0.82
5G	学生	0	21	2.47
5G	学生	0	17	2.00
5H	学生	7	24	2.00
5H	学生	23	26	0.35
5H	学生	2	24	2.59
5H	学生	26	26	0.00
5H	学生	3	24	2.47
5H	学生	0	2	0.24
5H	学生	0	0	0.00
5H	学生	4	24	2.35
5H	学生	24	26	0.24
5H	学生	0	22	2.59
5H	学生	6	25	2.23
5H	学生	2	26	2.82
5H	学生	26	26	0.00
5H	学生	2	24	2.59
5H	学生	0	1	0.12

图 1.6　除法单元的效应量数据

评估主题：除法　　　　　　　　　　　　　　　5 年级

年级	姓名	分数 1	分数 2	效应量
5H	学生	0	21	2.47
5H	学生	1	24	2.70
5H	学生	6	23	2.00
5H	学生	3	11	0.94
5H	学生	0	2	0.24
5H	学生	26	25	−0.12
5S	学生	1	20	2.23
5S	学生	25	24	−0.12
5S	学生	23	25	0.24
5S	学生	1	4	0.35
5S	学生	0	25	2.94
5S	学生	0	10	1.18
5S	学生	0	11	1.29
5S	学生	4	16	1.41
5S	学生	0	25	2.94
5S	学生	1	25	2.82
5S	学生	2	22	2.35
5S	学生	26	24	−0.24
5S	学生	6	24	2.12
5S	学生	1	23	2.59
5S	学生	1	25	2.82
5S	学生	3	18	1.76
5S	学生	2	19	2.00
5S	学生	1	16	1.76
5S	学生	1	2	0.12
5S	学生	1	21	2.35
5S	学生	2	25	2.70
5S	学生	22	24	0.24

平均	7.15	20.15
标准差	9.79	7.22
平均标准差	8.50	
效应量	1.53	

图 1.6　除法单元的效应量数据（续）

	姓名	2011 年	2013 年	效应量
1	学生	247	418	2.38
2	学生	247	436	2.63
3	学生	305	445	1.94
4	学生	305	462	2.18
5	学生	305	454	2.07
6	学生	305	462	2.18
7	学生	318	462	2.00
8	学生	341	523	2.53
9	学生	352	471	1.65
10	学生	363	445	1.14
11	学生	363	409	0.64
12	学生	374	479	1.46
13	学生	394	532	1.92
14	学生	394	399	0.07
15	学生	405	389	−0.22
16	学生	405	495	1.26
17	学生	405	471	0.92
18	学生	415	436	0.29
19	学生	415	488	1.01
20	学生	415	532	1.63
21	学生	415	542	1.76
22	学生	426	551	1.74
23	学生	426	523	1.35
24	学生	426	427	0.01
25	学生	426	532	1.47
26	学生	436	488	0.72
27	学生	436	532	1.33
28	学生	436	542	1.47
29	学生	436	505	0.96
30	学生	447	523	1.06
31	学生	447	479	0.44
32	学生	447	495	0.68
33	学生	447	532	1.18
34	学生	458	585	1.76
35	学生	481	585	1.44
36	学生	494	532	0.53
37	学生	507	599	1.28
38	学生	507	514	0.10
39	学生	536	551	0.21
40	学生	536	632	1.33
41	学生	536	614	1.08

图 1.7　2013 年 NAPLAN 阅读数据

	姓名	2011 年	2013 年	效应量
42	学生	536	505	−0.43
43	学生	554	551	−0.04
44	学生	573	551	−0.31
45	学生	573	562	−0.15
46	学生	597	614	0.24

平均数	426.35	506.00
标准差	84.68	59.29
平均标准差	71.99	
组效应量	1.11	

图 1.7　2013 年 NAPLAN 阅读数据（续）

学生领导团队在 2014 年 4 月的一个会议上向学校社区呈现了一份新的《凯勒·维尤思小学有效学习者的品质学生手册》[①]（见图 1.8），这反映了学生对学习的自主性。

图 1.8　学生手册

(《凯勒·维尤思小学有效学习者的品质学生手册》)

[①] 你可以从学校网站（www.kvps.vic.edu.au/page/228/Effective-Learner-Qualities）获取这本手册。

如今，凯勒·维尤思小学已经被其他学校社区视为示范学校，其他学校会定期参观访问，去观察它发生的变化。

继续循环

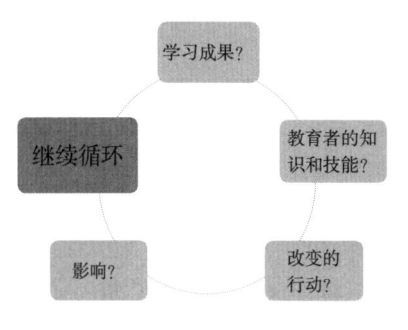

凯勒·维尤思人明白这一旅程不会结束。对影响的持续调查意味着一直会有新的东西需要去学习和改进。

在2013年年初，我们整个学校的教育一致性达到了最佳状态。运用学习意图和成功标准已经成为所有课程的一个基本方面。评价实践变得更加精简而目标明确，学校层面的计划和课程文件得到了改进，以符合学校的发展重点。然而，我们仍然看到了差距，我们仍需要继续这段旅程。

在2013年期间，我们搜集了证据，以确证我们的发展重点——"可见的学习"处于哪个阶段。它使我们目睹了一整套全新的目标和策略。我们后续的"可见的学习"计划为未来的工作铺平了道路。2014年，凯勒·维尤思对"有效学习者的品质"给出了我们自己的定义，这将有助于明确我们在每一门课程和每一节课中应该做什么。此外，我与领导团队的其他成员一同努力使效应量的使用更加普遍，特别是在分析评估结果时，并且改变我们作为一个学习社区向学生给予反馈或者互相给予反馈的方式。

（里塔·斯库泰里）

学校已经制订了一个计划，包括特定的目标以及为实现那些目标要采取的策略。这个计划设定了所有群体都需要的学习和改变——无论是学生、教师、领导者，还是家庭和社区。它解释了如何为学习负责、如何监控学习以及学校如何知道它已经达成目标。

这个旅程带来了喜悦：

当我有幸将那些对未来充满希冀的家庭或参观者带进学校时，我难掩脸上的喜悦。只有当我后退一步观察我们身处的地方，我才意识到我们已经走过了如此漫长的旅程，我们能够取得这么多的成就。我们的成功可以归于很多因素，但我认为从教与学的角度去看，最重要的是领导团队目标的一致性。我们所做的一切都回归到"如何帮助学生学习"和"什么对学生是最好的"，这是我们的核心事务，也是我们需要投入大量时间的地方。近几年我们取得了很大的进展，我很期待看到前方是什么！

（里塔·斯库泰里）

查尔斯提醒我们要居安思危，继续观察、学习，不断拓展你的视界，这非常重要。虽说如此，但他做出了以下评论：

在最近的"可见的学习"大会上，约翰·哈蒂教授在他的开幕致辞上站起来说："我看着你们所有人，心想'假如我弄错了怎么办？'"当教育者要求来参观时，我也有同样的感觉，但我总是因为同一个理由打消了这个念头——凯勒·维尤思就是一个真实而生动的例子，他没有弄错。

第 2 章　中国香港智新书院

> 我们的愿望是基于学生的声音与内部的测评，对学校内部形成一种透彻的理解；通过这两者与外部的数据构成的三角关系，为每位学习者描绘一幅有关他们处在学习旅程哪个位置的翔实图景，使人们清楚得知并且相互理解。那样的图景将会是一个基础，帮助我们去解答我们应该做什么去帮助每个学生个体成长并做出相应的计划。
>
> （智新书院指导联盟）

在智新书院，"认识你的影响力"是教师专业发展过程的中心主题，这个过程驱动着数量庞大且水平不一的学生群体学业成就的提升。在实施"可见的学习"的专业学习之前，他们就已经很好地达到了国际水准。

背　景

智新书院是一所私立学校，坐落于中国香港的大屿山。这所学校由英基学校协会所运营。英基学校协会是一个非营利性的组织，在这个区域内也运营了其他一些学校和幼儿园。智新书院创立于 2007 年，2008 年搬到现在这一专门建设的校区。

智新书院在香港被人们称为"一条龙"学校，意思是它包括小学和中学。目前它服务于：

- 小学阶段约 630 名学生（1—6 年级的 5—11 岁学生）；
- 初中阶段约 500 名学生（7—11 年级的 11—16 岁学生）；
- 高中阶段约 130 名学生（12—13 年级的 16—18 岁学生）。[1]

---

[1] 这些阶段与国际文凭课程相关联。

学生主体由来自40多个不同国家和70多个不同种族的年轻人所组成。学生使用的母语超过了15种。学习使用的是英语，但所有学生都会接受普通话的额外辅导。学校中许多学生都是侨民的孩子，70%的学生是香港永久居民。这就意味着他们的家庭要么在香港居住超过7年，要么是香港市民。

庞大的学生主体需要一支庞大的教师队伍和一个精心组织的结构。校长马克·比奇（Mark Beach）由助理校长彼得·拉斯科克（Peter Lasscock）协助。安迪·方（Andy Kai Fong）和瓦尼亚·蒂亚托（Vania Tiatto）分别是中学和小学的校长，他们由三名副校长协助。这些人和业务经理帕特·罗马诺（Pat Romano）一起组成了学院的领导团队。中学划分为不同的科组，每个科组有各自的负责人；小学的教师在年级组工作，每个年级组也都有自己的组长。

智新书院通过国际文凭小学项目（Primary Years Program，简称PYP）、中学项目（Middle Years Program，简称MYP）、大学预科项目（Diploma Program，简称DP）为学生提供国际文凭（International Baccalaureate，简称IB）课程。它的校训是"成长、发现、梦想"。

概　　况

2013年，智新书院成功地解决了建立一个新学校的许多挑战，包括成功获得提供国际文凭课程的资格。智新书院的领导团队将这视为一次机遇，可以去反思他们已经实现的事情以及如何能做得更好。领导团队开了一场务虚会，特别思考了三个问题。第一，团队察觉到许多教师认为学校的战略计划太复杂，注意力过于集中在新学校建校的后勤上。结果，许多教师感觉到他们没有"掌握"学校的年度计划。领导团队认为应该抓住机会，在全校教师的支持和建议下，制订一个更有创意、更加直接指向学习的年度计划。第二，尽管学校的学生学业成就数据表明，许多学生在国际比较中表现很好，但团队意识到他们用于分析的数据质量有重大的缺陷，他们很难利用这些数据来营造一个以学习为重点的环境。第三，领导们并不只是想带领一个"做得很好"的学校，他们希望带领一个不断进步的学校。在这样的学校里，所有学生的能力都能够得到拓展，包括那些已经比预期水平领先两三年的学生。

在这个故事中，我们看到，一所规模庞大且成功的学校的领导们如何使教师转变方向，运用以证据为基础的调查方法去改进他们的实践及其对学生的影响。

有代表性的教师和领导者

讲述这个故事时使用的片段和引述，来自于智新书院的以下职工。

彼得·拉斯科克是书院的助理校长，他是一位澳大利亚人，在其教学生涯中曾担任过 6 年学校改进方面的顾问。他的专业领域包括学生参与、个性化学习、基于证据的实践和数字技术的实际运用。

瓦尼亚·蒂亚托是小学部的校长。她之前在澳大利亚做过教师和教育领导者，并在亚太地区担任过多个顾问角色。她的专业领域主要是教育领导、课程设计和专业学习。

萨拉·贝内特（Sarah Bennett）是一位新西兰人，自智新书院成立起就在此教书。她的专业兴趣在于学生幸福感、中层领导和探究性学习。

马特·巴伦（Matt Baron）是一位曾在亚洲教书 12 年的澳大利亚人，其中有 3 年时间在智新书院担任副校长一职。他的专业兴趣在于教育领导、技术、基于证据的探究性学习和学生幸福感。

基姆·卡塞尔（Kim Cassel）是澳大利亚人，她 17 年职业生涯的大部分时间都在亚洲学校教书。她目前的专业兴趣是学生幸福感、读写能力的教与学和学生评价能力。

弗洛拉·马瑟（Flora Mather）是一位英语教师，并且是英语科组的主任。她是智新书院的基层教师，之前在新西兰教书。她的专业兴趣在于批判性读写和教师探究。

雅内特·加尼特（Annette Garnett）是 7 年级的教务主任，同时教授 7 年级和 8 年级学生的英语。她自智新书院成立起就在此教书。她先前的教学经验大部分是在新西兰，而且她曾担任过顾问的角色。她的专业兴趣包括精英教育、学生幸福感和教师探究。

阿兰·柯克（Alan Kirk）是一位曾在英国、土耳其和菲律宾教书的英国人。他目前教授英语和知识论（Theory of Knowledge）两门课程，并且是智新书院知识论课程的负责人。

智新书院的"可见的学习"故事

理想的学习成果是什么?

在智新书院,学业成绩是首要的。在学院成立时,英基学校协会要求其使用来自英国的一套评价工具。其中包括适合 7 年级学生使用的中学信息系统(Middle Years Information System,简称 MidYIS)、适合 11 年级学生使用的高级信息系统(Advanced Level Information System,简称 ALIS)。① 从这些工具获取到的数据显示,相较于英国的学生而言,智新书院的绝大多数学生的表现都超过了预期。这些都是好的结果,但是学校的领导团队对于所呈现的数据的价值存有很多疑虑:

1. 数据所提供的比较是基于学业成绩而不是基于发展,所以它不能用于真实地测量教学实践对学习者产生的影响。

2. 测试仅仅一年一次,无法将它用于反馈每天的教学情况。

3. 外部的标准化数据与内部数据联系起来,可以用于识别需要帮助的学生,但对于如何拓展高学业成就者,几乎没有提供信息。

4. 信息没有以一种利于学生获知自身情况的方式呈现。

学校"可见的学习"指导联盟的回复是:

> 尽管我们认识到这个工具不是很合适,但在某种层面上,我们完全可以坐视不管,很轻松地宣称:根据已有的信息,我们做得很好。但我们选择不这么做。我们觉得我们没有获得所需要的信息——为了我们学校的学生——使我们做出明智的决定,以改善每一个学生的学习与教导。

2012 年,领导团队开始寻找更适合于自身情况、学生和课程的工具。同时,他们在研究如何使用内部的质性和量化测量方法,完整且有意义地描绘出一幅关于学生个体、班级和群体的数据图景。表 2.1 列出了他们选用的外部工具及其使用目的。

---

① 这些工具是由杜伦大学评价与监测中心开发的,参见 www.cem.org。

表2.1 智新书院使用的外部评价工具

目的	工具
学习评估	聆听每个年级学生的意见，e-asTTle[1]供4—13年级的学生使用，而其他工具适用于特定的年级
决定成长——学校赋予学生的价值	e-asTTle和国际学校评估（International Schools Assessment，ISA）[2]供4年级、6年级、8年级和10年级的学生使用
与同类型学校相比较的基准测试	国际学校评估
与英国学生相比较的成绩测量	MidYIS（7年级）和ALIS（11年级）

领导团队认识到，为了获得他们想要的完整图景，学校还需要改善内部评价方式，尤其是对学生自身愿望和认知的关注。为了达到这个目的，2012年计划将"学生的意见"纳入优先考虑范围。领导团队希望无论学生的起点怎样，这些改变能提高所有学生的学业成就。这些愿望在简介部分也有所表述。

教师和学校领导需要什么知识和技能来取得这些成果？

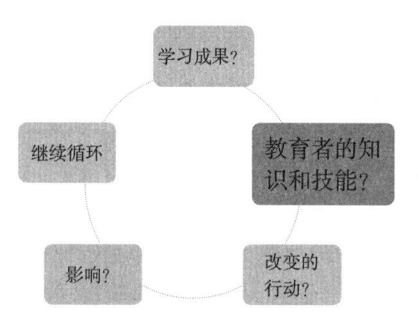

领导团队在对评估工具进行探索的同时，也在研究教师的计划和实践。评估工具显示学生的需求和长处的差别不大，这意味着评估的问题不仅仅涉及工具的质量，而且关系到教师对评估目的的理解。

学校为了寻求更加合适的评估工具，参与了关于运用e-asTTle的工作坊。智新书院的小学部和中学部，以及英基学校协会的其他学校都有团队参与其中。这个工作坊由"认知教育"的德布·马斯特斯和尤丽叶·舒马赫（Julie Schumacher）主办，成为学校加入"可见的学习"的催化剂。

2012年9月，所有职工都参加了由德布·马斯特斯和约翰·哈蒂组织的"可见的学习$^+$"建基日活动。领导们和很多教师认为这正是他们一直在寻找的机

---

[1] e-asTTle 是由奥克兰大学的一个团队开发的。团队由约翰·哈蒂领导，由新西兰教育部赞助，参见 http://e-asttle.tki.org.nz/。

[2] ISA 是由澳大利亚教育研究委员会开发的。

会，探索如何收集和运用一系列数据去改善学生的教与学。当他们听到要将学生的意见作为改善实践的重要工具时，他们尤为激动。

> 我们曾经夸夸其谈，但事后看来，我们没有付诸实践。我们很快意识到，如果有恰当的心智框架、问题和策略，学生告知我们的事情可能对实践产生深刻的影响……事实确实如此。
>
> （瓦尼亚·蒂亚托，小学校长）

尽管已经有部分教师明确表示赞同，但领导团队意识到他们需要为转型式的变革做出规划。一场领导务虚会于2013年年初举行，借此机会来反思学校处于哪个位置，团队希望学校往哪个方向发展，以及他们如何带领全体教师共同发展。团队意识到很多教师觉得过去学校的计划离教与学这个核心任务太遥远。他们认为，2013年年度计划的制订是邀请教师参与到变革过程中的好机会。于是，务虚会之后还举行了一场外部促进会，欢迎教师协助确定学校2013—2014年度的发展重点。尽管是以自愿的形式参加，但三分之一的教师参加了此次会议，这使领导团队大受鼓舞。

学校参与了"可见的学习[+]证据在行动"的系列工作坊，从中浮现的关于需求的证据使他们得知了新的发展重点。证据表明，支持教师"认识你的影响力"并据此行动是十分重要的。

参加自愿会议的教师对智新书院的教与学在以下四个发展重点上达成了一致：

1. 对有评价能力的"可见的学习者"应该做什么形成共识。
2. 构建一种严谨、协作、自主和以证据为基础的专业学习文化。
3. 体现国际思维。
4. 培养学生、教师和社区的幸福感。

发展重点1和2与"可见的学习"相关。它们互相联系：要达成重点1，必须先达成重点2。表2.2列出了每个发展重点上的期望和达成期望的成功标准（或者是"下一步计划"）。

052 | 可见的学习在行动

表2.2 智新书院"可见的学习"发展重点

发展重点	期望	成功标准（下一步计划）
对有评价能力的"可见的学习者"应该做什么形成共识	学习者要了解： • 他们在学什么（目标/学习意图） • 他们处于什么位置（使用成功标准/评估/证据/反馈）	• 学习者能表达或解释他们的学习意图或目标（是什么） • 学习者要了解与目标相关的学习进程（在哪里） • 学习者要了解他们处于学习进程的什么位置上（在哪里） • 学习者要了解在哪里和怎样取得进步（"下一步计划"）
构建一种严谨、协作、自主和以证据为基础的专业学习文化	—	• 严谨——提出有挑战性的问题并对彼此给出反馈 • 以证据为基础——使用学生成就数据来指导下一步计划 • 协作——以一种持续的、反思性的和促进成长的方式，分享并批判性地质询实践 • 自主——提供决定做什么、如何做和与谁一起做的机会

教师和学校领导尝试了什么新行动？

智新书院通过在全校的各个团队中开展合作探究来落实它的计划。这些探究与年度计划中制订的发展重点联系起来，与学校持续参与"可见的学习⁺"工作坊时发生的学习联系起来。学习的焦点在于：

- 学习意图和成功标准；
- 征集、分析和分享学生的意见；
- 与学生分享学习的（形成性）评价（包括 e-asTTle）；
- 为效应量的计算、分享、理解和推断提供支持（从小学高年级开始）。

你会在这部分故事中读到一些简要的片段，这些片段描述了学校不同年级的教师实施的探究。把它们放在这里是作为整个学校故事的一部分，但很重要的是，每一个片段本身也是一个完整的探究。在每一个案例中，教师与其同事一起，在专业领导者的协助下：

- 确定一个特定的学习成果作为关注重点；
- 确定他们自身哪个方面的知识和技能的变化能提升学习成果；
- 基于这个假设对实践做出改变；
- 检验这个改变有没有产生预期影响；
- 反思他们的探究下一步会走到哪里。

小学部对影响的探究
萨拉·贝内特，5年级教师

图2.1　萨拉·贝内特

萨拉·贝内特的探究聚焦于她5年级班里的8个学生，他们需要加强阅读的流畅性。萨拉认为这些学生的问题在于他们缺乏作为学习者的独立性。她请小学部副校长马特·巴伦进行了一次课堂观察来帮助她探究。在课堂观察后，马特问了学生以下问题：

- 你有阅读目标吗？是什么？
- 你如何知道自己是否达成了目标？
- 你最近从教师那里得到了什么关于阅读的反馈？
- 如果你遇到困难，会做什么？
- 如果你理解错误或无法理解一些东西，你感受如何？你会怎么做？

马特将学生的回答记录下来，之后与萨拉分享。马特和萨拉分别对回答做了分析，然后比较了彼此的想法，得出一致的意见。他们同意：

- 8个学生之中有2个学生与教师共同定下了明确的阅读目标；
- 没有一个学生能说出自己成功的标准；
- 8个学生之中有6个学生知道他们在学习阅读的流畅性，并且能描述这意味着什么；
- 一半的学生能回忆起教师对他们阅读的反馈；
- 所有学生都至少有一个策略来应对在阅读时遇到的困境。

令人非常疑惑是，马特注意到萨拉向一个学生反馈了他的长处和有待提高的方面，然而当这个学生被问到最近是否接收到有关阅读方面的反馈时，他的答案是"没有"。萨拉发现，如果学生没有意识到他们在接收反馈，他们就不可能利用反馈来改善自己：

> 对我来说，学生的意见强调了将一切事情向学生解释清楚的重要性，这些事情包括学习结果、成功标准、什么是反馈以及它如何帮助我们学习。
>
> （萨拉·贝内特）

基于这个洞见，萨拉和5年级的教师同事们设计了一个用时6周的单元，通过一些过程和活动，提高学生的阅读流畅性，同时培养他们作为独立学习者的能力。

我们首先让学生建立关于阅读流畅性的成功标准。学生做出尝试并观察不同程度的阅读流畅性，共同建立一个他们自己的标准——一个流利的阅读者应该是什么样子的。然后他们找出自己已经做得不错的地方，确定个人目标或阅读目标。之后，我向他们解释清楚反馈及其目的是什么，如何给予或接收反馈，当收到反馈时应该如何行动。

（萨拉·贝内特）

在单元结束时，运用共同建立的成功标准，通过教师的观察，对学生进行重新测试，结果表明这8名学生达到了目标，即"以与该年级相称的水平流畅地阅读一系列文本"。马特再次观察萨拉的课堂时，发现她很明显地在确定学习结果和分享成功标准时更加清晰了，而且她给出的反馈显然与那些标准关联起来。对学生的访谈表明，学生理解他们的预期进展、他们做得如何以及下一步的学习计划，他们理解有效反馈的本质和实践，他们既能自我评价，也能互相反馈学习的情况。

萨拉总结道，在为学生学习设定新方向和增强学生对他们学习的自主权上，收集反映学生心声的数据被证实是有效的。之后，她将同样的过程应用于这门课程的其他部分，以及其他有价值的学习成果，包括学生幸福感。根据自己的历程，萨拉向全世界的同行提出以下建议：

让学生参与到决策过程中，这样他们就拥有了自己学习的自主权。形成学习的共同语言。一小步一小步来，这样学生能看到一条清晰的道路通向他们的学习目标。让学生参与设定成功标准。给学生提供自我监控的机会，这样他们能为自己的学习做决定。

基姆·卡塞尔，6年级教师

基姆和6年级的教学团队一起进行了探究。过去，这些教师都把阅读教学与体裁、文本类型联系在一起。教师有一种直觉，如果他们的教学更加注重教授优秀阅读者的技能和策略，他们的学生就能够取得更好的成绩。在引入e-asTTle的阅读工具以后，他们看到了一个机遇，即运用它提供的数据去找到能提高学生阅读成绩的技能。

第一步是使用诊断性工具，包括e-asTTle、PROBE[①]和发展性阅读评价

[①] 一种评价阅读理解的工具，由Triune公司开发，参见 http://comprehenz.com/probe-2-reading-comprehension-assessment/。

(Developmental Reading Assessment，简称 DRA)[①]，来确定每一个学生的独特的优势和需求，以及他们下一步应该怎么做。基姆解释道：

> 在我们合作规划和教师共同探究的时间里，6 年级的教师们分析了 e-asTTle 提供的数据。我们对每一个班级的下一步计划做出了比较，并在其中寻找规律。这使得我们能确定每一个学生需要掌握的特定阅读策略，包括推理、寻找关键信息、略读和跳读。
>
> 然后，问题变为："我们怎样满足阅读者的需求？"我们为本年级的阅读项目制订了计划，包括教授我们在分析中确定的阅读策略。我们对有助于这些策略教学的资源进行了探索，并最终决定使用课程开发协会的"有意义的阅读"、"阅读入门"和 PROBE 等工具。我们使用这些资源来规划阅读单元，明确地将确定的阅读策略作为目标。
>
> （基姆·卡塞尔）

图 2.2　基姆·卡塞尔

教师希望学生能清晰地表达自己的优势、挑战和目标，成为提高自己阅读水平的积极行动者。因此，他们使用 e-asTTle 的"个人学习路径"报告与学生分享了 e-asTTle 的数据。这份报告是 e-asTTle 程序生成的，旨在帮助学生了解

[①] 一种形成性阅读评价系统，由培生（Pearson）公司开发。

他们的阅读处于什么水平、下一步应该达到什么水平，以及如何达成目标水平。但是，他们并不清楚学生是否能理解优秀的阅读者是什么样子，所以他们尝试从学生的角度来看。

> 我们问学生们："你需要做什么才能成为一个更优秀的阅读者？"大多数学生回答"读更多的书"或"读更难的书"。于是我们知道要使学生了解优秀阅读者的特征。然后，我们为学生设计了一个计划表，列出了优秀阅读者拥有的技能、知识和态度。我们让学生使用这个计划表，设定每周阅读的学习意图。
>
> （基姆·卡塞尔）

基姆说，课堂关系出现了一个显著且持续的变化，教师感觉到他们不再负责"传授"学习，而是与学生一起为学习确定的技能努力。专业对话也出现了一个显著的改变。不再讨论如何使阅读项目融入课堂的探究单元，而是关注学生在特定单元里真正需要使用的阅读策略（例如，在科学课上使用略读和跳读，从而在非小说文本中快速获得信息）。

学生思考和谈论阅读的方式也发生了很大变化：

> 学生开始把特定的阅读策略运用到课程的各个领域内，也会根据哪一个策略最合适他们的阅读目标而做出选择。另外，学生把自己视为超越课堂的阅读者，意识到阅读成功的秘诀不过是找到自己喜欢的书而已。
>
> （基姆·卡塞尔）

学生进步的速度大为提高，在 3 个月的教学时间里，基姆的班级的平均效应量是 0.75。

直到现在，基姆和她的同事对于他们的学习都很有热情，并渴望实施进一步的探究。下一步的计划包括：为阅读策略建立一套通用术语，从而使教师和学生更加容易谈论彼此的进展情况；为教师自我反思建立更加清晰的步骤；为更好地理解学生对阅读的态度开发工具。

马特·巴伦，小学部的副校长

图 2.3　马特·巴伦

小学部的所有高年级教师都运用效应量来检验他们做出改变的实践是否有助于学生取得进步以及进步的幅度大小。在 6 个月里，4 年级的效应量达到了惊人的 0.9。

马特从他作为专业学习领导者的角度，阐释了这个方法的价值。

对小学高年级来说，测量学生的成长已经是一件非常重要的事情。它使学生和教师了解到什么学习方法是有用的，或者什么需要改进。使用效应量同样使我们能从另一种角度来看学生，而不仅仅是看成绩。成绩较低的学生也可能会有很大的成长，值得分享和庆祝。教师也可以通过效应量找出那些成绩很好但很少进步的学生，并思考为什么会这样。是因为挑战不够？是因为态度？还是因为其他什么需要改变的东西？

中学部对影响的探究

在英语科组，教师探究由各个年级的教师团队发起，但变革的过程和重构教与学是整个科组推动的。以这样的方式，学习和变革既是为每个特定的教师和学生群体量身定做的，同时又能与更广泛的群体分享。

弗洛拉·马瑟，英语学科主任和 11 年级的英语教师

图 2.4　弗洛拉·马瑟

弗洛拉采取以下策略来发现学生在阅读和写作上的优势和需求。

- e-asTTle 的阅读和写作；
- 就某一篇作文与学生沟通；
- 学生自我评价同一篇作文。

弗洛拉整合这三种策略获得的数据，确定了学生的首要任务：

- 运用能引起共鸣、激发想象、鼓励对文本的写作目的和受众进行批判性思考的阅读策略；
- 能阐明作者为特定目的和受众而采取的写作策略（用词和句型）；
- 使用这些策略；
- 能自我监控阅读和写作，以确保这些策略得到运用。

060 | 可见的学习在行动

弗洛拉和她的同事们都参与了 e-asTTle 的使用、理解有效反馈和"认识你的影响力"概念、共同设计成功标准等专业学习。基于这些专业学习和她所知的学生的首要任务,她确定她的教学实践需要做出以下调整:

我需要帮助学生建立成功标准,这样他们才能知道自己何时是成功的。

我需要创造机会让学生学习简单易行的策略,以有效地实现句型结构多样化。对学生的提问显示,他们在句型、使用连词等方面的知识非常有限。我需要回过头来填补这些空缺。

我需要建立一个系统,使学生能从他们的阅读内容中推断出隐含的信息,这样他们才能开始描述作者为特定目的和受众而使用的语言和句法。

我需要确保我对学生写作的反馈聚焦于学生设定的主要目标,以及聚焦于拓展他们对词汇、句子开头和长度的理解上。

然后弗洛拉将关于学习成果和自己实践的目标整合在一起,设计并实施了一个为期 8 周的单元。这一单元的教与学方法的特征包括:

- 选择有助于学生自己发展特定阅读策略的文本;
- 特定阅读策略的直接教学和示范;
- 互助阅读小组;
- 提供机会以个人、小组或班级为单位进行指导性反思;
- 学生自制阅读指南和词汇表;
- 词汇、句型和词类的直接教学;
- 通过使用范例来建立对国际文凭课程中学项目写作任务的评估标准的理解;
- 共同设定创意写作的成功标准;
- 花心思在句子开头上,让学生使用共同设定的成功标准去自我评价,然后教师会通过口头和谷歌文档(Google Docs)向学生发送反馈。

在单元结束时,学生的自我评价显示出他们在自信心和理解力上有很大提高。弗洛拉在评分时认为所有学生最终的作品都达到了很高的标准,她很欣喜地注意到学生谈话方式的变化——他们能清晰地表达他们学到的概念和策略,同时也能描述和反思他们的学习旅程。同样,e-asTTle 的重测结果也证实了学生在阅读和写作上的学习成果有显著提高。

学生的意见和 e-asTTle 如今成了弗洛拉教学实践中的常规部分。她和她的同事们正在尝试扩大"简便易用的"形成性评价工具的储备,以便在后续的专业探究中使用。

雅内特·加尼特,7 年级英语教师

图 2.5　雅内特·加尼特

雅内特关注的研究对象是 4 个 7 年级的学生,他们不喜欢写作,也缺少作为学习者的独立性。她想知道这些学生自己怎么看待他们的写作,以及他们个人的写作目标是什么。她特别有兴趣去了解学生如何理解不同形式的反馈的目的,以及他们如何利用反馈来推动自己的学习。这使得她有必要去了解学生如何理解国际文凭课程中学项目用于测量学生的知识和技能成长的评价量规(以下简称 MYP 量规)。

雅内特与她的一位同事合作开展探究,这位同事也是 7 年级的英语教师,也有类似的困扰。教师们使用 e-asTTle 来确定学生的写作学习下一步该做什么。他们与学生及其家长分享这一数据。然后他们通过各种渠道收集信息,了解学生对于他们的写作学习有什么想法。

两位教师邀请科组主任弗洛拉·马瑟到他们的课堂来,向她们关注的学生提出一系列问题,类似于马特·巴伦在萨拉·贝内特班级上的提问。小组分析了课堂提问的文本,发现学生对自身学习的理解出现了偏差,同时也不知道如何将写作课上习得的技能迁移到其他写作任务上。

雅内特和她的同事要求学生讨论在每一条相关的量规上需要用什么证据去证明他们取得了成功,并达成一致的意见,以此来检验学生对MYP量规的理解状况。当教师评估学生的答案时,他们能看出学生需要进一步的帮助去理解成功标准。

教师先向学生做出说明,然后让他们填写一张写作自我评价表,以此来检验学生的个人理解。在此基础上,学生设定了自己的写作目标,并被记录在科组的文件中。

在弗洛拉的支持下,教师们对他们的发现和呈现出来的规律做出了反思。总体结论是,学生需要技能去更好地自我调整写作学习之旅。为了在这一点上给予他们支持,教师们意识到需要采取一些更有效的反馈策略,向他们提供一些必要的工具去理解和充分利用反馈,反思学生传达出来的信息,即这些变化是如何对学习造成影响的。他们同样希望创造机会帮助家长理解他们对儿童写作的期望,这样家长能在家更好地支持儿童的学习。

教师运用他们的专业学习,使有效写作的技能和策略教学更加清晰,提供更加有效的反馈——这些反馈与学习意图、MYP量规设定的标准明确相关。为了帮助他们的学生充分利用反馈,他们知道需要更深入地解析评价量规。他们的方法是提供不同层次的学生习作示例,让学生一起甄别这些经过量规分类的习作有何特点,有什么证据表明这些习作应该处于哪个层次。然后学生共同设计一份关于写作任务的解释说明,并向习作的作者发出反馈。学生将这迁移到他们之间的交流中,及时向同伴发出反馈。这些经验为学生提供了必要的语言和知识去诠释他们从教师那里接收到的更为直接的反馈。同时,雅内特与她的同事们通过有关学习意图和成功标准的对话提高学生对自己成绩的期望,使他们意识到他们真正取得的进步。

家长也参与到此类学习当中。学年伊始,中学部副校长举行了一场家长工作坊来进一步加强家长对评价量规的理解。家长们通过与孩子的讨论、与教师的正式会议,以及通过孩子收到的有关每个新任务的书面反馈来了解进展情况。教师用视频录像记录下某些形成性反馈和同伴反馈,与家长分享。他们也发邮件给家长，分享并庆祝成功。

在单元结束时，运用 e-asTTle 和 MYP 量规对学生进行重测。他们在写作上取得了非常显著的进步。在写作内容方面的效应量是 1.83，而写作风格和语言结构方面的效应量是 1.35。

雅内特发现她的学生现在对写作比以前自信得多。他们享受写作，并且能清楚地表达他们在写作上的进展情况。在这次教师引领的探究接近尾声的时候，弗洛拉重复了刚开始时的访谈，从学生的回答中可以印证这一点。比如，当她问："在这一年剩下的时间里，你将要如何达成目标？你接下来要做什么？"学生的回答是：

加尼特老师组织了目标工作坊——我能够使用辞典，做出好的选择。加尼特老师帮助我在图书馆中选择一些词汇更难的书。

至于量规和写作清单。以下是我改善自己写作的方法：

TEEL 结构（Topic sentence, Explanation, Example, Link：中心句、解释、举例、联系）就在黑板上。我能看见它。我可以用颜色标注以确保每个部分都在我的文章中出现。我可以问加尼特老师。

运用更多写作手法和更加遵从量规。

一个特别不情愿写作的学生取得了非常大的进步，最后他被选中在学年末的最后一次集会上朗读他的作品。他的父母很高兴，写信感谢雅内特老师和校长："你们做了一件非常了不起的事，激励了我们的孩子做最好的自己。"

回顾至今的旅程，雅内特相信：

这个过程中最重要的一点是教学对学生来说更加可见，而学习对教师来说也更加可见。有了这样的透明度，学生不再需要"揣度"教师想要什么。成功的结果来自学生更加了解他们自己的学习之旅……我们非常兴奋地看到，无论是在单独学习，还是两人或小组学习的时候，学生都在使用"可见的学习"的语言——"你的重点在哪里？""你现在在哪里？""你接下来怎么做？"

阿兰·柯克，8年级英语教师

图 2.6　阿兰·柯克

当智新书院 8 年级的教师们使用 e-asTTle 来测试学生的阅读和写作成绩时，一个难题出现了。总体上，学生们在 e-asTTle 阅读中表现得很好，但写作成绩并不理想。对上一学年期末评估任务的分析引起了更多的担忧，因为学生的成绩有显著差距。更令人疑虑的是，阿兰认为当弗洛拉·马瑟访谈学生时，他们的回应显示出，对"这些任务旨在评估什么"和"'成功'是什么样的"这两个问题，学生有非常不同的解读。特别是，几乎没有学生能清晰地描述在特定文体上他们下一步的学习计划是什么，比如游记写作。

这些发现促使阿兰更深入地研究评价标准。阿兰意识到学生使用的语言过于复杂，还没展示出成功游记写作的必要特征，离成功的标准还差太多。他也意识到如果想要学生真正地理解他们将要学习的策略和技巧，必须让学生参与到任务标准的制定中。

起初，阿兰在 8 年级教师会议上分享了这些反思，团队认真思考了这些意见与他们的学生和教学实践的关系。他们一致认同重点放在成功标准的构建和应用以及教师和同伴反馈的传递上。他们希望通过这样做，学生能提高写作效率和独立性。

新的学习内容是一个有关游记写作的新单元，包含大量的活动。其中包括：

- 介绍游记写作的概念，即记述出国或在日常生活场景之外的经历；
- 创造机会让学生探索由学生和专业作家所写的优秀游记的范例，以此为基础共同建立一个优秀游记的特征列表；
- 将这个特征列表重新加工为"我要实现的成功标准"（比如，"我可以在写作中插入对话，增加一种现实感和冲击感"）；
- 学生将成功标准创作成色彩斑斓且便于记忆的海报；
- 对范例做进一步分析，提供机会让学生以特定的成功标准来练习和完善他们的作品；
- 教师和同伴提供及时且合适的反馈；
- 总结性评价任务，学生采用共同制定的成功标准进行自我评价；
- 帮助学生自我评价，他们感觉自己哪里做得好，哪里需要改进；
- 教师提供总结性评价成绩和书面反馈。

对学生影响最大的是他们自主性和自信心的提高。阿兰同样观察到他的学生：

- 更加明白在写作中运用一系列策略来增强效果的重要性；
- 更好地理解他们分析和尝试仿写的体裁的特征；
- 对文学分析的元语言有更清晰的理解；
- 大幅度地提高了他们对游记体裁的掌握程度。

阿兰的探究起因是他意识到，教师设计的量规并不能向学生提供他们所需的指导学习的标准。阿兰自己学到的是：

如果学生能把他们自己的想法加入到量规的编制中，而不是外部强迫实施，那么这个评价量规比原来有效十倍。如此一来，量规对他们来说是有意义的，他们对文学或非文学叙述的艺术性的理解也有所提高。

改变的行动有什么影响？

智新书院在报告中指出，以证据为基础的探究现在成为整个学校内部教师发展的基础。这些探究的关键特征包括运用了以下因素：

- 通过目的明确的学生访谈征求学生的意见；
- 将学习空间、活动和学生的照片用作讨论的基础；
- 对改变的实践和支持这些改变的证据进行严谨的专业讨论；
- 不断收集证据，检验这些改变是否使学生学习有所提高。

学校领导们观察到，在大部分班级中，学习意图和成功标准是非常清晰的。当他们访谈学生时，他们发现学生能更清晰地表达对所学内容的理解，以及如何得知他们是否取得成功。

领导们相信对两条黄金原则的坚持使得他们获得成功：

- 制定一个切实可行的时间表，包括专业发展（在较长的时间里多次开展）、实施和评价的各个阶段；
- 需要建立一个教师领导者联盟，而不仅仅是管理者的联盟。

助理校长彼得·拉斯科克回忆起，当探究的目标不明确，因此无法清晰地衡量影响时，他们开始出现一些错误。然而，以下关于影响的证据的数据证实了彼得的观点，"学生能对他们的学习和我们的教学产生深刻的影响……如果我们愿意倾听"。

图 2.7、图 2.8 和图 2.9 是外部的国际学校评估结果，展示了学生在一段时间内的成长。这证实了中学教师们在故事中提到的影响是真实存在的。它采用的是 PISA 的分级标准，智新书院的年级比它高一级，但年龄是一样的（比如，9 年级对应的是智新书院的 10 年级）。

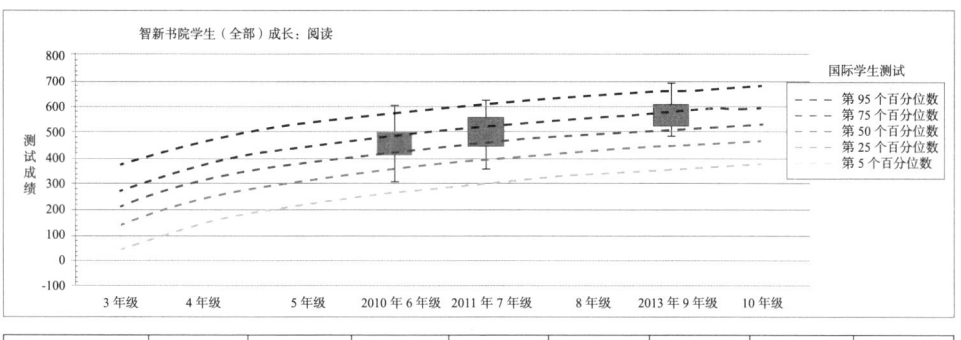

第 2 章　中国香港智新书院

阅读	3 年级		4 年级		5 年级		6 年级		7 年级		8 年级		9 年级		10 年级	
	$M(SD)$	N	$M(SD)$	N	$M(SD)$	N	$M(SD)$	N	$M(SD)$	N	$M(SD)$	N	$M(SD)$	N	$M(SD)$	N
国际学生测试标准	240(103)	37546	307(98)	19894	355(93)	40250	398(100)	21619	448(99)	38714	490(92)	21994	524(92)	22500	558(95)	16714
智新书院学生测试结果							464(84)	98	497(80)	96			572(62)	92		
平均值差异的置信度							中等效应 $d=0.7$		中等效应 $d=0.5$				中等效应 $d=0.6$			

图 2.7　阅读

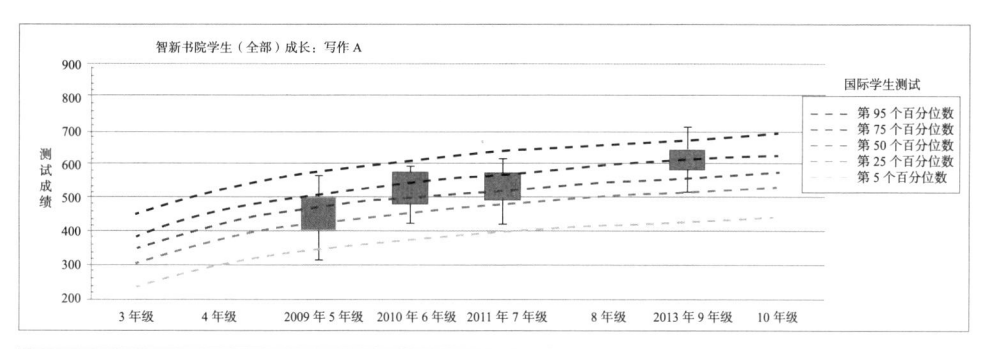

写作 A	3 年级		4 年级		5 年级		6 年级		7 年级		8 年级		9 年级		10 年级	
	$M(SD)$	N	$M(SD)$	N	$M(SD)$	N	$M(SD)$	N	$M(SD)$	N	$M(SD)$	N	$M(SD)$	N	$M(SD)$	N
国际学生测试标准	361(65)	39066	409(68)	20530	458(72)	42667	487(74)	21660	520(76)	38705	546(74)	22014	565(78)	22567	585(78)	16707
智新书院学生测试结果					444(79)	90	512(60)	99	526(65)	98			613(56)	92		
平均值差异的置信度					效应较小 $d=0.2$		效应较小 $d=0.4$		效应较小 $d=0.1$				效应较小 $d=0.7$			

图 2.8　写作 A（记叙文）

068 | 可见的学习在行动

智新书院学生（全部）成长：写作 B

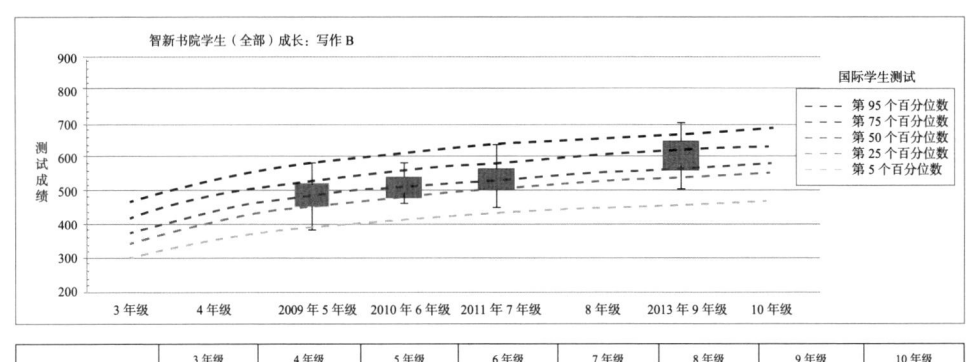

国际学生测试
- 第 95 个百分位数
- 第 75 个百分位数
- 第 50 个百分位数
- 第 25 个百分位数
- 第 5 个百分位数

写作 B	3 年级		4 年级		5 年级		6 年级		7 年级		8 年级		9 年级		10 年级	
	M(SD)	N	M(SD)	N	M(SD)	N	M(SD)	N	M(SD)	N	M(SD)	N	M(SD)	N	M(SD)	N
国际学生测试标准	403(55)	38924	435(58)	20532	476(61)	42621	498(63)	21612	529(65)	38660	556(67)	21958	574(71)	22401	597(71)	16620
智新书院学生测试结果					488(55)	90	516(51)	98	531(61)	96			608(59)	92		
平均值差异的置信度					效应较小 $d=0.2$		效应较小 $d=0.3$		效应较小 $d=0$				效应较小 $d=0.5$			

图 2.9　写作 B（记叙文）

继续循环

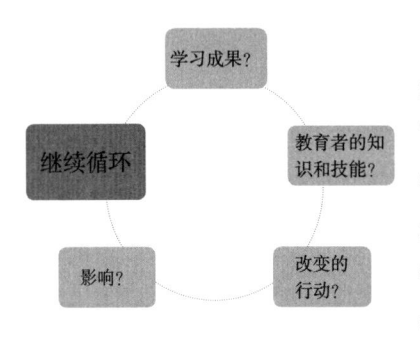

智新书院里的"先行的采纳者"，无论是个人还是团队，现在都有可靠的证据表明"认识你的影响力"和鼓励学生成为"可见的学习者"带来了提高。对他们来说，下一步是用他们的成功来帮助其他人采纳"可见的学习"的概念和策略。尤其是，学校试图让教师进一步：

- 了解对学习影响最大的因素；
- 有策略地运用形成性数据，指导他们的教学；
- 了解并运用工具来确保影响，尤其是在数学和英语之外的学科。

第 3 章　澳大利亚萨达迪恩小学

　　自从我了解到不同的心智框架及其运作的方式，它就改变了我的教学方法和我应对日常场景的方式。当我一天过得不顺心时，我回到家就开始反思和评价。我会问自己，这一天有没有什么事是我能改变的。我在想，"如果我能够改变自己的心智框架，以另一种方式回应那个孩子，那么那个孩子会做出不一样的反应吗？"

　　感谢这种方法，我现在将自己看作一个变革者。我能够有意识地改变自己的思维方式，并且以一种新的态度来应对它。我相信这对我和学生的关系有积极的影响，使得教室里的学习对话变得多起来。种种迹象告诉我这是真的。不论是与学生、同事的谈话，还是成绩数据，都显示了学生的参与度在提升，成绩也有所提高。

　　[皮帕·诺斯（Pippa North），教师，萨达迪恩小学]

　　萨达迪恩小学教师的思维方式发生了一次自我蜕变：从一开始认为学生的行为和成绩是由外部因素决定的，转变为将自己视为变革者，承担引领课堂学习的责任。作为变革者，他们密切地监控着自己在做什么、对学生的影响和他们在哪个方面能做得更好。

背　　景

　　萨达迪恩小学位于澳大利亚的中部，在著名的内陆小镇艾利斯泉镇上。它是一所规模很小的学校，预备（入学）班大约有 30 名学生，1—6 年级大约有 100 名学生。这所学校还有 3 所小型的附属幼儿园，其中 1 所也位于此。

　　萨达迪恩小学的学生人数在经历了一段时间的衰减之后，进入了一个突飞猛进的增长阶段。大多数新学生是澳大利亚土著人，很多生活在城镇的救济营[①]。今天，92%的学生是澳大利亚土著人。就家庭收入和教育背景而言，很大一部分学生都是弱势群体。例如，50%的家庭里的家长或监护人没有上过高中，而超过80%的家庭接受福利救助。

师资队伍中既有经验丰富的教师又有初出茅庐的教师。教师的流动率也很高，事实上，5人组成的高层领导团队中有4个人是2012年加入的，剩下的1个人是2014年加入的。尽管很多教师对土著儿童的教育非常感兴趣，但是他们几乎没有来自本社区的，更没有人本身是澳大利亚土著人。这限制了教师与学生沟通的能力，同时教师很难理解土著文化如何成为一种学习资源。

概　　况

2012年1月朱莉·麦克拉伦（Julie McLaren）作为新校长加入萨达迪恩小学，她发现这所学校的特征是学生参与度低、成绩低。学生长期而频繁的缺勤、破坏性行为都是正常现象。教师詹姆斯·波拉德（James Pollard）回忆起自己对学校的第一印象是"棘手"，学生之间、学生与教师和他们的家庭之间的关系都渗透着语言和身体的攻击行为。这是土著学生的一个突出问题。非常显眼的是，学校8个班级中有2个是土著教育班级（Indigenous Education Units，简称IEU），学生由于他们有不良行为和较差成绩而被安排在这两个班级中。

在这种情况下有很多教师感到无助，这是可以理解的，但这个态度并不能带来转机。值得赞赏的是，萨达迪恩小学的教师们在短短一年内改变了他们的立场，从原先的"缺陷思维"，转变为将自己视为变革者，相信他们能够为学生改善学习的机会。证据在数据当中——这个非凡的转变大幅度地改善了学生的生活前景，而此前他们在学校几乎没有进步。

这个故事表明，把注意力清晰而坚定地聚焦在教师的心智框架、教师与学生的关系上，同时密切关注学习的影响，能改变一所学校及其学生的结果。

有代表性的领导者

这个故事最初是基于学校指导联盟的反思，包括了整个领导团队。对于学

---

① 城镇救济营是土著人的小社区，他们生活在郊区的边缘。居民多数有共同的语言和地理渊源。——译者注

校来说，一切都是新的。

校长**朱莉·麦克拉伦**受命于2012年1月。

助理校长**艾尔莎·莫伊斯**（Ailsa Moyses）于2012年第一学期上任。

高级教师**阿里·胡德**（Ali Hood）和**凯特·肯尼迪**（Kate Kennedy）自2012年第三学期开始任教，**克莱尔·佩罗特**（Claire Perrott）于2014年年初加入。阿里同时也是"可见的学习"的影响力教练。

学校的土著与岛民教育工作者（Aboriginal and Islander Education Worker，简称AIEW）**卡尔米·麦克莱恩**（Carmy McLean）同样也是教师队伍的一员。她的角色是与班级教师一起帮助土著学生学习，并与学生的家庭和社区保持联系。

领导团队旨在为学校的所有儿童带来一些积极的变化。领导者们对实现社会正义有强烈的责任感，坚信所有儿童在恰当的支持下都能学有所成。他们在广泛的领域中拥有丰富的经验，无论是在地方还是在州际的事务上。

萨达迪恩小学的"可见的学习"故事

理想的学习成果是什么？

2012年，萨达迪恩小学在任何衡量指标上的总体学习成果都很差。就学生行为和参与度而言：

- 9%的学生曾去学生服务中心寻求帮助；
- 18%的学生曾因行为和学业问题被放到了土著教育班级；
- 土著学生仅完成了（学校附属的）娜塔莉·戈里（Natalie Gorey）幼儿园50%的课程；
- 预备班到6年级的学生仅完成了70%的课程；
- 2012年NAPLAN数据展示了学业成绩的如下图景。

在3年级里：

- 78%的学生处在或低于最低数学标准；

- 70% 的学生处在或低于最低阅读标准；
- 58% 的学生处在或低于最低写作标准。

在 5 年级里：

- 69% 的学生处在或低于最低数学标准；
- 71% 的学生处在或低于最低阅读标准；
- 64% 的学生处在或低于最低写作标准。

2012 年 10 月，北领地教育部为澳大利亚中部学校提供机会去听约翰·哈蒂教授的讲座，并参与到"可见的学习"计划中来。受约翰·哈蒂讲座的激励，萨达迪恩小学的领导们迫不及待地加入了由 10 所学校组成的先行试验组，为 2013 年在整个澳大利亚中部推广这个项目做调研准备。在顾问德布·马斯特斯和玛丽·辛克莱（Mary Sinclair）的帮助下，团队进行了一次综述性调查研究，以深入地了解学校里发生了什么，包括学习成果、教师的理解和技能。

这次调查的关键发现是，学生没有将自己视为学习者，也不明白什么才是好的学习者。一段采访 19 名学生的录像很清楚地证实了这一点：

> 大多数学生都表示，安静、听话、懂事、完成作业、听从教师的安排等行为是优秀学习者的特征。一些学生则没有回应。
>
> （摘自萨达迪恩小学"可见的学习"录像日记）

以他们的分析为基础，学校确定了以下理想的学习成果：

- 学生要参与到目标的设定中，并为自己的学习感到高兴——学生有较高的预期且渴望成功。
- 学生要静下来学习，与学习建立联系，对上学感到振奋和充满渴望。

教师们参与设定了一系列目标，学校以此来细化它的目标并衡量目标的进展情况。这些得到了学校委员会的认可，被纳入年度工作计划（Annual Operating Plan，简称 AOP），并在学年结束时以此为基础向社区报告。部分目标列在表 3.1 中。

表3.1　认识你的影响力：萨达迪恩小学的学生目标

重点成果	2012—2013年的目标
阅读	70%的学生出勤率达85%或以上，在阅读上达到预期成长水平或更高（采用PM基准等级①）：预备班分为3个等级；1年级、2年级和3年级分为6个等级；4年级、5年级分为4个等级
数学	70%的1年级、2年级学生出勤率达85%或以上，在数学上达到预期成长水平或更高（采用"我能学数学"）； 70%的3—6年级学生出勤率达85%或以上，在数学上达到预期成长水平或更高（采用PAT数学②）
出勤率	学前土著儿童的出勤率从50%增长至70%； 预备班到6年级的土著儿童出勤率从70%增长至80%

教师和学校领导需要什么知识和技能来取得这些成果？

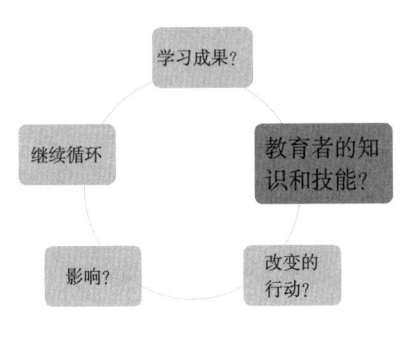

对于教师理解和技能的综述报告证实了教师处在危机之中。他们将大部分时间用于行为管理，而很少关注学习。教师们工作辛苦，但他们倾向于独自工作，做事避重就轻，不在意是否真的起作用。于是形成了一种"缺陷"文化，教师觉得无论他们付出多大的努力，都无法克服挑战。早在自我检视的过程中，领导者们就意识到他们需要着力改变这种思维方式。

教师们需要摒弃"确实，然而"（Yes but）这种方法，或者说消除这种障碍，相信所有儿童都可以学习——把注意力聚焦在学习上。

（萨达迪恩小学指导联盟）

全校专业学习日——覆盖教学助理和教师——发挥了重要作用，它使人们思考学校处于何种处境、教师们可以做什么去改善这种处境。校长朱莉·麦克拉伦先画出一幅"人形图"，要求教师们站在一条线上，以此表示他们认

---

① PM基准等级是纳尔逊·普赖斯·米尔本（Nelson Price Milburn）出版社建立的一个阅读分级体系。——译者注

② PAT数学全称为"数学进展性成就测试"（progressive achievement test，简称PAT），PAT是一种全国性学业水平测试，从3年级到10年级，包括数学、阅读、写作和拼写四张卷子。——译者注

为从各个心智框架来考虑，学校处于什么位置。然后，她请分别站在这条线"高""中""低"三个点上的人们解释他们这样判断的理由。

人形图上得分最低的是"我是一个变革者"。从根本上来说，一名教师如果是变革者，那么他相信他能通过改变实践来提升学生的成绩。领导者很担忧，因为缺乏这种信念，任何事都不会发生。他们将变革者的"积极信念"做成表格，在"建基日"工作坊上列出来，将其作为他们需要重点关注的因素。同时，他们让教师参与到分析中，教师思考、匹配和分享列表上的信念，他们认为这些信念对形成变革者的心智框架十分重要。这个参与过程使教师确认了以下想法能带来改善。

- 根据学生的起点设定高期望，这是很重要的。
- 发展同伴互动非常有助于改善学习。
- 批评、错误和反馈是改善学习的好机会。

学校的调查同时指出，学校需要关注"建立积极关系"的心智框架。这体现在学校的行为管理问题上，尤其是土著教育班级里大量的土著儿童。因为这很重要，学校乐于将他们的"可见的学习"研究与"文化有价值"（Culture Counts）工作坊结合起来，发展成一种以关系为基础的学习（Relationships-based Learning）。以关系为基础的学习，这个概念来自于罗素·毕晓普（Russel Bishop）教授的研究，它关注的是关系对土著或少数族裔学生教育成功的重要性。对萨达迪恩小学的一些教师而言，这意味着思维上的重大转变。他们原先只关注他们教学的权利，而现在需要考虑学生学习的权利，以及他们使学习发生的责任。他们要意识到这一点，发扬长处将学生带进学习中，而不是只关注缺陷和弱点。

领导团队将以下定为教师的优先成果：

- 教师要把所有学生视为有能力的学习者。
- 教师和学生成为乐于接受挑战、有创造力和富有热忱的人。

卡尔米·麦克莱恩协助开展对话，以了解家长和其他家庭成员对这所学校的看法。通过她的探究，领导者们逐渐意识到在提高学生和教师的期望的同时，他们还应使家庭看到一所专注于学习的学校，他们的孩子在其中享受到成功的喜悦。

教师和学校领导尝试了什么新行动？

萨达迪恩小学的专业学习包括了很多与其他学校一样的关注点，通过引入以证据为基础的实践来实现"使学习清晰可见"，例如建立清晰的学习意图和成功标准，设计与学习意图相一致的任务，运用反馈过程帮助学生和教师来测量、监控和管理学生的进步。然而，最为重要的信息是需要教师接受变革者的心智框架，学生和家长则需要提高自己的期望，相信所有学生内在的潜能。学校为改变而采取的部分行动如下。

定义心智框架

尽管这些心智框架得到了实证研究支持，但它们仍需要转化成这个沙漠中的小社区的现实实践。在具体情境中解析每一种心智框架，有助于教师理解它们对个人学习和实践来说意味着什么。这些心智框架挂在教师办公室里，不断地提醒着教师，学校对他们的期望。图 3.1 展示了学校对于"我们是变革者"的定义。

心智框架：可见的学习

心智框架：作为教育者，我们相信自己是变革者

- 我们把自己看作变革者，我们是推动者而不是阻碍
- 这事关提升我们的儿童、我们自己和学校社区的自尊
- 我们需要包容学校社区中不同的文化群体和文化多元性

在我们的情境中，这意味着：

- 心智框架的直接教学和实践，分享和记录经验
- 我们在做的事："有力学习者增强中心"、鼓乐队、女生团体、课外兴趣项目、提高成绩项目、成长和发展项目、专业学习共同体、故事分享会、教师形成性阅读评估系统、通行证项目、激励性奖励、萨达迪恩笑脸、出勤奖励、个人学习项目
- 教师专业发展——具有文化意识、理解学生的背景、庆祝"澳大利亚原住民纪念周"、迎合以英语为外语的学习者以及与之相关的专业发展

萨达迪恩小学　2013 年 8 月

图 3.1　萨达迪恩小学的心智框架（节选）

学习者品质

学校设定的学习者品质自然而然地源于这些心智框架。教师们认同，强大的学习者应该具备以下品质：

- 团队合作；
- 目标远大；
- 自豪；
- 提问和好奇心。

与家长建立学习联系

如今，教师们每学期都会将两份作业送到学生家里，向家长和家庭表明孩子学习的具体情况。幼儿园发起了"表扬相簿"（brag books）这一活动——用照片记录下每个学生的成就，这样他们就可以和家人分享，在他们进入新学校时能保存起来。学校邀请家长参与"学习之路"活动，由儿童带领游览学校，参观所有学习发生的场所。学生向家长展示一项学习活动，以行动去证明他们的成功。这些活动旨在培养一种自豪和积极的态度，同时创造机会与更广泛的社区共享学习的语言。

分享影响的故事

教师和领导者没有将他们的洞见秘而不宣，他们在彼此分享影响的故事，这样学校里才能一直有新的学习和改变发生。

分享这些故事的方法之一是打造一面数据墙（见图3.2），让教师清晰地看到每个学生的进步。这给围绕"学习机会如何影响重要的学习成果"这一话题展开对话提供了一个很好的起点。学生的照片醒目地放在上面，以强调他们是"我们的学生"，而不仅仅是电子表格上的数字。

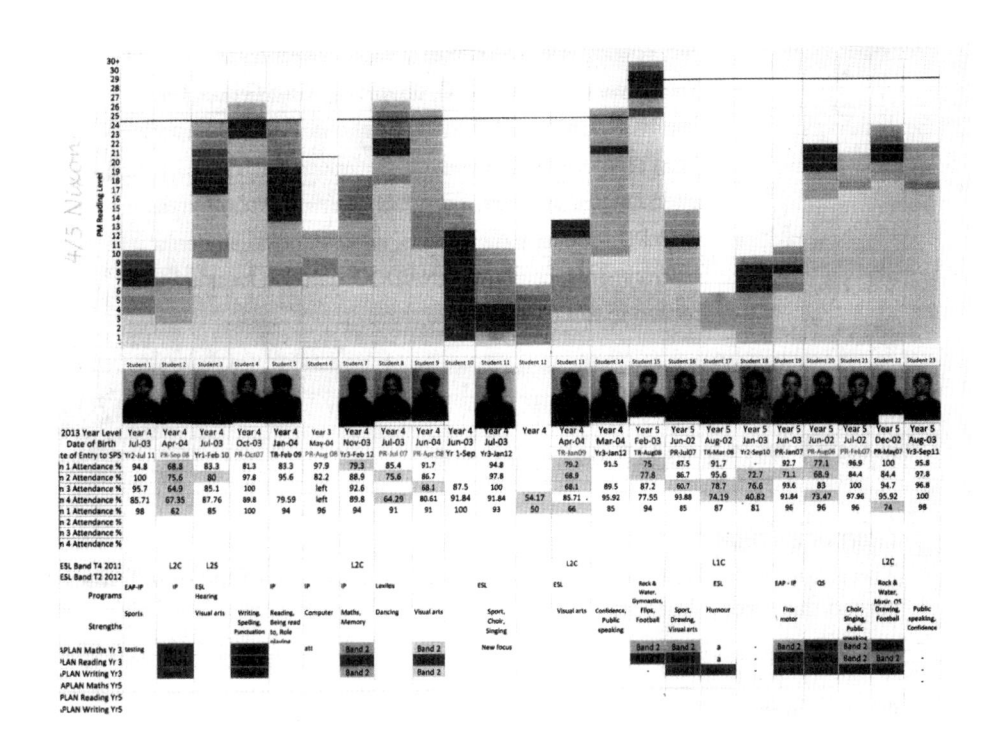

图 3.2 数据墙

类似地，教师将学生在阅读上的进步展示在墙上（见图 3.3），以表明他们对学生成绩的期望，以及学生正在以更快的速度取得进步这一令人兴奋的事实！

另一种方法是让教师和领导者写下并分享他们遇到挑战并最终战胜挑战的故事。事实证明这是很有用的。教师们如今有此推论："如果我们与这些学生能够共同完成这件事，那么我们也可以与所有学生共同完成它。"图 3.4 提供了类似故事的一个案例。

要注意的是，模板如何帮助教师根据影响循环的各个阶段将他们的故事结构化。即使在实施的早期，也有教师回忆学生的故事、构建动态图像的案例。

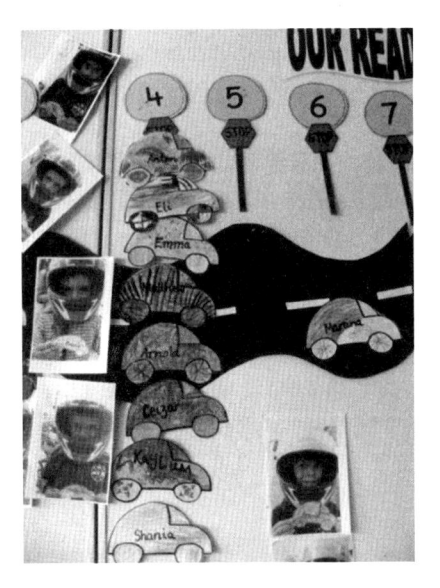

图 3.3 展示和赞美进步

萨达迪恩故事

学生姓名：沙尼亚（Shania）

年级：2 年级

日期：2013 年 10 月

先前的学习行为或担忧：
- 沙尼亚对学习几乎没有信心
- 她不愿参加小组活动
- 在阅读、写作、数学上表现很差
- 她在运用《快乐拼读速速成》(*Jolly Phonics*) 拼读，但她并不理解
- 她坐在不显眼的位置，不和其他人在一起

采取了什么措施？结构、常规或实践发生了什么变化？
- 参加了"有力学习者增强中心"
- 每天都期待去"有力学习者增强中心"
- 她变得非常自信，而且知道自己在学习
- 表现好多了，而且不为犯错误而感到"羞愧"
- 现在开始享受挑战，并且敢于尝试

在关系和学习上的改变或影响：
- 沙尼亚在学习上取得过成功
- 她非常愿意做作业并完成它
- 她的阅读、写作和数学都有提高
- 从零开始，她现在的阅读水平达到 PM 4/5 级
- 学习信心大增
- 她很快乐，加入了所有小组活动
- 沙尼亚坐在前排，积极参与课堂
- 与她的家人分享学习
- 使用个人学习文件夹来向家人展示功课

图 3.4　沙尼亚的学习故事

其他的故事更加有奇趣、更加非正式。这包括在每周新闻通讯中简要叙述领导者在课堂里看到的积极变化。领导者们发现，当事情遭遇困难时，这样做有助于建立一种乐观的态度。

解散土著教育班级

所有学生现在都被纳入主流班级。学校为学业困难的学生提供额外的帮助，包括以下两个新项目：有力学习者增强中心（Strong Learners Intensive Centre，简称 SLIC）和课外兴趣项目（High Interest Program，简称 HIP）。SLIC 是为了向表现低于或严重低于同伴的学生提供小组增强支持而设计的。HIP 是一个动手操作的实践项目，通常在下午教学活动结束以后进行。

这不意味着忽视土著学习者的特殊优势和需求。相反，所有教师都参加了文化意识培训，而且学校有意地招聘更多土著教师，尤其是能说当地语言的人。正如图 3.5[①] 中显示的，学校的形象发生了改变，学校向大部分土著学生和他们的家庭传递这样的信息：他们的语言和文化是有价值的。

图 3.5　萨达迪恩的学生品质（节选）

创造一个村落

我们都很熟悉一句谚语："养育一个儿童，需要整个村落的力量。"但这需要村落里（即学校）的成年人与儿童建立真正的关系才能实现。只有这样，他们才能了解并回应儿童的需求。其中一种实现方法是，每天早上都进行一次用时 15 分钟的全校锻炼；另一种方法是带全校的学生去远足，举办特别活动分享和庆祝学习成功。建立这样一种关系的意义在于：当学生某天过得不开心，需要转移注意力时，与一位不同的教师去做一些不同的事对他们来说会更容易。

---

① 图 3.5 中间一行文字是用土著语言书写的。——译者注

改变的行动有什么影响？

改变的影响在教师的故事里清晰可见。其中一个故事是詹姆斯·波拉德写下的。当詹姆斯在 2013 年年初发起"学习花园"这一项目时，同事们说："这些花园里的鼓不出一周就会被学生损坏殆尽"，或者"这是一个不错的想法，只是不适用于这所学校"。实际上，花园项目取得了巨大的成功。对一些学生来说，正是花园使得学校变成了一个安全且舒适的地方。他们对花园的自豪变成了对学校的自豪，因此更加愿意积极地与教师和同伴相处，且投入到学习当中。一个意想不到的结果是，一个幼儿园小朋友的家人找到了詹姆斯，说他们对学校里发生的事很感兴趣，因为他们要在城镇救济营里建立社区花园。这有力地证明了，学校在创造更有建设性的关系上是成功的，不仅仅是与学生的关系，还有与学生家庭的关系。

如今，萨达迪恩的教师拥有强有力的证据证明他们是真正的变革者，他们有能力提高学生的学习和幸福感。如表 3.2 所示，事实上，他们 2012 年定下的所有目标都在 2013 年实现了。

表 3.2　认识你的影响力：萨达迪恩小学的学习成果

结果	2012 年目标	2013 年实现 / 没实现
阅读	70% 的学生出勤率达 85% 或以上，在阅读上达到预期成长水平或更高（采用 PM 基准等级）；预备班分为 3 个等级；1 年级、2 年级和 3 年级分为 6 个等级；4 年级、5 年级分为 4 个等级。	实现。效应量为 0.45。
数学	70% 的 1 年级、2 年级学生出勤率达 85% 或以上，在数学上达到预期成长水平或更高（采用"我能学数学"）； 70% 的 3—6 年级学生出勤率达 85% 或以上，在数学上达到预期成长水平或更高（采用 PAT 数学）。	实现。PAT 数学的效应量是 0.66。 在一年时间里，44% 的学生在数学上获得至少 2 年的预期成长。 70% 的学生在数学上获得超过 1 年的预期成长。 值得注意的是：22% 的学生出现了负增长，其中一半学生是因为在考试期间个人生活发生了多次重大的创伤性事件或社会不利的事件。另一半以及增长低于 0.39 的 7% 的学生，都被记录下来，以接受进一步评估与监控。

续表

结果	2012年目标	2013年实现/没实现
出勤率	学前土著儿童的出勤率从50%增长至70%； 预备班到6年级的土著儿童出勤率从70%增长至80%。	实现。提高至72%。 没实现。提高至75%。

继续循环

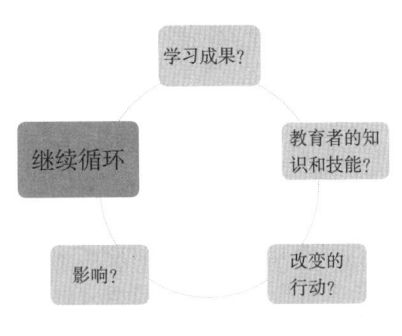

第一年的影响循环显示出很大的进步，但是工作还在进行中。在萨达迪恩小学制订的2014年计划中可以看出它对"可见的学习"的承诺（见图3.6）。这份文件清楚地设定和整合了学校的信念和愿望、为达到目标将采取的行动，以及将会以何种方式衡量进步。它使领导者的共同信念清晰可见，即"心智框架是变革的重要杠杆，重心必须要一直放在学习上，而且我们永远能挑战自己、做得更好"。

基本声明
- 从我们在2013年实施的"以关系为基础的学习"工作中，我们明白了积极的师生关系的重要性。
- 学生调查显示，我们的学生开始学会表达他们正在学习什么（而不是他们正在做什么）。
- 效应量数据显示，在目标明确的教学下，学生不论当初成绩如何都有了进步。
- 行为数据显示，当教学项目和课堂氛围能够满足学习者的需求时，行为问题会减少。

焦点领域："可见的学习者"——培养有评价能力的学习者
- 运用"萨达迪恩的学习者品质"，形成一种全校共享的学习语言。
- 理解和运用9种心智框架，使学生和教师能积极地参与到学习过程中。

愿望
　　萨达迪恩的学生通过他们的课堂行为来展示4种学习者品质。他们描述了这些品质，然后举例说明什么样的课堂行为体现这些品质。课堂实践之下的心智框架使学生拥有策略并进行自我对话来达成他们的学习目标。学生在学习中是主动的，他们了解自己的学习并且能制定个人目标。

图3.6　萨达迪恩小学预备班至6年级"可见的学习"计划，2014年

可见的学习焦点领域	心智框架	目标	谁负责?	我们怎么达到?	我们怎么衡量?
可见的学习者	我知道所有关于学习的语言	• 第一学期末,从预备班到6年级的学生都能说出"萨达迪恩的学习者品质":它们是什么,并举例说明 • 我们开始在所有班级的学习时间中观察和聆听这些例子	领导者团队 所有教师	学校中持续使用本地土著语言,在所有学习区域中放置显眼的提示	学生面谈 教室观察
我们以团队的方式工作	我建立积极的关系	至少90%的学生参加奖励性远足,以团队的方式开展	所有学校职工	学生有很多机会进行"团队合作"	收集参加远足的学生数据
我们目标高远	• 我享受挑战 • 我把学习看作艰难的工作 • 我是一个变革者	• 所有班级每天的两门主课都要提及学习意图,直到第三学期末 • 第三学期开始,每个学生都有一个学习目标,并且可以向同伴或教师解释他们的个人目标	影响力教练	教师专业发展关注写作意图和使用SOLO目标分类	通过随机的学生访谈收集数据,学生能否表达学习意图和口头上分享他们的目标
我们自豪	• 我是一个评估者 • 我把评估看作对我的反馈	第三学期末之前,所有学生都能够说出他们正在使用的一个策略	班级教师 领导者团队	教师专业发展关注推广阅读策略的使用	通过课堂观察和学生访谈来检验策略的使用
我们提问和好奇	• 我谈论学习,而不是教学 • 我参与对话,而不是独白	• 课堂中关于学习的对话是很显眼的 • 观察表明,对学生的反馈从表扬向其他三种形式转变	影响力教练 参与先行计划的教师	教师专业发展关注4种反馈类型	互相观察和实施:通过10分钟的观察能够知道教师给予学生的反馈是什么类型

图3.6 萨达迪恩小学预备班至6年级"可见的学习"计划,2014年(续)

附录 1.1　积极阅读指南

在《可见的学习（教师版）——最大程度地促进学习》这本书中，约翰·哈蒂列出了 8 种心智框架或"思维方式"，他认为这些心智框架应该成为学校和教育系统每个行动和决策的基础。约翰·哈蒂指出，采取这些心智框架的教师和领导者更容易对学生学习产生积极和重要的影响。现在你已经阅读了本章中的故事，你应该注意到凯勒·维尤思小学和萨达迪恩小学的教师和领导者的心智框架，你可以用下面的表格来记录这些心智框架以及它们如何影响学生的学习和行为。

"可见的学习"心智框架	学习故事中观察到的案例	对学习者的影响
心智框架 1：教师/领导者认为他们的基本任务是评价其教学对学生学习和成绩的影响。		
心智框架 2：教师/领导者认为学生学习的成功与失败取决于他们作为教师/领导者，做了什么或者没有做什么……我们是变革者！		
心智框架 3：教师/领导者愿意更多地谈论学习而不是教学。		
心智框架 4：教师/领导者把评价看作对他们影响的反馈。		
心智框架 5：教师/领导者参与对话，而不是独白。		
心智框架 6：教师/领导者乐于迎接挑战，而不退回到"尽力"的状态。		
心智框架 7：教师/领导者认为在班级和办公室中建立积极的关系是他们的职责。		
心智框架 8：教师/领导者让他人了解学习的语言。		

附录1.2 从理论到实践

本章的故事分析了"认识你的影响力"这个概念。我们从探究这个概念背后的心智框架开始。在阅读过程中，你可能会使用到第1部分附录1.1中的模板，去观察在这些故事中，这些心智框架如何在卓越教育者的提升之旅上发挥作用。这里你可能需要花点时间，独自或者是与一个信任的同事一起反思自己的实践。你会思考你的思维方式将如何影响那些你为之负责的人的学习，无论他们是学生还是教师，这可能会使你开始规划个人的探究之路。

"可见的学习"心智框架	自我评价：我觉得自己做得怎么样？对于我的思维方式如何影响我为之负责的学习者，我能想到什么样的故事？	下一步：如果我觉得需要提升，应该要做什么？我采取的第一步应该是什么？
心智框架1：教师/领导者认为他们的基本任务是评价其教学对学生学习和成绩的影响。		
心智框架2：教师/领导者认为学生学习的成功与失败取决于他们作为教师/领导者，做了什么或者没有做什么……我们是变革者！		
心智框架3：教师/领导者愿意更多地谈论学习而不是教学。		
心智框架4：教师/领导者把评价看作对他们影响的反馈。		
心智框架5：教师/领导者参与对话，而不是独白。		
心智框架6：教师/领导者乐于迎接挑战，而不退回到"尽力"的状态。		
心智框架7：教师/领导者认为在班级和办公室中建立积极的关系是他们的职责。		
心智框架8：教师/领导者让他人了解学习的语言。		

第2部分
有效反馈

第4章　澳大利亚蒙米亚小学

在"可见的学习"背后的国际研究综合报告中，哈蒂（Hattie，2009）指出，反馈能非常有力地促进学习。有效反馈与有效教学相结合，效应量达0.70。这几乎是平均效应量的两倍。

> 如果反馈是适当的，它可以帮助学生理解、参与或形成有效的策略来处理要学习的信息。有效的反馈需要是清晰的、有力的、有意义的，而且和学生先前的知识可以相容，并存在逻辑关系。它还需要促进学习者主动处理信息，任务不过于复杂，与特定的和清晰的目标相关，并且对个人没有威胁。主要的判断标准就是它是否直接地指向任务、过程和规则，而不是针对个人层面。这些条件强调了班级氛围的重要性，好的班级氛围有利于培养同伴关系和自我评价，并且允许从错误中学习。
> （Hattie & Timperley，2007，p.104）

这是蒙米亚小学如何实施"可见的学习"的反馈模式的故事。

背　景

蒙米亚小学位于凯勒·唐斯，一个距维多利亚州墨尔本市17公里的西北部郊区。学校共有418名学生，从预备年级（5岁）到6年级（11—12岁）。除了两个预备班级之外，学生都在混合班级中，每个班级由两个年级组成。

多元性是学校的特点，学生来自超过30个国家和语言群体。三分之二的学生来自较低的社会经济背景。有趣的是，66%的学生来自学区外，教师们认为这个现象的原因是大部分学生年幼时的日常照料者是住在这个学区的祖父母。

蒙米亚小学致力于开展创新项目，刺激并挑战每一个学生来形成终身学习技能和策略。蒙米亚小学是"儿童很重要"（Kids Matter）的参与者。"儿童很重要"是一个全国性的心理健康计划，由于其采取全校参与的方法来提高所有学生的心理健康水平、幸福感和学业成就而得到全国的认可。领导者们营造了一种以家庭为中心的学校文化，人们可以获得一种归属感。

学校领导团队是由校长洛雷恩·贝尔、助理校长维内塔·米特雷夫基（Vineta Mitrevki）和露西·沃尔帕索（Lucy Vorpasso）带领的。同时他们得到了学校的读写、数学和信息通信技术教练娜塔莉·克雷西（Natalie Creasey）、德布·海克斯（Deb Hicks）和迪恩·斯夸尔斯（Dean Squires）的协助。

概　　况

长期以来，蒙米亚小学的教师都将专业学习当作首要任务，全校有整整五年将关注重点放在读写和数学上。起初，提升的方法是构建五个内部的专业学习共同体，这是基于理查德·迪弗尔（Richard Dufour）的研究。学校聘用了两名外部的读写顾问，并且拥有校本（school-based）的读写和数学教练。专业学习时间在学校的时间表上是有保障的，教师团队有两个小时来召开规划会议，他们利用学生数据一起决定"下一步"的工作。（这样的团队共有五个，专门教师一个，预备年级、1—2年级、3—4年级和5—6年级的教师各组成一个。）

学校一直在探索变化的实践对学生成绩的影响，并且已经做了很多新的尝试。最近的焦点转移发生在2012年。当时领导团队参加了"凯勒/圣奥尔本斯网络"组织的新西兰考察之旅。这次旅行向学校领导者提供了一个机会去参观那些成功践行"可见的学习"原则的学校。受他们见闻的鼓舞，蒙米亚的领导团队将一个愿景带回了他们的学校，即他们的学生应当成为有自我评价能力的"可见的学习者"。和网络内的其他学校一样，蒙米亚开始踏上"可见的学习"之旅，学生在阅读、写作和数学成绩上都有很大的进步。

这个故事主要关注学校"可见的学习"反馈模式的实施。它考察了教师怎样学习给予学生有效反馈，并判断学生是否理解和运用了反馈。它也显示出学校越来越重视学生的意见。

有代表性的领导者

这个故事主要基于指导联盟的集体反思，将直接引述以下四位领导者的话语：

洛雷恩·贝尔于2006年成为蒙米亚小学的校长，她有着21年作为教师和学校领导者的职业经历。洛雷恩坚持认为只要有尽职的、有爱心的和高效的教师，所有学生都能成功，而且有效教学要求我们参与到继续学习中。她是一个诲人不倦的领导者，她相信分权的领导智慧，认为"只有共同的理解和专注的合作才能产生变革"。

助理校长**维内塔·米特雷夫基**主要负责蒙米亚小学的学校发展。她说："约翰·哈蒂的研究拓宽了我的思维。我现在意识到作为一个教育者，听到并感受学习者的声音，以及把自己也视为一个学习者是非常重要的。"

娜塔莉·克雷西作为读写教练，使用"责任逐步下放"的模式来指导全校的教师。她非常细心地根据不同班级中教师和学生特定的长处和需求给予不同指导和反馈。

纳塔利娅·卡里迪（Natalija Caridi）自2001年以来一直在蒙米亚小学教书。她是5—6年级专业学习共同体的教学领导者。她十分热切地参与到专业学习当中，积极地尝试将她所知道的有效干预的各个部分联系起来。

蒙米亚小学的"可见的学习"故事

理想的学习成果是什么？

4年前，蒙米亚小学的领导团队开发并实行了一个旨在改善学校的行动理论[①]。与其区域网络内的其他学校一样，蒙米亚小学决定通过一对一指导的专业学习来解决读写和数学的教学法问题。高层和中层的领导者继续协作提高教师的教学能力并向他们提供支持，采取行动研究方法，包括将教学队伍重组为专业学习共同体，每个共同体都有自己的领导者。

评价数据的结果显示，学校成功地通过此方法提升了学生的读写和计算能力。NAPLAN数据显示整个团队2011—2013年的平均效应量是1.31（见表

[①] 一个有效的行动理论是运用"如果……那么……"的表述，制定出一个可测量的改善目标和基于证据的实现策略，通过对影响的探究实现改进。

4.1），远超预期的效应量 0.8[①]。

表 4.1　NAPLAN 阅读对照组的数据样本，2011—2013 年

学生	前测	后测	成长效应量
1	458	445	−0.21
2	436	436	0.00
3	573	573	0.00
4	573	585	0.19
5	394	409	0.24
6	554	573	0.31
7	415	436	0.34
8	521	542	0.34
9	352	378	0.42
10	554	585	0.50
11	436	471	0.56
12	363	399	0.58
13	469	514	0.73
14	363	409	0.74
15	415	462	0.76
16	405	454	0.79
17	447	496	0.79
18	481	532	0.82
19	436	496	0.97
20	374	436	1.00
21	426	488	1.00
22	415	479	1.03
23	405	471	1.06
24	447	514	1.08
25	447	514	1.08
26	481	551	1.13
27	374	445	1.14
28	415	488	1.18
29	405	479	1.19
30	405	479	1.19
31	447	523	1.23

---

① 参见《可见的学习（教师版）——最大程度地促进学习》附录 E "计算效应量"。

续表

学生	前测	后测	成长效应量
32	394	471	1.24
33	405	488	1.34
34	458	542	1.35
35	458	542	1.35
36	394	479	1.37
37	341	427	1.39
38	384	471	1.40
39	330	418	1.42

这些都是令人惊叹的结果，但当领导团队进一步深入探究课堂中正在发生什么时，他们发现尽管学生能够清晰地表达他们对阅读理解策略的认知和对数学的理解，但他们的学习仍处于教师的控制之下。教师围绕一个特定的学习目的设计教学，但并没有与学生分享这个学习目的。此外，尽管他们参加了专业学习共同体，但不同教师的教学实践还是有所不同。

读写教练娜塔莉·克雷西回忆起领导团队曾有过很多困惑。

在读写和数学的教学上，我们非常深入——我们做得真的很棒！但教学是否目标明确？是否足够具体？学生是否真正理解他们所学的或者他们处于学习的哪个阶段？我们有什么证据？他们是否理解他们的需求是什么以及他们要学什么？他们如何知道自己学会了？而如果他们真的学会了，他们接下来要做什么？我们是否为他们提供了最好的学习工具，而不是填鸭式地把一切灌输给他们？如果他们不知道做什么，他们能去哪里求助？我们如何能使他们更加独立，尤其是当我们拥抱开放的、灵活的社区学习空间（而不是传统的小而封闭的教室）时？

领导团队造访了新西兰的"可见的学习"学校，这个机会让他们找到了想要的答案。尤其是这些学校的学生那么善于运用学习的语言，使整个团队都十分振奋。他们怀揣着一个愿景回到了澳大利亚，即让蒙米亚小学的学生成为有评价能力的"可见的学习者"。

教师和学校领导需要什么知识和技能来取得这些成果？

蒙米亚小学一直很清楚学生学业成就的提升和教师需要达到的专业学习成果之间的关系。在这种情况下，学校团队意识到如果学生想成为清晰的"可见的学习者"，那么教师的首要任务应当是提供有效反馈。这是他们在寻求改进时缺少的一部分。

看到了新西兰的学生那么清晰地表达他们当前的学习内容和原因，并且能分享他们的学习目标和策略以后，我们很明确我们希望自己的学生也能做到如此。这意味着我们需要让他们清楚学习目标，事先将成功标准解释给他们听，让他们记录自己的进步和反思自己的学业成就。很重要的一点是高质量的反馈，它能在整个学习旅程中给学生提供方向和帮助。为了达到这个目标，我们希望所有的教师都能熟练地提供有效反馈。

（维内塔·米特雷夫基）

和网络中其他 22 所学校一样，蒙米亚小学的领导团队参加了为期三天的"可见的学习$^+$"基础系列培训。来自澳大利亚柯温出版社的"可见的学习$^+$"的顾问海伦·巴特勒成了学校的诤友，海伦·巴特勒挑战了他们的思维并支持他们运用数据来指引班级和全校的"下一步任务"。学校组建了自己的指导联盟，由高级领导团队和学校专业学习共同体的领导者组成。

第一步是要使用"可见的学习$^+$学校矩阵模型"（Visible Learning^{plus} School Matrix）的第一阶段，来找出学校的优势和需求，并找出哪里需要更多的证据。接着，团队利用学生焦点小组和班级的面谈问题来填补证据的空白，确定有最迫切需要的地方。数据证实了团队的想法，即他们需要让学生来掌控他们的学习。尤其是，他们希望学生就以下三个反馈问题来谈论自己的学习。与之相关的问题和概念如下：

我要达到什么目标水平？这需要阐明学习意图、目标和成功标准。

我要如何达到目标水平？这要通过自我评价和自我鉴定来探索。

下一个目标是什么？这关系到取得进步和设定新目标。

正如哈蒂和廷珀利解释的那样：

这三个问题强调了上馈(feed up)、反馈(feed back)和前馈(feed forward)这三个维度。当教师和学生都在寻求每一个问题的答案时,一个理想的学习环境或经历就会产生。通常,教师替学生承担了责任,而且没有将这视为自己的学习机会,使学生鲜有机会获取到涉及这些问题的有关他们表现的信息。

(Hattie & Timperley,2007,p.88)

证据证实了他们的新的行动理论:如果学生要成为有评价能力的"可见的学习者",那么他们的教师需要学会创设课堂环境,使他们自己和学生都能给出和接收有效反馈。

图 4.1 列出了指导联盟希望进行常规化的理解和实践。你会注意到这些目标是为了整个学校社区设定的。可见的学习是为了每一个人。

所有利益相关者要理解反馈的目的是: • 缩小学习差距   • 提升学生的学业成就
学生要理解: • 每个人都能给出和收到反馈   • 反馈可以用来更好地做事情——为了提高   • 评价/测试分数是给学生和教师的反馈   • 他们应当寻求反馈——要求获得反馈
教师: • 有策略地计划每次讨论会中的反馈,包括提供反思时间   • 了解并运用不同层次的反馈   • 在每个教室中营造一种反馈的文化
领导者: • 使用反馈来促进学校的改进
家庭/社区: • 要理解任何人都可能给出反馈

图 4.1 蒙米亚小学的反馈目标

教师和学校领导尝试了什么新行动?

学校"可见的学习"之旅始于领导团队通过分享在考察之旅中的见闻,寻求教师的共鸣,并请他们思考下面两个问题:

- 你注意到了什么?
- 这对我们学校意味着什么?

领导团队向全体教师分享了他们在"可见的学习+"工作坊中学到的东西。他们还和教师一起分析与"可见的学习+学校矩阵模型"相关的证据。当教师看到学生对学习、反馈和教师的想法时,这引发了很多讨论。大家都承认,学校很擅长使用从评价结果中获得的反馈作为理解教学影响的一种手段,但是也有担忧,即一半的教师没有在常规课程中加入反馈,不习惯倾听学生的意见并据此做出决策。教师的评论包括:

我们需要全校更多的与反馈相关的学生意见,并确保学生感觉到自己的声音被聆听。每天皆如此,整个学校皆如此。

我们是否想要知道学生对我们教学的有效性的反馈,并将这些信息当作我们反思自己表现的"证据"?

学校领导者组织所有教师开展专业学习研讨会,讨论如何明确地界定和理解学习意图与成功标准。学校提供了相关阅读材料,举例说明什么是、什么不是高质量的学习意图。其中包括雪利·克拉克的文章,她因其形成性评价研究而闻名[①]。领导团队很清楚地指出他们希望所有教师,包括专门教师,把明确的学习目的和成功标准整合进他们每日的实践中去。

有关学习意图和成功标准的学习与"可见的学习"教学反馈模型是相关的(见第2部分附录2.1)。目的是要使教师形成有关反馈的理论理解,这样,新的实践才能不仅仅是他们不得不做的事情,还是他们真正理解并能应用于广泛的教学背景中的事情。同时,这种共享的学习为教师提供了一种教师之间互相交流以及与学生对话的通用语言。

---

① 建议访问雪利·克拉克的网站以获取更多信息,包括视频剪辑和案例研究,www.shirleyclarke-education.org。

图 4.2 是由指导联盟制作的图表。它向联盟的成员解释了反馈的四个层面是什么样子的，并列举了将其应用在学校中的例子。通过创造这些工具，联盟将普遍的研究原则和学校社区的特定背景联系起来。

尽管研究是可靠的，但教师想在尝试改变之前亲自看看可见的学习模型。

> 刚开始大家有些沉默，因为他们认为这对于他们繁忙的课程和有限的时间来说是一个"负担"。这完全是"另外一件全新的事情"！他们还没意识到这并不是"更多"，而是用一种更加深入、更加有效的方式去规划、教学、评价和学习。
>
> （指导联盟）

为了解决这个问题，领导者向教师播放视频片段，展示行动中反馈的力量。这些视频片段也分享给学生，帮助他们理解反馈的四个层面，以及如何利用它们来引导"下一步"学习。

校本教练（school-based coach）的示范为教师提供了另一个机会去观察什么是有效反馈。接下来，教练会对教师进行指导，并向他们提供机会去练习运用四个层面的反馈。在答疑环节之后，教练通过观察和走课来监察课堂的实施情况。

正如以下案例中描述的那样，教练使用"可见的学习[+]"工具来收集证据，这些证据可以作为一种对话基础，使教师去讨论反馈的层面和传递信息的有效性。以下是观察到的 1 年级学生的案例：

> 你需要做什么？……好的……很棒，就做那个……
> 那些完成了……的人很棒。
> 对，很棒，我们可以使用封面的图片来……（眼神交流，点头）。
> 一定要认真听，某某，听其他人讲了什么（微笑）……那很棒。
> （微笑）是什么帮助你做出那个预测，某某？你曾经骑过车吗？……好的（微笑）。
> 好的，我听你提到了动物园，所以我想你是在用先前知识……是的，你的预测是什么？……好的，那有可能发生。
> 是什么帮助你做出那个预测，某某？……（微笑）……好的，嗯……那有可能发生……

第 4 章 澳大利亚蒙米亚小学

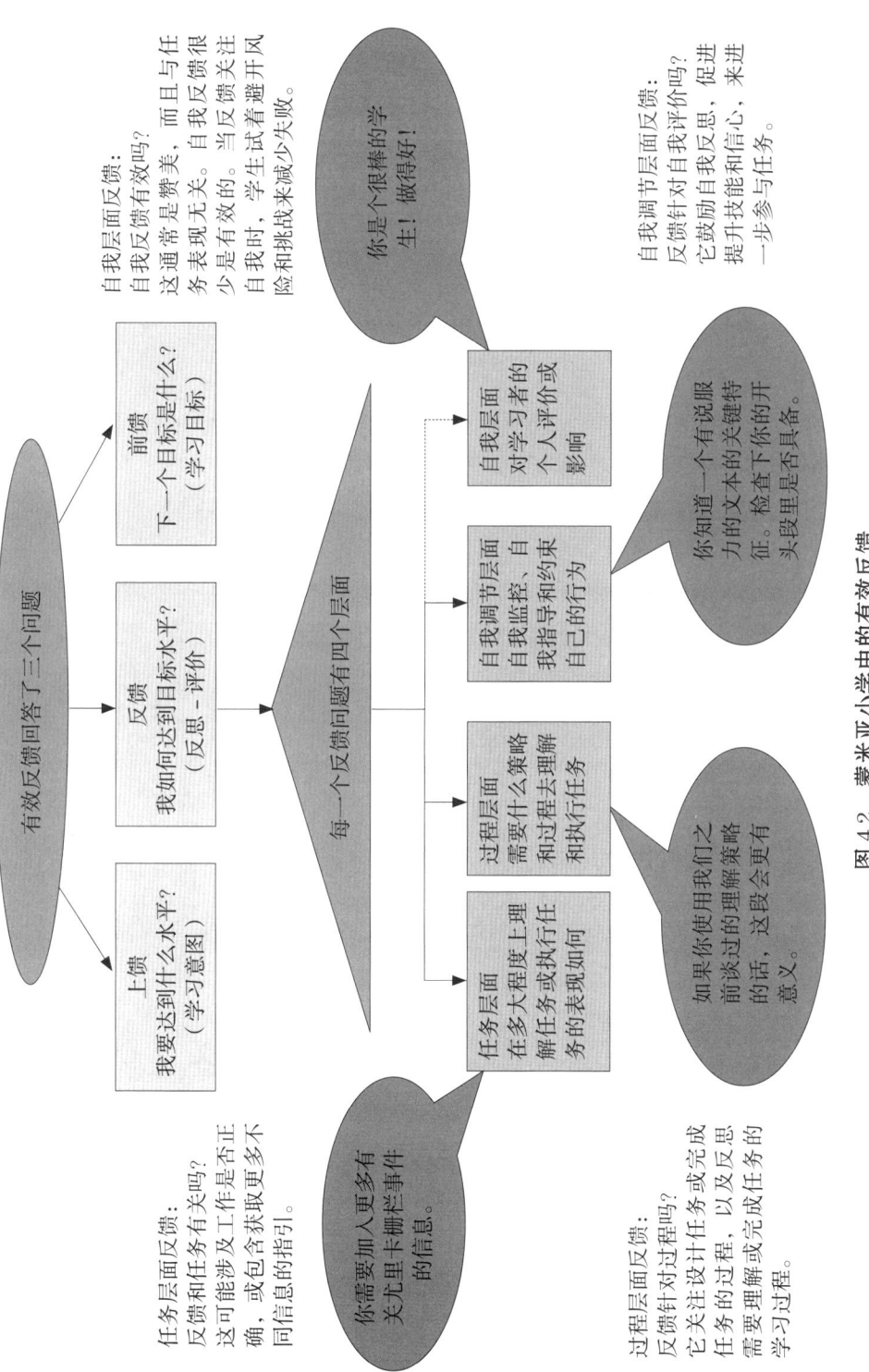

有效反馈回答了三个问题

- 上馈 我要达到什么水平？（学习意图）
- 反馈 我如何达到目标水平？（反思－评价）
- 前馈 下一个目标是什么？（学习目标）

每一个反馈问题有四个层面

- 任务层面 在多大程度上理解任务或执行任务的表现如何
- 过程层面 需要什么策略和过程去理解和执行任务
- 自我调节层面 自我监控、自我指导和约束自己的行为
- 自我层面 对学习者的个人评价或影响

任务层面反馈： 反馈与任务有关吗？这可能涉及工作是否正确，或包含各获取更多不同信息的指引。

你需要加入更多有关尤其卡册栏事件的信息。

过程层面反馈： 反馈针对过程吗？它关注任务设计或完成任务的过程，以及反思需要理解或完成任务的学习过程。

如果你使用我们之前谈过的理解策略的话，这段会更有意义。

自我调节层面反馈： 反馈针对自我评价吗，促进它鼓励自我反思，提升技能和信心，来进一步参与任务。

你知道一个有说服力的文本的关键特征。检查下你的开头段里是否具备。

自我层面反馈： 自我反馈通常是赞美，而且与任务表现无关。自我反馈很少是有效的。当反馈关注自我时，学生试着避开风险和挑战来减少失败。

你是个很棒的学生！做得好！

图 4.2 蒙米亚小学中的有效反馈

某某，你刚刚做了什么？……是的，你能证实你的预测吗（微笑）？

图 4.3 是基于这节课中 21 个反馈样本的分析。值得注意的是，这些交流中有一种温暖的感觉，尽管表扬学生的效应量得分很低——它是效应最低的反馈。

1 年级学生反馈分析

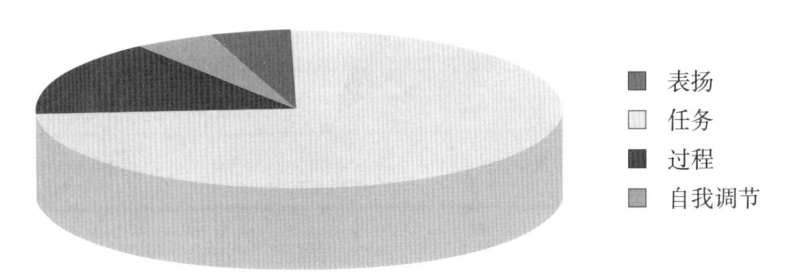

■ 表扬
□ 任务
■ 过程
■ 自我调节

图 4.3　监测反馈的层面

由指导联盟的成员带头设立的专业学习共同体，提供了一个理想的平台来研究新的概念，和在一种信任与尊重的环境中讨论问题。

在我们最初关于反馈的讨论中，有些专业学习共同体觉得很难把握好何时该使用教导性的反馈、何时表扬学生。在一所将学生的自尊和幸福视为头等大事的学校，把表扬从我们目前学习的指导性反馈中移除，这对于有些教师来说很难接受。我们的职工对学生学习的核心理念的讨论，态度是坚定而包容的。我们拟订出一个策略，清楚地解释了何时应该给学生明确的学业反馈，何时应该给予表扬和鼓励。其中一个团队决定与学生一同将他们的工作记录下来，以提供基准数据。

（指导联盟）

指导联盟制订了一系列专业学习行动方案，同时要适应每个团体的具体需求，图 4.4 就是一个示例。

> 专业学习共同体反馈行动方案
> 一致认可的时间表
> 专业学习共同体任务：学习对你意味着什么？
> 专家的行动方案：短期、期末。
>
> 请查看提供的反馈，判断其种类，并注意其中表扬和指导性反馈的数量。
> 专家会记录他们与学生进行的对话，并且在团队中分享。
>
> 长期：观察学生接受了哪些反馈。
>
> 准备：什么是反馈？它如何帮助我们学习？
> 它看起来或听起来怎么样？例如清晰的要点图等。
> 建模。接下来反思哪种反馈帮助了我们学习。
> 焦点小组的问题和调查。效应量。期末。
>
> 1/2：介绍和讨论。反馈看起来是什么样的？短期。
> 查看数学下一个单元关于长度的内容。制定一个量规——学生将据此来进行自我调节（标出达成目标的时间）。
>
> 3/4：什么是反馈？利用Y形图，然后继续讨论：
> 什么是能帮助到我的反馈？之后会使用调查和访谈（期末）。
>
> 5/6：维内塔将选取一个学生焦点小组，询问他们关于反馈知道什么。下一步，团队将分析信息，并计划包括哪些信息——直接教学。团队将考虑：谁会提供反馈？明确能得到反馈的机会。学生写作文件夹中的反馈部分——为同伴反馈提供支持和提示。
> 这是一些关于表扬的讨论，以及家长和学生将如何看待指导性反馈。

图 4.4　专业学习共同体反馈行动方案

对"可见的学习"和有效反馈的学习是基于学校先前营造了一种合作的专业学习文化，重点是提高学生的读写和计算能力。这包括将"学习漫步"作为领导者向教师以及教师之间传递持续反馈的过程。领导团队花了数月时间建立这样一种文化和过程，确保教师在同事和领导者在场的情况下教学时不会感到不适。这意味着教师团队要形成一种有强烈信任感的文化，并且为教师提供关于教师形成性评价研究及其对教学实践的启示的专业读物。蒙米亚领导团队拟订了针对学习对话的方案，把 SMARTER[①] 目标作为观察与反馈的框架，制订了为教师解疑的时间表，从而保证反馈的及时性，并明确指向教师的"下一步行动"。

---

① SMARTER 是具体 (Specific)、可操作 (Measurable)、雄心 (Ambitious)、现实 (Realistic)、时间限制 (Time-bound)、评价 (Evaluate) 和再评价 (Re-evaluate) 的首字母缩写。

随着"可见的学习"项目的实施,这些方案根据教师新的理解和实践进行了进一步改善。其中包括利用"可见的学习"的问题和提示来了解学生对学校改革的看法,从而确保学习者获得更多的关注。另外,学校致力于以课堂上的所见所闻为基础收集有关教学的证据,并确保教师的专业学习和对话是以了解这些信息为前提的。这项工作在两个层面上展开:第一是在课堂观察后进行对话,相应的证据构成形成性反馈的基础;第二是整个学校层面,在整合各种证据的基础上进行专业学习和对话。

改变的行动有什么影响?

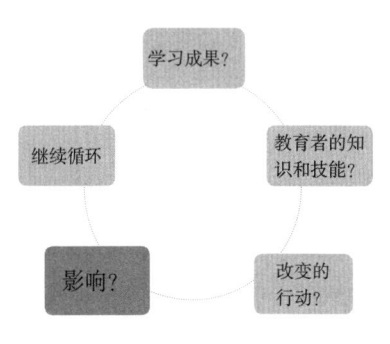

在走课和执行观察的过程中,指导联盟发现在课堂上有立竿见影的变化:教师用视觉提示来协助自己和学生提出并接受反馈。参见图4.5 和图 4.6 中的例子。

开始的时候,学习意图和成功标准对于绝大多数教师来说是新概念,而现在这已经变成了他们的习惯做法。教师在第一节课上就与学生分析这些概念,并积极地协助学生依据具体的标准反思自己的学习进步。

学生运用量规来进行自我评价和同伴评价。学校发现这是非常有效的工具,它支持教师重申自己的期望,使学生能够监控自己在实现成功标准上的进度。图 4.7 是学生用于阅读自评和他评的反思量规的示例。

图 4.8 展示的是学生第一次尝试建立自己的成功标准,体现了他们对学习意图的理解不断加深。

图 4.9 展示的是一份由教师和学生共同制定的成功标准,经过精心的制作,它产生了强烈的视觉冲击。

学校一直用阅读和数学日志来记录学生的反馈和目标,并定期展开一对一面谈核查。在转向下一阶段的学习之前,要求学生提供证据证明他们把前面得到的反馈运用到了实践中。图 4.10 和图 4.11 是某学生的阅读日志。

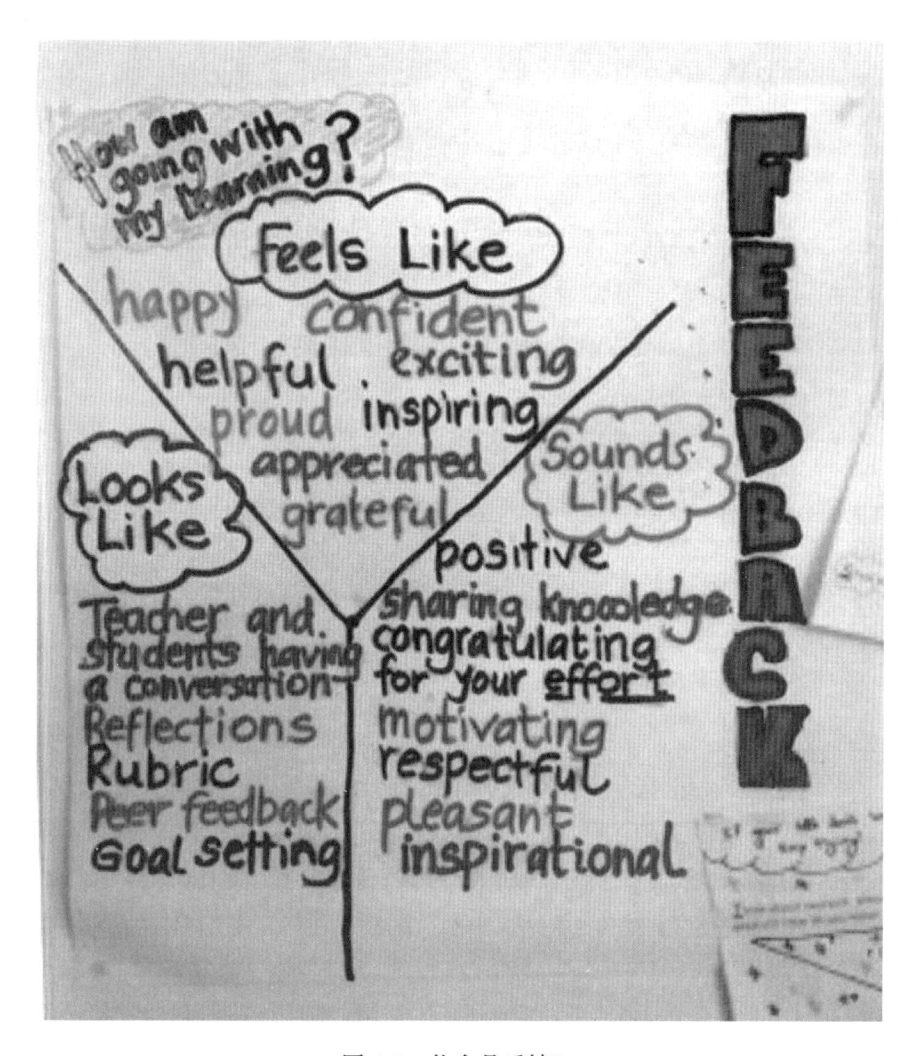

图 4.5　什么是反馈?

译者注：左上角标语为"我如何进行学习"；上方为"感觉怎样：开心、自信、有帮助、兴奋、骄傲、受启发、欣赏和感激"；左下方为"看起来怎样：教师和学生间的对话、反思、量规、同伴反馈和设定目标"；右下方为"听起来怎样：积极、分享知识、为你的努力而庆祝、激励、尊重、令人愉快的和启发灵感的"。

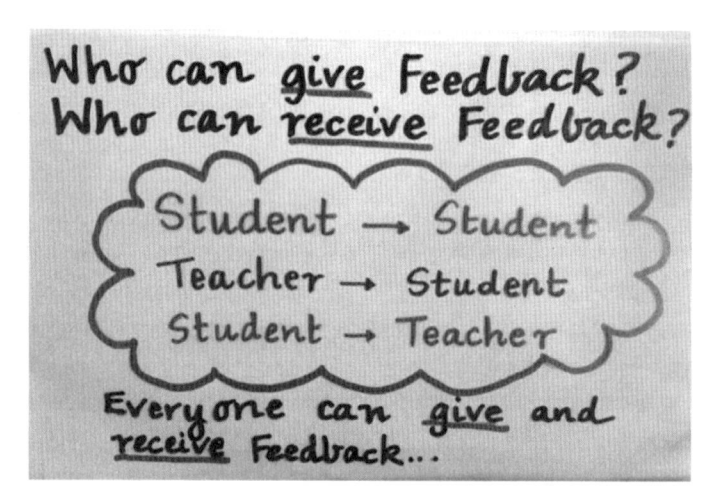

图 4.6　谁可以给予反馈?

译者注:"谁可以给予反馈?谁可以接受反馈?学生→学生,教师→学生,学生→教师,每个人都能提供并接受反馈……"

阅读反思量规

学习动机:我们正在学习针对文本写出有想法的反思。

成功标准	★★★	★★	★
观点	我运用了三种及以上的解读策略来展示我对这篇文章的观点和思考	我运用了两种解读策略来展示我对这篇文章的观点和思考	我运用了一种解读策略来展示我对这篇文章的观点和思考
证据	我运用文章中的证据证明了我所有的观点(引文、页数)	我运用文章中的证据证明了我的部分观点	我运用文章中的证据证明了我的一个观点
阐明	我写的句子都是讲得通的,读者很容易理解	我写的大部分句子是讲得通的,读者能够理解文章的大部分内容	我写的一部分句子是讲得通的……
表达	我的回答读起来很有趣——我自己的写作风格很明显	我的回答是比较有趣的——我的风格在某些部分比较明显	我的回答听起来有些无聊,而且缺乏风格和个性
格式	我的写作很整洁,并且经过了仔细编辑:语法、拼写、标点、分段	我的写作很整洁,并且做了一些编辑:语法、拼写、标点、分段	我的写作有些混乱,而且我有明显的错误:语法、拼写、标点、分段

图 4.7　阅读反思量规

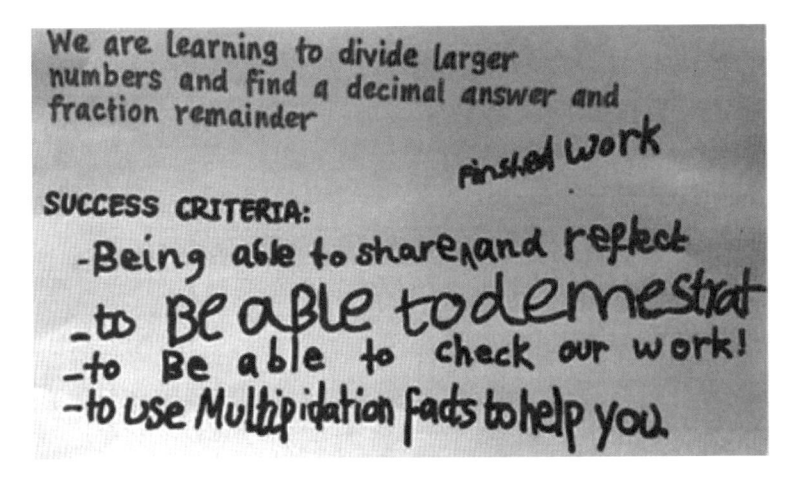

图 4.8　学生第一次尝试制定成功标准

译者注：上方的内容为"我们学习对一个较大的数做除法，找到一个带小数的答案和余数"。右侧中间："皮恩谢德的作业"。下方的内容为"成功标准：能够分享并反思；能够进行论证；能够检查自己的作业；使用乘法来帮助你"。

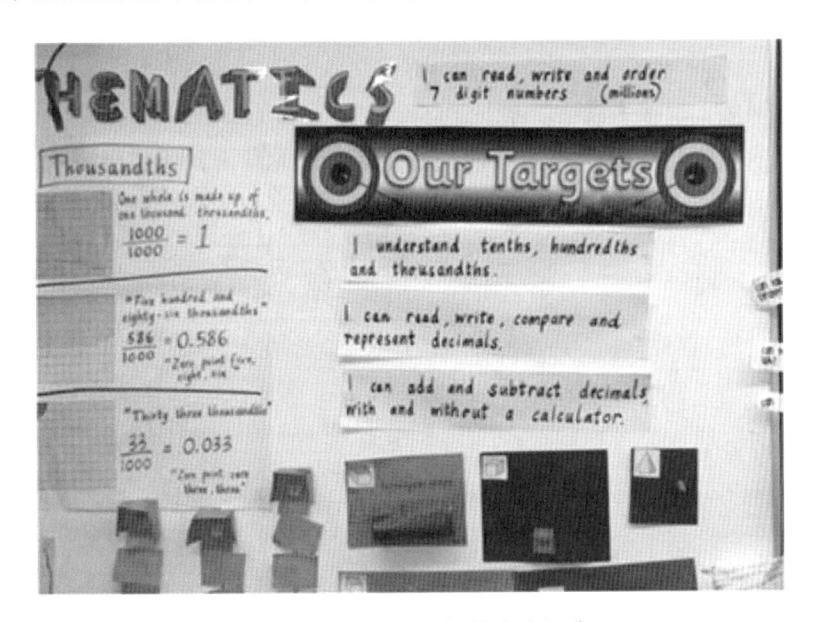

图 4.9　共同设计的数学成功标准

译者注：右上第一行："我能够读、写和使用 7 位数字（百万）"，下面是"我们的目标：我理解十位、百位和千位；我能读、写、比较和表示小数；我能够使用或不用计算器加减小数"。

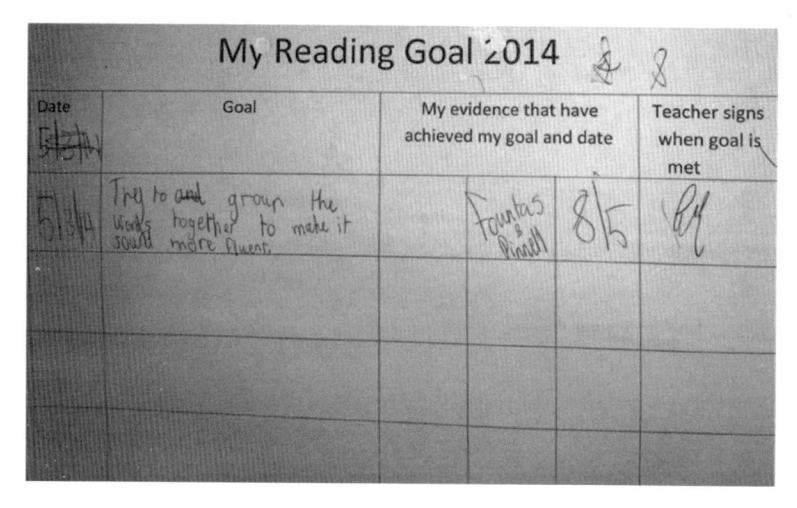

图 4.10　阅读日志（a）

译者注：表格的标题为"我的阅读目标 2014"，日期是 2014 年 5 月 3 日，目标是试图把词语连在一起，使之变得更流畅，达成自己目标的证据和日期是方塔斯和皮奈尔（Fountas & Pinnell）基准评价体系和 5 月 8 日，当目标完成时，教师签字。

阅读聚焦：衔接手段

学习意图：思考那些点明"谁"和"什么"的词语，使我们明确文本讲的是什么，以及文本是如何衔接的。

成功标准	我这样做	大多数时候我这样做……	我仍然需要帮助才能这样做……
我寻找关键词，例如：他、她、他们、它、他的、她的（人称代词）	✔		
如果一句话没有意义，我重读段落中之前的句子，目的是明确"谁"或"什么"	✔		
我读下去，明确（文中）"谁"和"什么"，并思考意义是什么		✔	
反思：我的目标是读下去，明确（文中）"谁"和"什么"，并思考意义是什么			

图 4.11　阅读日志（b）

根据走课和观察所收集的数据，教师反馈的层面有明显的变化。最初，表扬占据主导地位，而现在受到指导联盟的影响，任务层面的反馈成为学校各层次反馈的中心，同时过程层面和自我调节层面的反馈水平也有显著提升。在撰写本章的时候，学校正准备收集 12 个月以来的必要比较数据来检测这种影响。

学生能够解释反馈的目的，并且知道如何提供最好的反馈。图 4.12 是指导联盟对学生个体的访谈的总结。

教师同时也在积极地从学生那里寻求反馈。图 4.13 展示的交通信号灯系统是学生用来向教师提供即时反馈的工具，告诉教师他们自己做得怎么样，以及需要哪方面的支持。学生把写有自己名字的便利贴放在其中一个信号灯上作为反馈，告诉教师他们这节课或这个单元学习的情况。

---

5 年级学生

我们一直在学习反馈，以及它对我们的学习有什么帮助。

<u>什么是反馈？</u>

当你告诉别人或告诉自己你需要在哪方面努力 / 提高，或者你哪里做得非常好的时候，这就是反馈。

<u>谁可以给你反馈？</u>

我们学习共同体中的任何人。

你们班的学生。

其他班的学生。

教师。

办公室里的工作人员。

<u>反馈是如何帮助你学习的？</u>

反馈对我的学习有帮助。我有时学数学会遇到困难。我知道自己该在哪方面下功夫，还有我的强项在哪里（我擅长的地方）。现在我正在攻克分数这个部分。

<u>有效的反馈听起来是怎样的？</u>

"我非常非常喜欢你……的方式。"或者"你真的需要提高自己在……方面的水平，未来它会对你有帮助的。"当你接受了反馈，从中学习并且运用在日常学习中时，反馈才是有效的。

图 4.12　一个学生对反馈的理解

图 4.13 学生 – 教师反馈系统

每学期期末,学生有机会告诉教师他们可以做什么来巩固自己的学习。

> 下学期,我希望教师可以多监督我,给我布置一些更难的任务。
>
> (3—4 年级学生)

> 下学期,我希望教师的解释能更加清晰,比如做示范、更多地运用锚形图。
>
> (3—4 年级学生)

领导者希望学生能成为有评价能力的"可见的学习者"。学校有足够的证据去证明学生有更强的能力表达他们在做的事情、为什么这样做以及如何判断自己是否成功。在真实了解学生目前的优势和需求,以及下一个阶段的学习计划的基础上,学生、教师和学校领导者共同制定具有挑战性的个人学习目标。这已经转化为学生学业成绩的提高,在 NAPLAN、进展性成就测试(Progressive Achievement Tests)、方塔斯和皮奈尔基准评价体系(Fountas and Pinnell Benchmark Assessment System)、按需随选的适应性测试(On-Demand Adaptive

Tests）中都有体现。所有这些评估都显示出学生在阅读、写作和数学上的快速成长。

有关效应量的进步例如：

- 按需随选的数学评估发现，3年级升4年级的配对组在2012—2013学年里，平均效应量为0.51。
- NAPLAN数学成绩显示，本校学生从2011年到2013年平均效应量为1.56，远高于预期的0.8。
- NAPLAN阅读成绩也证明了全校学生的进步，3—5年级的学生从2011年到2013年的平均效应量为1.33。同期的写作和拼写的平均效应量也超过了1.19。

反思"可见的学习"所带来的改变，纳塔利娅·卡里迪写道：

> 过去的两年中，我在指导学生讨论以及为他们的学习负责时更有自信了。让我强大起来的是我对课程的知识以及对学习者需求的理解。这需要时间的积累，目前这个阶段我可以用这样的问题引导学生："你的下一个学习方向是什么？"
>
> 实践中产生的另外一个改变是，确保学生为自己的测试结果负责，根据预设的目标来跟踪自己的表现，并且用证据去展示他们对目标的掌握情况。我的学生可以平和地对待得到的诚实反馈，因为这可以帮助他们不断提高。

校长洛雷恩·贝尔坚信，这些进步可以归结于学校参与了一个有坚实的研究基础并且采用了合作探究方式的教育倡议，在这其中，证据、负责的领导团队和学习的文化氛围都推动了变革和进步。

> 我在35年的从教经历中，看过很多教育倡议来去匆匆。作为学校的变革推动者，我一直在寻找最有效的策略，去最大限度地改善儿童的学习。"可见的学习"使我的领导风格和思维方式发生了改变，让我更深刻地认识到了有效反馈的力量。这不仅仅是"另一个倡议"，它是以扎实研究为基础

的一个改革方案，通过有力的证据，让学生能够理解学习，能够清晰地表达他们需要知道什么、他们接下来应该达到什么水平。看到我们全校所获得的成功，我非常激动：教师自然地与学生一起拟订学习意图和成功标准；专业学习共同体讨论学生的数据，为制订计划做准备；学生之间的反馈、师生反馈、教师之间的反馈，以及校领导与教师之间的反馈都在同时进行。我未来的目标是继续提高自己提供有效反馈的能力，并且将其打造成模范，分享给我们学校社区的所有利益相关者。我非常期待接下来在"可见的学习"旅程上，我和我的学校将会遇到的事。

继续循环

学校将继续努力实现它的愿景，向所有学生传授知识和技能，帮助他们成为有评价能力的"可见的学习者"。下一轮的探究，学校将更加关注：

- 鼓励学生从教师和同伴那里获得反馈；
- 扩大学生的话语权和选择权，使他们更加积极地投入到学习中。

海伦·巴特勒将继续支持学校进行更深入的探索。国家财政也对此表示支持，帮助学校在下一轮循环中与该地区网络中的其他三所学校进行紧密的合作。这包括校际访问、共同制订计划文件，比如学习意图和成功标准。

第 5 章　澳大利亚基督教长老会女子学院

13岁的萨拉（Sarah）是基督教长老会女子学院10年级的学生。她是一个有评价能力的学习者，懂得如何利用反馈提高自己的作品质量。

收到谭（Tan）老师为我批改过的乐曲后，我意识到从音符所在的位置来看，我的作品并不是很成功：我的旋律很跳跃，而且不够有条理。考虑过这个问题以后，我改变了大部分的旋律来让它具有条理性。我是这样做的：我缩短了它们之间的音程；不像原来的音符忽高忽低，我让它逐渐升高，然后再慢慢降低，音阶大致相似，但用了和音和终止式。另外，我把旋律中重音所在的词语放错了，于是我加入了一个弱拍。这样第一个词就得到了强调，因为它才是最重要的。

（萨拉，10年级）

这份经过萨拉仔细推敲的反馈是由她的教师提供的。基督教长老会女子学院参与了关于提供及时有效的反馈的专业学习，在此过程中谭老师自身的有效反馈能力也得到了加强。

背　　景

基督教长老会女子学院是一所私立的寄宿学校，坐落在西澳大利亚州珀斯市的西郊，通常简称为PLC。目前学校共有约1200个学生，接收幼儿园和小学学前班的男孩和女孩，以及1—12年级的女孩。

尽管大多数学生的家在学校方圆5公里之内，但仍有120名初中和高中学生寄宿在学校公寓。大部分寄宿生是西澳大利亚州农村地区的儿童，也有一部分是国际学生。随着该地区矿业经济的迅速发展，出现了越来越多来自不同国家、文化和语言背景的侨居家庭。目前，外侨占学校总人数的近10%。PLC是一所学费高昂的私立学校，因此大多数学生的社会经济背景属于中上层，父母主要是受过高等教育的专业人士。他们对女儿的学业成绩、学校的教牧关怀和联课活动项目的质量有很高的期望。

学院在教授澳大利亚课程的同时，还为小学、初中和高中阶段的学生提供国际文凭课程。学生在西澳大利亚州教育资格考试中的表现优秀，学校排名也经常位列全州前十。PLC 对所有学生敞开大门，其中确实包括有很高学习需求的学生，但学校秉持全纳理念，不按学生能力进行分班。

过去，学校的专业学习聚焦于基于概念的学习（concept-based learning）[①]，以及如何把技术整合到教学和学习计划中。5—12 年级的学生人手一台笔记本电脑，自 2014 年起，1—4 年级的学生也全部有了自己的 iPad。教师力求利用技术使每个学生的课程实现个性化。

贝丝·布莱克伍德（Beth Blackwood）和基姆·爱德华兹（Kim Edwards）分别是基督教长老会女子学院的校长与副校长。基姆领导学校"可见的学习"指导联盟，该联盟由各部门主管、信息与学习技术的课程经理共同组成。

概　　况

尽管 PLC 的学生在学业成就方面长期保持优秀的记录，但它坚持激励所有学生"成为最好的自己"，这意味着学校一直在追求做得更好。早在 2012 年，PLC 的高层领导团队就参加了"可见的学习⁺"的初级工作坊，他们对研究带来的信息的力量深有感触，特别是研究对反馈的洞见，以及反馈在培养能够调控自身学习的、有评价能力的学习者方面的作用。

这些洞见成为一种催化剂，促使教师以批判的视角去回顾他们在第一个学期末时以书面报告的形式向学生和家长提供的反馈的质量。正如这个故事将要告诉我们的，回顾发现，报告的过程和反馈的质量都是令人沮丧的。反馈是终结性的而非形成性的，它并没有指导下一阶段的学习——即便有，也太迟了，无法向学生提供帮助。

这所学校通过开发一个新型的数字学习管理系统来寻求更加有效的反馈过程，这个系统使教师能够在需要的时候向学生和家长提供清晰且有用的反馈。

[①] 基于概念的学习框架课程围绕宏观概念和原理（big ideas and principles）来设计课程，而非零散的知识和技能。它由林恩·埃里克森（Lynn Erickson）教授开发，并且在 IB 课程中实施。

在撰写本章之时，将学生的学业成就归结于新的报告过程和反馈系统，还为时尚早。然而，从家长和学生的积极反应来看，教师实践发生了明显的改变，关键是像萨拉这样的学生清楚地展现了"可见的学习者"的品质。这种"生存方式"（way of being）对萨拉及其同学大有益处，而且不仅仅是对学业成就的短期提高而言，对她们的终身学习和成长也有正面影响。

有代表性的领导者

这个故事主要是基于指导联盟集体的反思，但还是要介绍一下两位重要领袖：

贝丝·布莱克伍德从1998年起就担任PLC的校长。她致力于实现学校对每个学生都关怀备至，并且坚信学校的成功只能通过学生的成就和幸福来衡量。

基姆·爱德华兹负责在PLC发起的"可见的学习"反馈倡议。基姆担任PLC的副校长已经十多年了，她对教育有极大的热情，一直寻求通过各种途径改善教学与学习计划来提高学生的成绩。这种热情推动着她不断地完善自身的学习，尤其是在课堂上运用技术、IB项目的实施，以及基于概念的课程这几方面。基姆乐于与PLC的同事以及国外的同行分享她的学习心得。她认同"可见的学习"带来的关键信息，这与她个人的教育哲学是高度一致的。

基督教长老会女子学院的"可见的学习"故事

理想的学习成果是什么?

学生群体的两端往往是一些有较高需求的学生，学校在何种程度上满足了她们的要求，这是基督教长老会女子学院长期以来一直关注的问题。而事实上，学校的成绩确实也是有目共睹的。例如，PLC的学生多年来在澳大利亚高等教育入学排名（Australian Tertiary Admission Rank，简称ATAR）中居高不下的位置就佐证了这一点。然而，正如所有教育工作者所知，21世纪对我们所有人提出了新的挑战，而这些挑战也随着我们所处的世界的改变而不断变化。在某一段时期和某个特定环境下能够学习好是远远不够的,年轻人需要有更广泛的能力,才能确保他们能应对那些目前无法预见的挑战。这就是"有评价能力的学习者"这个概念如此重要的原因。评价能力是人们在全球化世界中生存和繁荣所需具备的最基本的学习能力之一。

在 2012 年上半年,PLC 的高层领导出席了由咨询专家杰恩 – 安·杨(Jayne-Ann Young)主持的为期三天的"可见的学习$^+$"系列会议。评价能力这一概念在会议上引起了共鸣。他们认识到,想要提高全体学生的学业成就,不仅是现在,而且要延续到未来,评价能力正是学校需要关注的方面。

> 我们希望培养具有评价能力的学习者。哈蒂的研究强调了学生成为有评价能力的学习者的紧迫性,他们要能够认识到自己目前的水平、想要达到的水平,以及如何达到目标水平。哈蒂建议,学生要能根据标准准确地自我评价,计划下一步的学习,并且跟踪自身的进展。为改善学生的表现,我们所能做的最重要的事就是让学生具备自我评价的能力。
>
> (指导联盟)

谨记着这一点,学校领导将学生获得以下成果作为他们的首要目标:"培养能够根据提供的反馈行动,认识到自己目前的水平、想要达到的水平,以及如何达到目标水平的有评价能力的学习者。"他们决定首先对初中部的学生进行试验,谨慎地跟踪试验的情况,据此决定是否在学校的其他部门实施这一举措以及如何实施。

教师和学校领导者需要什么知识和技能来取得这些成果?

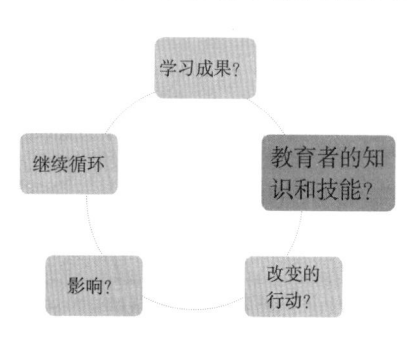

研究明确表明,学生要成为有评价能力的学习者,他们必须得到教师的高质量反馈。学校为初中部学生提供的年度报告包含第一学期的报告。这为研究目前的反馈质量提供了宝贵的机会。副校长基姆·爱德华兹与各部门主管共同研究以解决下面的问题:"我们如何以一种及时并且恰到好处的方式为学生和家长提供更好的反馈,同时适合教师采用且省时?"为此他们达成了以下共识:

质量

大多数评语是对学生在上个学期表现的总结,很少有针对如何提高学习的建议。反馈倾向于表扬,而不是从任务、过程和自我调节等维度提供相应的信息。下面是一则典型的反馈:

> ×学生以一种积极的态度对待学习,并且遵守纪律。她对经济学概念和术语展现出卓越的理解力,并且掌握了系统严谨的研究方法。她的作业一贯有对细节的描述,并且以结构分明的书面形式对我们一直讨论的问题进行解释。×学生的作业对所学概念和话题做出了令人满意的分析。她积极的学习态度使她在本学期取得了优秀的成绩。

时间性

每学期末学生才能拿到报告,这时候用反馈指导学习已经太晚了。年终报告几乎没有什么意义,因为学生即将开始为期两个月的假期,当她们结束假期返校时,这些评语已经成了久远的记忆。

终结性而非形成性

从家长的非正式反馈来看,他们并不看重教师写的评语,却很看重反映整个年级组各学科成绩分布的图表和学生的个人成绩单。家长表示,相对于评语来说,孩子们也更看重成绩。

教师的工作负荷

教师每次需要撰写超过150份报告并给出证据,这需要花费大量时间。各部门主管发现,这削弱了教师对教学和学习的投入,并且影响到了教师的健康,每年这个时候因生病缺勤的教师人数都多于平时。

缺乏连贯性

家长经常要求教师对儿童的进步做出更多反馈,这样的事实暗示了我们应该为家长提供一个更有连贯性的图景。教师让学生把自己的评价量规带回家给家长看,这些纸质的量规包含了教师的评语。在给家长浏览过之后,学生需要把量规交还教师,由教师保管起来。因此,即便这些评语能帮助家长更好地理解儿童在学习过程中的进步,等到他需要以此为指导的时候,量规也已经不在手边了。

这个分析指出,教师专业学习最迫切要做到以下两点:

- 改变教师向学生和家长提供反馈的方式，便于他们对成绩和需要关注的方面形成一个全面的理解。
- 提供更多有效的反馈以帮助学生成为有评价能力的学习者。

这一改革的核心是引进一套名为 Seqta 的新型学习管理系统，该系统经过特别的设计，确保教师可以向家长和学生提供及时的反馈。它由名为 Coneqt 的两个门户组成，一个面向学生，一个面向教师。除了这两个门户，这套资源还包括一个教师用于管理的软件包。这个整合的系统在理念上不仅符合哈蒂传达的信息——使学习可见，同时还与学校先前的专业学习相一致，即确保学校的新技术为学习目标服务。

指导联盟认识到，所有的利益相关方都要学习这个新系统，因为可见的学习的哲学挑战了长期以来人们对评价和报告所持的观念与实践。Coneqt 系统本身要求使用者学会如何使用这个软件。表 5.1 总结了每个群体所需学习的知识和技能。请注意，每个水平的学习方式都与事先为学生和教师设定的优先目标相一致。

为了测量和跟踪学习情况，指导联盟设立了以下目标：

- 所有初中部的教师要通过门户传递反馈；
- 鼓励更多家长登录家长门户来浏览对儿童的反馈；
- 扫除家长在登录系统时可能遇到的一切技术上的障碍；
- 所有学生都要形成反思学习的能力，设定目标去提高自己的学业成就。

表5.1　学习者需具备的知识和技能

群体	知识	实践
学生	学生应掌握一种新的信息系统（学生Coneqt）来获得她们在所有评价任务中的反馈。	学生要学会批判地反思自身的学习，并描述下一阶段的学习。
教师	教师需要学会： ● 优质的反馈——任务/成果的反馈、过程反馈和自我调节反馈； ● 新的信息系统（Coneqt），其中包含在线记分册； ● 使用一种在线的语音–文字转换工具（Dictation Australian Language Pack，DALP）作为时间管理工具。	教师需要学会： ● 少表扬，多关注"下一步"怎么做，帮助学生学习； ● 让反馈简明具体； ● 撰写在线反馈，而非写在学生的作业本上，便于所有利益相关方查看； ● "说"出反馈，而非"写"出反馈（如果愿意，可以使用语音–文字转换工具）。
家长	家长应掌握新的信息系统（家长Coneqt）来获得儿童的反馈。	家长应该承担更多的责任，接收和浏览提供给他们的反馈。
领导者	领导者需要学会： ● 与教师相同的技能； ● 教师Coneqt系统的所有方面，以管理和领导整个部门实现改革。	领导者需要学会： ● 如何提供高质量的反馈，以管理和领导整个部门； ● 如何操作和监管软件系统中的数据。

教师和学校领导尝试了什么新行动？

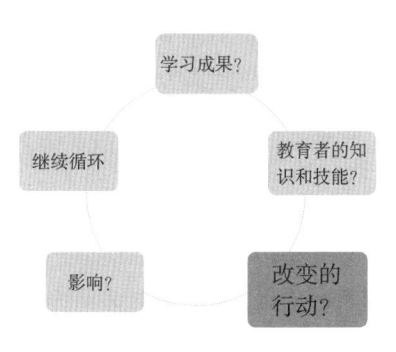

在新的学习管理系统成型之前，指导联盟不曾与职工分享对该报告系统的评论。他们与软件开发者展开合作，开发一种能展示学习成绩、反馈和学生反思的系统，使家长和学生对学习和下一阶段的要求形成全面且连贯的认识。学校的行动计划参见表5.2。

在PLC的社区背景下，达成对"什么是有效的反馈"的共识是本次改革的关键步骤。交流的途径之一是总结哈蒂研究的关键发现，勾勒出学校的需求，提供一系列关键词支持教师发出反馈。表5.2是对这个文件的摘录。

114 | 可见的学习在行动

表 5.2　可见的学习行动方案

方案：报告与持续的反馈
目标：回顾我们的报告过程，实施学习的持续反馈系统

目标	行动	截止日期	负责人/负责部门	成果的证据或实现目标过程中的进展
回顾哈蒂对反馈的研究	领导团队完成"可见的学习+"专业发展项目的基础系列课程（建基日、第一天、第二天）。为全体职工提供"可见的学习+"专业发展项目课程。	2012年第二学期	校长	为全体职工提供"可见的学习+"专业发展项目课程。
审视目前的报告和反馈过程	与各部门主管审视和讨论目前的报告和反馈过程。	2012年第一学期	副校长 各部门主管	建立新的报告系统。
调整Coneqt学习管理体系以显示持续的反馈	向Coneqt系统的软件开发者提供家长和学生对持续反馈的要求小样。	2012年第二学期	副校长 信息与学习技术的课程经理	家长和学生界面开发。
教师的记分册向教师Coneqt转换	为全校和专业发展部门提供教师的Coneqt记分册栏目。	2013年第一学期	各部门主管 信息与学习技术的课程经理	2013年第一学期末前所有教师完成记分册在线化。
6—10年级的学生实行持续反馈制度	帮助教师将所有的反馈转移至教师Coneqt。	2013年第二学期	副校长 各部门主管	6—10年级的全体教师通过教师Coneqt提供反馈。
向家长和学生提供优质的反馈	培养职工对有效反馈的关键因素的理解。	长期执行	副校长 各部门主管	对全体职工开放线上记分册证据和反馈。
教会家长使用Coneqt系统	每隔两周在不同的时段组织常规的家长工作坊，帮助他们熟悉家长Coneqt系统。	2013年第二学期	副校长 信息与学习技术的课程经理	增加家长登录Coneqt的次数。减少家长对Coneqt的疑问。
	在家长Coneqt首页设置"帮助"栏目，解决常见的问题（该部分不需要密码登录），其中会包括一系列视频来补充文本解释。	2014年第一学期		

续表

目标	行动	截止日期	负责人/负责部门	成果的证据或实现目标过程中的进展
教会教师使用Coneqt系统	定期组织教师Coneqt系统的工作坊。	2013年第二学期	信息与学习技术的课程经理	减少教师对Coneqt的疑问。
	根据需要为教师提供个别的支持。	持续进行	副校长 各部门主管 一级教练	
教会学生使用Coneqt系统	通过年度会议和家庭教师小组介绍学生Coneqt系统的概况。	2013年第二学期	信息与学习技术的课程经理 一级教练	减少学生对Coneqt的疑问。
寻求家长和学生对于报告和反馈过程改革的看法	对家长和学生展开关于这些改革的调查。	2013年11月和2014年6月	副校长	改革获得50%或以上的支持。
培养有评价能力的学生	教师要求学生通过学生Coneqt系统完成反思。	长期执行	副校长 各部门主管	全体学生都在任务开始前或结束后进行反思,明确她们哪里做得好,以及下一步的学习计划。

学校内部的专业发展由指导联盟主导,包括分享系列课程中的反馈评论。教师被要求判断这些反馈是否聚焦于任务、过程和自我调节,并且要考虑这些反馈将如何帮助学生改善学习,参见表5.3的例子。

他们还制定了一个教师参考工具,作为其反馈的指南。所有小组都有很多机会学习如何运用新的学习管理系统。此外还有工作坊,需要的时候可以提供一对一技术支持,这包括制作视频向家长和学生解释如何登录、导航和使用这些门户,以及学生如何做出贡献。这些资源都被放在网上,方便他们随时获取。

行动方案中提到的调查,让指导联盟可以在发现问题的时候及时处理它,包括调整新系统。学校还形成了一些简单的非正式的方法来跟踪和评价干预的效果。例如,每次他们举办家长工作坊,校领导都要求家长在活动一开始把他们最紧迫的问题和担心事项写在便签纸上。他们把便签纸贴在墙上,方便在整个课程中不断地回顾和处理这些问题。活动结束时,如果家长认为自己所提的问题已经得到解决,就请他们把便签纸拿下。

表 5.3　PLC 教师对反馈的学习

技术	任务／过程／自我调节	这个反馈如何帮助学生改善学习?
你对一系列美味的菜谱进行了非常出色并且透彻的分析。不过,你需要根据每一个信息总结你的发现,而不仅仅是把它们陈述出来。		
……你抓住了比利时特色菜肴的本质,并且分析了一些非常棒的食谱。如果想进一步提高,你需要从广泛的信息中总结你的发现。		
很高兴看到你能够根据不同国家转换思路。比起各种菜肴的名字,我更希望看到真正的食谱。另外,像要求中说的那样,从广泛的信息中总结你的发现,这样你的成绩会更高。		

实施这项方案的过程并不是一帆风顺的。对一些教师来说,从空洞的反馈("巨大的进步""干得好")转变为与学习目标紧密相关的反馈,这是一个巨大的挑战。很多教师倾向于写很多评语,却忽视了技术能帮助他们提供更有效、更及时的反馈,同时还不增加工作量。新的反馈系统以高度可见为特征,如今他们写的评语可以被家长、同事和学生浏览,有些教师因此而感到了威胁。部分人,特别是家长,需要大量的帮助去学习新的信息技术系统。有些家长虽然非常赞赏学校通过家长门户网站所提供的持续的反馈,但仍然难以放弃纸质的报告。基姆回忆道:

最初的 6 个月是执行低谷(Fullan,2008)。我们极力维持,及时地沟通,不得不承认改变确实会给很多人带来不安全感。我们倾听并且学习,在实施行动前要确保我们所依据的事实是无误的,遇到问题和疑虑时及时解决。向大目标前进的每一步都被我们认为是巨大的成就,并得到了相应的认可。

改变的行动有什么影响？

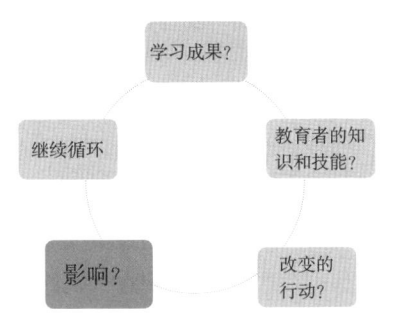

这项干预措施使 PLC 的整个初中部都发生了变化。校方明白，从持续跟踪和评价结果来看，这件事正在往正确的方向发展。目前的数据还不足以显示出学生成绩上的转变，但从教师、学生和家长的行为中已经可以看到明显的变化。

调查显示，学生和家长正在形成经常登录门户网站的习惯，他们还发现教师的反馈对于理解学生的学习进展和找到进一步提高的方法非常有帮助。相应的数据非常庞大，表 5.4 收录了一些调查问题，帮助读者形成一个大致印象。要注意的是，这里呈现的数据是极端值，让我们知道从学校的成绩表上可以看到什么，即在所有指标上都有明显的提升。

最明显的改变是：过去，家长、教师和学生的座谈主要是由教师对学生的学习进展提供一个总结，并且对于"下一步"怎么做提供一些建议。由于这些信息可以在网上随时查看，最近家长会的主题聚焦于学生为了改善学习应该做什么，以及她们如何实现自己的目标。这一点已经通过调查数据得到了证实，大多数家长和学生发现 2014 年前半年参加的家长会给他们提供的信息是门户网站上没有的。家长群体中的早期实践者自发地对学校使用新系统表达了感谢。例如：

> 门户网站让我能够更好地掌握女儿学习的进展，以及她要如何提高成绩。我只想当面向您表示感谢。

表5.4 调查问卷的问题与回答简况

学生调查	2013 年		2014 年	
	从不	经常	从不	经常
你多久登录一次学生 Coneqt 的评价页面，浏览教师的反馈？	1.8%	34.9%	1.4%	44.8%
上学期学生 Coneqt 上的反馈是"中肯且切题的"。	完全不赞同 3%	完全赞同 12%	完全不赞同 2%	完全赞同 21%
上学期学生 Coneqt 上的反馈"告诉我进一步提高需要怎么做"。	完全不赞同 6%	完全赞同 12%	完全不赞同 3%	完全赞同 24%

续表

家长调查	2013 年		2014 年	
您多久登录一次家长和学生 Coneqt 的评价页面，浏览教师的反馈？	从不 27%	经常 8.8%	从不 5.9%	经常 29.2%
上学期家长 Coneqt 上的反馈是"中肯且切题的"。	完全不赞同 3%	完全赞同 7%	完全不赞同 3%	完全赞同 19%
上学期家长 Coneqt 上的反馈"告诉我的女儿进一步提高需要怎么做"。	完全不赞同 5%	完全赞同 7%	完全不赞同 3%	完全赞同 24%

各部门主管可以利用学习管理系统监测教师实践和学生反应的变化。他们看到反馈的质量有明显提升，因为教师的评语越来越中肯而且重点突出，明确指出学生需要怎么做来实现进步。评语中的称赞也明显减少了，尽管许多坚信应该经常给予学生正面反馈的教师确实经过了一段时间的思想斗争。从教师对学生反思的回应来看，有证据表明他们已经知道了学生如何看待自己的进步情况，以及她们认为自己"下一步"应该怎么做。

有些教师尝试使用不同的方法提供反馈，并想尽办法让学生进行自我反思，方法之一就是等到学生对某一项任务或自己的学习意图进行反思之后，教师才给出反馈。例如，一部分教师把学生的作文上传到门户网站上，同时给出批注和评语，却没有打分数。他们要求学生在评论中分析自己这项作业的优点和不足，在评语的基础上进行自我反思，这个过程意味着学生开始把教师的反馈和成功标准作为一种反思工具。有学生一开始对此望而生畏，但最终却收获颇多：

学生 × 是一名非常典型的被作业分数或等级所驱使的学生，这使她不愿意冒险，常常避免去看提供给她的反馈。我花了大量时间向学生解释反馈比分数或等级更重要，能帮助她们进步的是反馈和反思，而不是分数或等级。我用了很多年向她们解释这个道理，这是我用技术去改变这个过程的例子：那天，我在发布反馈的几个小时之后，收到了一封来自这名学生的邮件，她表示一开始很讨厌教师不给出等级/分数的做法，但这确实给她机会重新审视自己的作业，而不需要担心分数。显然，我们为有意义的反思创造了一个情境，自此以后她的反思就有了明显的进步。

[达米恩·克里根（Damien Kerrigan）]

学生非常喜欢这种随时可以在一个地方看到和获取反馈的方式。它有助于复习，同时也帮助她们跟踪自己的学习进展，并且知道应该在哪里下功夫。这还与学校2012年实施的制订个人目标的举措相契合，该举措要求学生与教师进行一对一的面谈，讨论个人的目标和成功的衡量标准。埃里克斯（Alex）是9年级学生，她写道：

我发现这种方式非常有用，因为我们可以很方便地获取和查阅反馈。过去的反馈是写在一张纸上，常常被我们弄丢或者压在文件袋的最底下，再也不会看第二遍，相比之下，这种数字形式的反馈要好多了。总的来说，教师的反馈和对这些评语的反思过程让我能够找到需要改进的地方，以及我要巩固哪些概念才能取得更好的成绩，让我的学习更进一步。

教师发现很多学生在写反思的时候对自己非常严格，她们常常谈到，她们知道如果提高自己的期望值，就可以做得更好。如今，学生已经能更好地理解为什么自己的学习处于某一层次，并且有能力去确定下一个阶段的努力方向。

为了得到更高的分数，我需要确保自己准确地运用"可靠"和"公平"这两个词，因为有时候我的解释说不通。另外，在下次的作业中，我应该把科学推理写得更具体、更有针对性。

[玛丽安（Marian）]

我认为自己在语言运用方面做得很好，然而要想提升，我必须在写作中运用更多幽默的手法，并且恰当地分段。我还要注意的是，我在写作的时候要保持时态一致，而且应该运用除了自身以外更多的例子。

[弗朗西斯（Frances）]

这项干预措施实施两年之后，PLC的指导联盟表示：

当我们回顾这一路走来的旅程，重新阅读过去的报告评语和任务反馈时，可以很清晰地看到这不是我们应该前进的方向。流行的教育争论聚焦于通过国家测试提高学生的成绩，而我们教师都知道，这并不能提升学生的学习。哈蒂的研究已经证明了能对学生学习产生最重要影响的是挑战原有的思维模式，设定高期望，使学习对所有学生来说都是可见且清晰的。

我们还认识到，告诉职工怎么做以后，就期待他们有能力执行，这是不切合实际的。他们首先要在思想上接受这个转变，并且理解其背后的研究依据。期望他们快速学会一种新的信息系统也是没用的。改变一种长期的打分数的习惯需要时间、精力和鼓励，这样才能确保最终在实践中成功地完成转变。

考虑到这些经验，团队给出了以下建议：

- 明确你试图达到的目标；
- 有策略地制订计划，广泛咨询，分步骤实施改革；
- 持续进行回顾与反思；
- 专注于解决方案而非问题本身。

继续循环

PLC 的指导联盟目前仍在参与该研究，并且考虑如何在他们特定的学校背景下实施。他们目前在探究学生期望和自我评价成绩的信息：

哈蒂（Hattie，2012a）告诉我们要"让学生有机会参与预测自己的表现"，他认为"教会学生设定高水平、有挑战性的、恰当的期望对巩固学生成绩会产生最有力的影响"。哈蒂想要传达的关键信息是：在预期表现与实际表现之间的精确校准比表扬进步的表现更有效。

（指导联盟）

下一个周期的影响循环将包括建立一个系统，让学生在完成任务之前预测自己在任务评价中的分数。领导者还会鼓励教师在关注终结性反馈的同时，更多地关注形成性反馈。鉴于这项干预在初中部取得了成效，下一期的试验将会扩展到高中部。

附录 2.1　积极阅读指南

这是约翰·哈蒂在《可见的学习：对 800 多项关于学业成就的元分析的综合报告》一书中呈现的反馈模型。在你读这个故事的时候，请思考一下这个模型所呈现的意义，以及它是如何在蒙米亚小学和基督教长老会女子学院付诸实施的。这对学校社区的所有成员都会有所启发。看看你能否设计出自己的"注意事项"，把教师、校领导和学生的学习和改变都考虑进去。

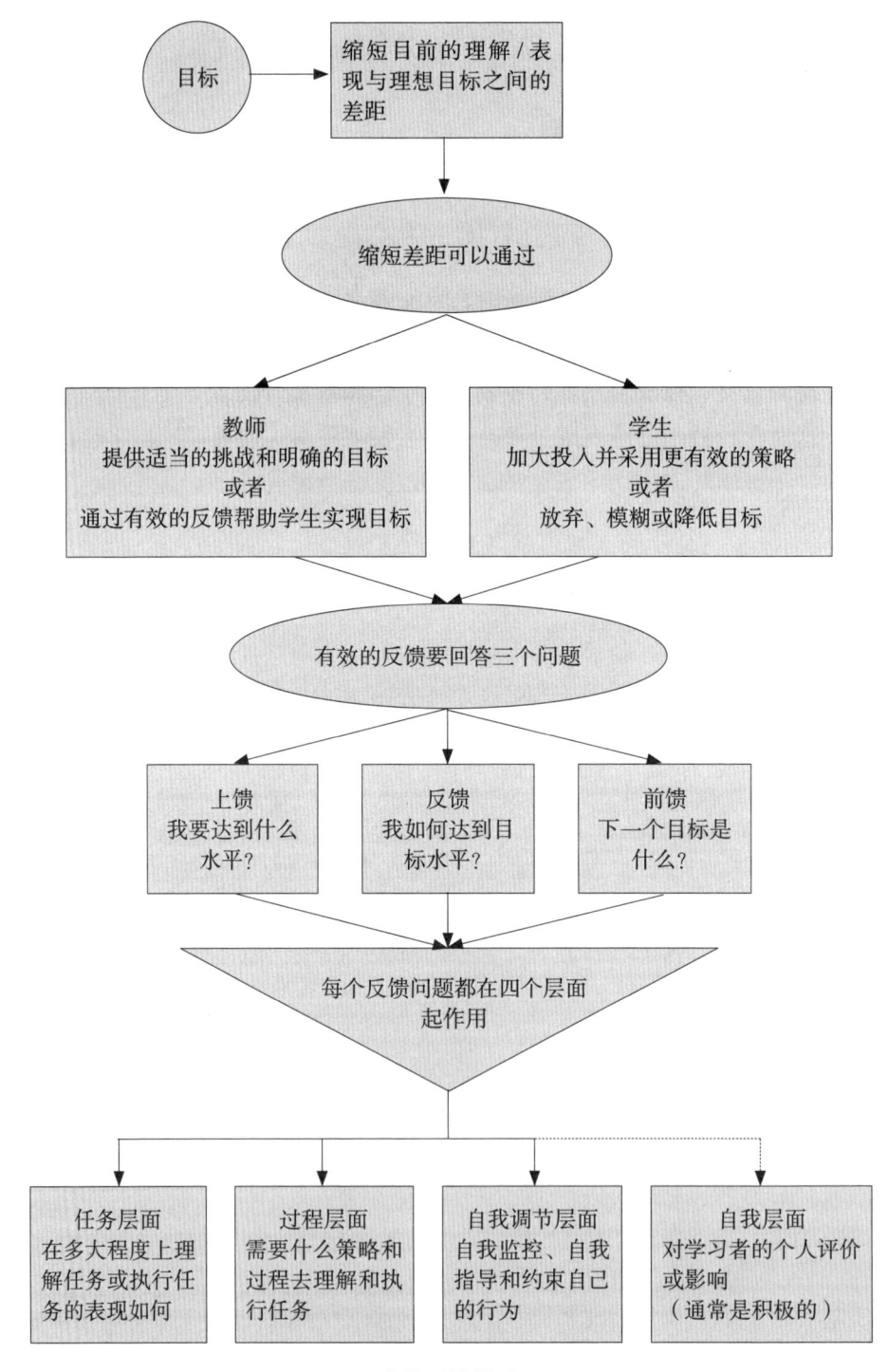

```
┌─────┐      ┌──────────────────┐
│ 目标 │─────▶│缩短目前的理解/表 │
└─────┘      │现与理想目标之间的│
             │差距              │
             └──────────────────┘
                      │
                      ▼
              ╱ 缩短差距可以通过 ╲
              ╲                  ╱
              ┌────────┴────────┐
              ▼                 ▼
┌──────────────────────┐  ┌──────────────────────┐
│ 教师                 │  │ 学生                 │
│ 提供适当的挑战和明确 │  │ 加大投入并采用更有效 │
│ 的目标               │  │ 的策略               │
│ 或者                 │  │ 或者                 │
│ 通过有效的反馈帮助学 │  │ 放弃、模糊或降低目标 │
│ 生实现目标           │  │                      │
└──────────────────────┘  └──────────────────────┘
              │                 │
              └────────┬────────┘
                      ▼
              ╱ 有效的反馈要回答三个问题 ╲
              ╲                          ╱
        ┌─────────────┼─────────────┐
        ▼             ▼             ▼
   ┌────────┐   ┌────────┐   ┌────────┐
   │ 上馈   │   │ 反馈   │   │ 前馈   │
   │我要达到│   │我如何达│   │下一个目│
   │什么    │   │到目标水│   │标是    │
   │水平?   │   │平?     │   │什么?   │
   └────────┘   └────────┘   └────────┘
                      │
                      ▼
              ▽ 每个反馈问题都在四个层面起作用 ▽
                      │
        ┌────────┬────┴────┬────────┐
        ▼        ▼         ▼        ▼
   ┌────────┐┌────────┐┌────────┐┌──────────┐
   │任务    ││过程    ││自我调节││自我层面  │
   │层面    ││层面    ││层面    ││对学习者的│
   │在多大程││需要什么││自我监控││个人评价  │
   │度上理解││策略和过││、自我指││或影响    │
   │任务或执││程去理解││导和约束││(通常是积 │
   │行任务的││和执行任││自己的行││极的)     │
   │表现如何││务      ││为      ││          │
   └────────┘└────────┘└────────┘└──────────┘
```

有效反馈模型

附录 2.2　从理论到实践

本章的最大焦点是课堂中所有成员之间的有效反馈，但正如洛雷恩·贝尔指出的，要达成这一点，教师之间、教师与校领导之间，以及校领导之间必须能够互相传递反馈。学校的专业学习共同体及其训练、观察、走课和报告对话的习惯构成了学校结构上的情境，专业教育人员在这种情境下给予和接受反馈。当然，对于反馈来说，很重要的一点是用它来计划"下一步"。

下面的模板是一个自我反思的工具，你可以用它来记录你近期得到的来自学生、同事或学习共同体其他成员的反馈，并且想一想你如何回应这些反馈。请记住，拒绝那些与你的目的不一致的反馈是正常的。

对实践工作进行反馈
当时的情境是……
我当时的目的是……
提供反馈的人是……
反馈的内容是……
这是一个任务/过程/自我调节/自我层面的反馈示例：
我的回应是为了……
我回应的原因是……
这次反馈的成果是……
通过反思，我认识到……

第3部分

可见的学习者

第 6 章　新西兰石田学校

　　在石田学校，我明白了敢于冒险和保持自信真的很重要，而我也一直在努力。如今在小组面前分享自己的观点时，我比过去自信多了，我觉得自己真的有所提高了。我还认识到，不管你年龄多少或者说你有多大，你永远都可以与任何人进行合作。把我们所有人的想法凑在一起，我们总能找到比自己单干更好的解决方法。学习进程（learning process）是在石田学习的最主要部分，它引导着我的学习，帮助我更好地掌控自己的学习。在高中和以后的学习中，我会继续采用这种方法。

[哈娜（Hana），8 年级学生，2011 年]

　　我在石田学到了很多，尤其是在阅读方面。我了解了很多关于大脑的知识，以及我们是如何思维的。通过运用学习进程、自我学习和向他人学习，我学会了如何做一个独立的学习者。我很喜欢教师鼓励我们进行自我主导，而不只是布置一些我已经知道怎么做的、浪费时间的任务。学习对于我个人来说是有意义的、充满挑战的，而且需要我不断努力来获得提升。我学习了很多关于写作的知识，以及如何在不同的写作目的下运用不同的结构。我还很喜欢在石田学校的学习进程，因为它给我指明了一条学习的道路，帮助我学会学习。

[卢卡（Luca），8 年级学生，2011 年]

　　这些即将离校的 8 年级学生在仅仅一年的学习之后，就已经表现出"可见的学习者"的品质。在这个关于学习的故事中，你将了解到石田学校采取的学习进程，这些措施使学生能充满自信地掌控自身的学习过程和进度。

背　景

　　石田学校坐落在新西兰奥克兰市中心采石场的旧址上，是一所秉持新学习理念的新学校。学生人口的特征既体现了多样性，也反映出这座文化越发多元化的城市的迅速发展。石田学校成立于 2011 年，开始时 1—8 年级共有 48 个学生，在短短的三年内，在校生人数就超过了 300 人，并且预计将在近几年内达到学校规划的最大规模——560 人。虽然学校地处一处舒适的中产阶级市郊，但它也从一个邻近的贫穷地区招收学生，在这个地区还有很多家庭的社会经济条件比较落后。学校的种族构成大致如下：

- 40% 是白种人（新西兰欧裔）。
- 8% 是毛利人（新西兰土著）。
- 10% 是太平洋岛民：主要是萨摩亚人，有部分纽埃人和拉罗汤加人。
- 20%—30% 是亚洲人：10% 是华人，还有不少斯里兰卡人、印度人、巴基斯坦人和菲律宾人。

学校中有一半学生在家里使用第二语言，还有超过 20% 的学生参加学校为其他语种的学生开设的英语课。鉴于人口的多样性，这种情况就不足为奇了。

学校被一个充满热情的团队所带领：校长萨拉·马丁（Sarah Martin）、副校长克里斯·布拉德比尔（Chris Bradbeer）和柯丝蒂·帕纳帕（Kirsty Panapa）。作为学校的创始人，他们有机会参与所有新职工的面试，选拔教师、助教和技术支持人员，而正是这些职工分享、支持并切实地帮助学校形成了一套独特的教与学的方法。

概　　况

创立新学校，对石田学校社区来说，既是挑战，也是一个令人振奋的机会。从建校之初，萨拉和她的团队就做出了富有远见的决定，例如：

- 为不同年级的学生创建"学习中心"（learning hubs）[①]，促进教师与学生的合作。
- 选择能整合到教与学当中的信息通信技术（而非将技术作为焦点），并

[①] 学习中心是一个开放的现代学习空间，包括三个班级的学生和三名教师。

且聘请专业人士负责技术应用。
- 采用开放式的布局和陈设，向学生提供多种选择，让他们选择在哪里、以何种方式学习。

领导团队在做出任何决定时，都会求诸关于什么对学生最有效的研究，或者是从当地的有效实践范例中寻求答案。他们的理想是为学生创造一个良好的环境，在这里，对学习的热爱是核心的生存技能；同时还要创建一个专业团队，成员之间以及与更广泛的学校社区成员之间能够精诚合作，传递并且培养这样一种热爱之情。

这个故事向我们描述了学校为创建一个"可见的学习者共同体"做了什么。故事的主角是0—2年级教师凯瑟琳·杰克逊。

有代表性的教师

凯瑟琳·杰克逊是新加入石田学校的一名经验丰富的幼儿教师，在英国和新西兰都有执教经历。她对于把新生培养为有评价能力的学习者有极大的热情。当所谓可靠的、正确的教学方法不足以满足学生的个人需求时，凯瑟琳常常探索新的观点和策略来扭转学生的学习。通过创新和专业探究，她积极地反思自己的实践，以满足所有学习者的需求，为他们的学习带来改变。

石田学校的"可见的学习"故事

理想的学习成果是什么？

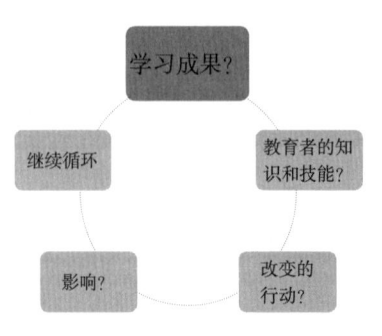

当石田学校的基层职工于2011年1月第一次碰面时，领导团队向他们呈现了学校的愿景——学校将"培养、激励和挑战学习者，让他们积极地思考，超越自我，在终身学习的道路上获得成功"。这个愿景隐含着以下四项原则：

1. 培养学习能力：作为一名学习者，明理、笃信和拓宽自我。

2. 合作：联系，参与，承认多元化的价值。对团队有所贡献。

3. 创造意义：运用工具、策略、技能和知识来解码、领会并开展行动。

4. 突破：在学习和生活中努力获得成功与幸福。

萨拉、柯丝蒂和克里斯希望职工重新建构学习的意义——思考一下教与学"可能"是什么，而不是它从过去到现在的模样。他们问："当我们的学生不知道做什么的时候，我们希望他们怎么做？"在一周的课程中，凯瑟琳和她的新同事们共同提出了一系列学习者的品质，他们认为学生要成为高效的学习者，必须具备这些特点：好奇、反思、提问、思考、联结、自知和坚定（见图6.1）。

图 6.1 学习者的品质

教师们认为，如果学生明确地养成了这些品质，他们就能理解并且掌控整个学习进程，这将提高成绩。根据他们的共同知识，教师们一致认同学习进程有三个方面：

- 创造意义；
- 构建知识；
- 运用理解。

重要的是，不仅要监督学生的学业成绩，还要同时仔细观察学生的行为，尤其是学生谈论学习的方式。教师和领导者希望听到学生运用学习的语言有理有据地谈论自己的学习进展。学校采用了一种新方法来监测学生的进展情况，即设定一系列指标来描述每一种学习者的品质（见图 6.2）。这些指标可以反映从"不具备"到"突破"的发展，"突破"意味着某种品质完全植根在学习者身上并成为直觉。

学校单独追踪每个学生的进步并将结果整理成图表。学校对选定的 24 位学生进行定期采访，并分析他们对以下三个有关学习问题的回答，从而深入挖掘其中的意义：

"什么造就一个好的学习者？"（或"成功的学习者会做什么？"）

"当你在学习中遇到困境的时候，你怎么办？"（或"如果你要解决一个问题，你会通过哪些步骤来着手？"）

"如果你想提升自己的学习，或者你要回答一个问题，你将采取哪些措施？"

培养学习能力

	定义	起初	发展	熟练	突破
提问	弄清问题的一种方法。	我不怎么提问题。	我可以提出一些"粗浅"的问题。	我可以通过提出一系列从"粗浅"到"深入"的问题来得到信息。	我经常通过提问来寻找更多信息，加深理解。
反思	回顾并仔细考虑自己的学习，评估学习的情况，确定下一步的目标。	我不知道反思是什么意思。	我在一定的帮助和敦促下反思学习，例如导学问题。	我明白反思是学习过程中很重要的一部分。我可以就自己何时、以何种方式反思，以及反思的内容谈一谈。	我明白反思能够帮助我学习，我经常在各种情况下运用这种方法。
思考	推理、反思和深入思考。	我在学习的时候不怎么思考。	在一定的帮助下我可以运用思考的框架和策略来加强学习。	我运用各种思考工具和方法来加深我的思考和学习。	我自然地选择最合适的思考工具和策略来做出决定、取得成果、找到解决方案，或者应对我面临的情境。

图 6.2　学习者品质量规

	定义	起初	发展	熟练	突破
联结	将所学知识联系起来，并产生新的理解。	我不会把事物联系起来。	在他人的帮助或示范下，我有时可以将事物联结起来。有时我灵光一闪会看到事物之间的联系。	我能够在知识的碎片之间建立很多联系，产生新的观点或加深我的理解。	我经常运用所学的知识，或者寻找新旧学习之间的联系来加深我的理解。
坚定	在面对具有挑战性的任务想要放弃的时候能坚持下来的能力。提升自我和获得成功的渴望与决心。	事情太难的话，我会放弃。	遇到比较困难的任务，我会说服自己坚持下来。	当任务有挑战性的时候，我有很多的策略帮助自己坚持下来。	作为学习者，我采用很多策略克服障碍、解决问题和提升自我。我有决心通过任务来学习。为实现下一步的学习，我会坚定执行。
自知	知道自己是独立的个体，了解自己的状态、行动和想法。	我不是很清楚自己的行动和想法。	我了解自己的强项，以及下一步应该怎么做。	我知道自己的特别之处，我会采取行动发挥自己的优势，并且为实现下一个目标努力。	我意识到什么使我保持学习的动力，以及我作为学习者提升自我时的想法和行动。
好奇	有惊奇的感觉，渴望知道一些东西。	我不知道好奇是什么意思。	我很好奇，并设想可能性。	？（有待完善）	我喜欢从不同的视角（灵活性）想出各种可能性（流畅性），我可以详细阐述这些观点（精加工），并且提出新的想法（原创性）。

图 6.2　学习者品质量规（续）

第一年的基准数据显示学生缺乏对学习进程的理解，并常常对学习持有一种"边缘化"（distal）的认识，这意味着他们依赖他人来管理自己的学习。下面是他们在面对"什么造就一个好的学习者"的问题时的典型回答。

按教师说的做。

表现好。

专注。

不知道。

主课程第一年的重点是阅读。这是根据数据做出的决定——2011年2月入学时仅有51%的学生达到或超过新西兰关于阅读的国家标准（Ministry of Education，2009）。学校的战略性目标是让学生全部达到或超过国家标准，相对于此，学校的具体目标更适中，但仍然是雄心勃勃的：

- 不及格：阅读水平达到或超过国家标准的学生人数不到70%。
- 合格：阅读水平达到或超过国家标准的学生人数比例为70%—85%。
- 优秀：阅读水平达到或超过国家标准的学生人数比例为85%—95%。
- 进阶：阅读水平达到或超过国家标准的学生人数比例超过95%。

教师和学校领导需要什么知识和技能来达成这些成果？

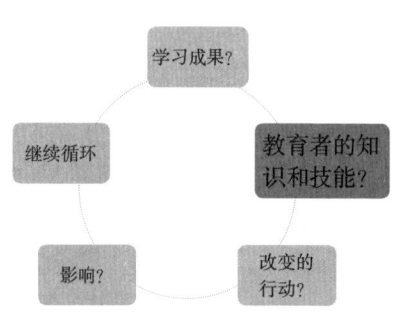

如果学生要掌握学习的语言，即上面提到的七大学习者品质，教师也需要培养自己帮助学生的能力。此外，如果他们想要培养学生的阅读素养，他们自己首先要成为阅读教师。

学校领导在向外界专家寻求他们所需的专业学习机会时发现，"可见的学习$^+$"项目与他们对教师和学生的期望很好地吻合。"可见的学习$^+$"项目的认知咨询顾问凯特·伯奇和杰恩-安·杨在这个旅程中扮演了诤友的角色。在教师和领导者监控他们的行动及其对学生产生的影响的同时，学习仍在继续。当需要时，学校会通过其他专业人士提供的有针对性的专业学习，去解决特定领域的问题。

部分的校内学习是随时发生的，因为每个"学习中心"都有三个教师共同合作，所以经常有机会进行非正式的观察和反馈。然而，这也是有意识地进行的。每个学习中心的教师都会持续更新一个互相分享的"思考日志"，他们在其中记录自己的见解：他们希望学习者呈现什么状态，以及要实现这个目标的有效教学实践。这是他们日常专业对话中用于反思的非常宝贵的资源。凯瑟琳解释说：

> 我有很多重要的学习都是通过每天倾听和观察我的同事们获得的。借此，我学到了别人如何激发反馈、给予前馈、运用学习进程和做计划。我可能非常喜欢他们的一些做法，对另外一些则有疑惑。当我们在学习中心

一起反思的时候,我很庆幸自己能跟得上。

评价工具 e-asTTle 在石田学校很受重视,它可以用于收集数据并分析教师对学生读写和计算能力产生的影响。学校还获得了外部培训机构的支持,帮助教师学会如何用电子工具紧密监控个人或者小组的进度。教学互动、特定学生对关于他们学习过程的提问的回应,包括这些内容的简短视频在专业讨论中是非常有价值的资源。学校领导者希望,重视学生的意见终有一日能植根于教师的教学实践中。

教师和学校领导尝试了什么新行动?

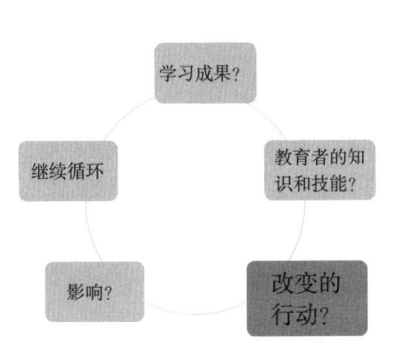

石田学校采取了多种行动来培养"可见的学习者":运用显眼的直接提示——包括视觉提示(visual cues)——使期望可视化,在家校之间建立学习合作关系。

运用视觉提示使学生专注于反思和反馈

石田学校的参观者常常一进校就被到处可见的视觉提示所震撼,这些视觉提示帮助学生时刻记住他们上学的原因,以及如何实现自己的理想。学校愿景的四个原则被刻在操场的巨石上,被制作成一套可爱的玩偶(见图 6.3),放在教学楼的门厅里,副校长采取这样的方法取得了很好的效果。这些原则和代表学习者品质的一系列形象悬挂在校园的墙壁上,并不断出现在小贴纸和各类证书上。他们将每一种学习者品质与特定的手势联系起来,每次提到这种学习者品质,他们都会用这种手势来表示,这种策略旨在帮助年幼的学生、需要特殊教育的学生,以及英语是第二语言或外语的学生。在激发学生反思自己的学习时,教师鼓励他们判断自己所运用的具体的学习者品质,并且用对应的证书和小贴纸来提供反馈。其中最关键的或许是,在量规中,学习者品质的发展阶段是用儿童的口吻来描述的,而且师生要共同确定学生的某种学习者品质发展到了哪一个阶段。

图 6.3　石田学校的一个学生与玩偶"石头"（Rocky）

圣地亚哥：写作。

石头：你写了很多东西，是吗？

圣地亚哥：对！

石头：那你都写了什么？

圣地亚哥：（朗读）我在思考。我很高兴。

石头：我也很高兴。写得真棒！你发挥了哪些学习品质？

圣地亚哥：坚定。

石头：要坚定。你花了很多时间写这个作文吗？圣地亚哥，我太为你自豪了，我坚信杰克逊老师也一定为你骄傲。现在让我们回头看看你的写作有多少改变吧。快看这个！再看看那个！你一直都在培养自己写作的能力。我准备给你一个特别的小贴纸，好吗？

圣地亚哥：（满面笑容地点点头。）

学习并非易事。学校借用詹姆斯·诺丁汉（James Nottingham）的"低谷"（the pit）比喻，来向学生解释最近发展区的概念：当他们感觉被困住的时候，要清醒地反思学习进程，并运用特定的品质来帮助他们走出困境（见图 6.4）。

与学习者品质和原则一样，在关键学习领域的发展进程也高度可视化。例如，在凯瑟琳的学习中心，阅读水平发展的各个阶段用一组色彩缤纷的蜂巢来表现。在这些蜂巢上，用学生能够理解的语言描述了达到这一水平的标准。每只蜜蜂代表一个学生，蜜蜂在各个蜂巢间的移动代表学生阅读水平的一步步提高。用这种方法，学生可以看到在整个阅读发展过程中自己处于哪个阶段，以及为了到达目的地，下一步应该怎么做（见图6.5）。

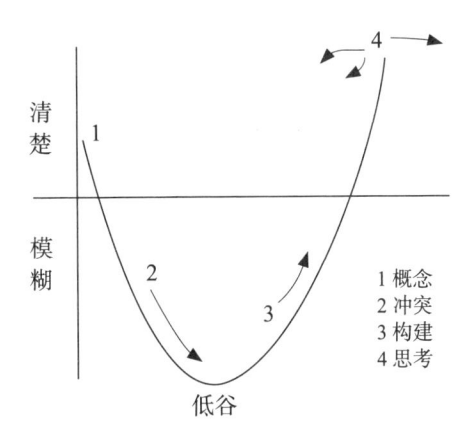

1 概念
2 冲突
3 构建
4 思考

图6.4　学习低谷

图6.5　阅读蜜蜂

在写作和数学能力的培养过程中，教师会在学生手册上记录他们的进步，并且留出特定的时间让学生反思自己做得怎么样。这样做的目的是：

（反馈）应该是具体的，能帮助学生向下一个学习阶段努力，并且可以缩短他们在学习中的差距。反馈应该出现在学习的过程中，并且让学生参与其中。

（石田学校的反馈准则）

凯瑟琳利用每周四的写作课与学生一起评讲上周的写作练习，通常以小组形式或者把学习需求相似的学生每两人结成一组进行。她通过特定的问题去激发反思，促进反馈和前馈：

在课程计划中划出特定的时间让学生与教师共同反思和观察，这一点非常重要。比如，我把每周四的写作课用来与学生共同反思本周我们的写作情况。我们回头看着这些进展会自问："我们今天制订计划了吗？它与我们接下来要写作的内容相符合吗？让我们一起画出自己已经做到的方面和下一步要做的事。"或者"如果你没有制订一个与自己的写作相关的计划，那么下一次你要怎么做来把计划与写作联系起来？"这就是我们之前说过的反思，而且我个人认为把它纳入到你的教学计划表中非常重要。当时间计划好了，它就是不可违背的了。

凯瑟琳也鼓励学生运用他们在身边看到和听到的学习的语言去互相支持。例如，她的学习中心每周都会安排一个学生带来一本他可以读给同学听的书，教师则协助学生运用他们所学的新知识来为读故事的同学提供反馈。凯瑟琳对此是这样解释的：

学生运用他们从阅读课上学到的知识来为在大家面前读故事的同学提供反馈。他们使用的语言来自于阅读发展各个阶段中的成功标准。这些反馈有可能是"我喜欢你表达的方式"，或者"我喜欢你朗读的节奏"。然后我们会请大家提出一些前馈，举出一些成功范例和提示来告诉大家如何进步。有些儿童非常投入地学习这些语言，运用自如。他们可能会说："下次你需要声音更洪亮些"，或者"把书转过来，这样我们才能看到图片"。

凯瑟琳学习中心的每个学生都有个人的学习进展手册，这本小册子里记录着他们个人的学习进展。这让他们时刻记着，每个人都处在一条独特的学习道路上。教师也让学生看到自己的学习道路。例如，凯瑟琳与学生分享了她在掌握信息通信技术上遇到的挑战。

凯瑟琳还利用视觉手段来帮助英语作为外语的学生。她让这些学生与可以帮助他们翻译的同学结成伙伴，还会用白板通过照片和图像来与他们进行直接交流。

这所学校非常重视信息通信技术作为一种学习工具，这是使学习可见的另一种方法。学生的学习进展会发布在学校的谷歌主页上，学生和家长可以随时查看和了解。每一个学习中心都拥有一个博客，学生和教师可以在上面分享学习心得，同时可以与外界的学校社区以及全世界的师生进行交流：

> 我们发现博客是展示学习进展的一个好工具，它捕捉到我们作为一个学习中心的成果。我们还发现它比"知识网络"更方便，我们可以在这个平台上互相交流。全世界的人们都可以关注我们的活动，所有的家长也可以浏览。我们还利用博客进行庆祝活动，并推送下一阶段的学习计划。
>
> （萨拉·马丁）

与家长分担责任

作为新生的教师，凯瑟琳在建立学校与家长/家庭的关系中扮演了关键的角色。在新西兰，学生可以在5岁生日之后入学，这个阶段儿童正好处于转折期。而石田学校面临更大的挑战，因为有非常多的家庭选择进入这所新学校。

石田学校寻求与家长/家庭建立一种专注于学习的合作关系，旨在家校共同分担促进学生学习的责任，使学生在校内和校外学习之间能平稳地转换。为了实现这个目标，学校为家长提供了与学生一样的支持，帮助他们掌握学习的语言，并理解学生在写作、阅读和数学方面的预期进程。

对于大多数家庭来说，石田学校带来的转变始于学期开学之前与教师的一次见面会。在这个见面会中，家长会被告知儿童入学后的情形——学校是如何运作的，以及学习的方法。此后，每个家庭都会参加一个"档案联络会"（Portfolio Connect），在这里他们可以见到儿童的"监护教师"，他/她会主要负责儿童入学第一年的各种事务。这样的会议让监护教师有机会了解儿童和他们的家庭，并且在某些方面进行更深入的交流，例如儿童对学习的看法，以及他们入学前在家里或在儿童早教中心时对学习的态度。教师随后可以利用这些信息制订合适的学习计划。接下来，学生将对学校进行三次参观，他们有机会参与到"监护小组"中,形式可能是上一次体育课或者参观图书馆。第一次活动要求所有家长全部参加,后面的两次活动则自愿出席。每个儿童都会在"档案联络会"对话的基础上选择一个"小搭档"。

新生入学以后会收到一个在家里和学校使用的小册子,下面是介绍信中内容的节选(见图 6.6)。

亲爱的家长/监护人:

欢迎您阅读孩子的"学习的基石"手册。

您的孩子就要开始正式上学的旅程,他们需要学习很多基本的知识,才能在读写能力和计算能力方面获得成功。这本手册是为确保您的孩子具备基本的字母、单词和数字知识,为他们将来的学习打好扎实的基础而编写的。

这是"培养学习能力"计划中的一个部分,也是我们的教育愿景的原则之一。基本知识学习的具体内容如下:

图 6.6 学习进程的一部分

在入学后的五周,教师与家长一起回顾取得的进展,并且参考儿童的能力情况共同制订出下一步的学习方案。教师会向家长们展示如何登录学校的网站来查看学习进展,并且看到本周学习重点的具体目标、成功标准和学习活动,以及家长在其中扮演的角色。他们将学习如何查到儿童的学习记录,并且还能从网站的链接中获取辅助资料。最近学校网站建立了一个家长门户,专门用来为家长和家庭提供综合信息与资源。

在儿童上学期间,学校都会向家长提供持续的支持,形式包括工作坊和一对一的支持,这些工作主要集中在帮助家长了解学校和学习的语言,重点是七大学习者品质。

改变的行动对学生的预期学习成果有什么影响?

你可能还记得石田的愿景是"培养、激励和挑战学习者,让他们积极地思考,超越自我,在终身学习的道路上获得成功"。具体来说,学校对学生的长期期望目标是:

- 能运用和理解学习的语言;
- 能运用学习进程来判断自己处于学习的哪个阶段,以及下一步要往哪里去;
- 在不知所措的时候,知道应该做什么。

学校尤其重视阅读,因此学校寻求证据证明学生在阅读上进步的速度在加快。

教师团队将家长和家庭视为一种重要的学习资源,所以他们正在寻找能够证明他们与家长的合作关系在加强并对学生产生积极影响的证据。

运用和理解学习的语言

凯瑟琳发现,入学伊始,5岁的学生通常只是模仿学习的语言,尽管他们确实知道并且能准确地运用学习者品质的对应手势。经过一段时间以后,事实证明他们的理解加深了——学校长期收集和分析学生的意见,这为跟踪学生在性格(学习者品质)、创造意义的能力(运用"学习进程"模式)、概念理解和合作能力方面的转变提供了数据。

例如,经过处理的有关学习者品质的数据表明,学生从学习者品质的角度去谈论他们的学习的能力在逐渐提高。当要求学生反思那些帮助他走出"学习低谷"的特定的学习者品质时,他们逐渐能够准确找到相应的品质,并且解释这些品质起到了什么作用。在正式的学习场合上,学生在学习如何运用恰当的语言去互相提供反馈和前馈。

下面的互动发生在一名低年级学生赖利(Riley)在学习中心为同学们朗读她喜欢的一本书之后:

学生1:说话大点声。

教师：（示范恰当的反馈方式）我觉得你下次说话的声音可以大一点。

学生2：我觉得你下次在表达的时候可以感情更丰富些。

教师：还有人有别的反馈吗？

学生3：我喜欢你向我们展示所有图片的方式，而且你展示图片的速度不快，这样我们就能够看清楚了。

教师：好反馈。谁来提一个前馈？

学生4：或许你下次可以试着把书举高一点，这样后面的同学就可以看到图片了。

凯瑟琳观察到，学生在一对一交流时无意中也在使用学习的语言，并加入了读写学习的术语。她回忆，曾经听到一个2年级的学生在听过朋友给她读的故事后这样反馈："我喜欢你朗读有感叹号的句子，很有感情。"

运用学习进程

公开分享学习进程和学生个人的进步会产生多种效果。出乎意料的是，有个效应并没有出现——学生不把自己与同学进行比较。相反，他们与自己竞争，设定更高、更有挑战性的目标，并下决心要实现这些目标。另外一个重要的结果是，学习进程帮助教师和学生将他们的反馈和前馈与成功标准直接联系起来。用凯瑟琳的话来说：

蜂巢太关键了，孩子们知道每个蜂巢都是一个进展阶段，而且非常明确他们正在往哪个方面努力。我们班有一个小男孩刚刚晋级到绿色蜂巢。这个过程完全是视觉上可见的，他亲自把自己的小蜜蜂移到绿色蜂巢中，然后我们接着就讨论了下一个学习阶段是什么。我问他："你不会止步不前吧？"他回答说："不会的，我要继续向下一个蜂巢前进。"所以这是非常重要的，因为孩子们可以看到蜂巢所代表的所有颜色带，你要是问他们想去哪里，他们会说想在三周内到达最顶端的蜂巢（笑），这就是自我激励和自信所在……他们本能地相信自己能取得很大的进步，远远超过了你或者父母对他们的预期。因此他们不会被国家标准[①]或任何类似的东西所束缚。

[①] 这是指新西兰关于阅读、写作和数学的国家标准。——译者注

如果你说"你在 1 年级结束之前会到达绿色蜂巢这一级"……其实我们显然不希望每个人都停在绿色蜂巢上，我们希望他们超越这个阶段，而孩子们会自发地往前跑……孩子们知道自己在学什么，因为他们知道自己想达到什么程度，而且这会被加强，因为我们建立了非常良好的家校关系，而且一直在讨论反馈的问题。"让我们来回头看看现在处于什么阶段啊。这是我们这周学习的情况。确实，我们没有涉及很多推断题。要想到达蓝色蜂巢，我们需要能够回答推断题。"就是这样，我们会在反馈时用专业的词语，因为在课堂上我们就是这样用的。

在不知所措的时候知道怎么做

事实证明，"学习低谷"的比喻、学生对学习进程和学习者品质的理解不断加深，这些不仅仅是认知的工具，它们还培养了学生的心理韧性。学生不惧怕困境，相反，他们乐于迎接困境。下面对第三学习中心的学生考特尼（Courtenay）就"走出学习低谷"的采访片段证明了这一点：

> 考特尼：嗨，我是考特尼，今天我将与大家谈谈学习低谷的问题。
>
> 摄像机后传来的声音：嗯，低谷是什么？
>
> 考特尼：你在问低谷是什么吗？嗯，低谷是我们学习的一部分，指我们在学习中遇到困难的时候，通常我们也不知道答案是什么。我们用七大学习者品质和学习进程来帮助自己一步步实现小目标，从而走出低谷。最终当我们实现突破时，就能说我们成功啦。接着我们又继续进入下一个低谷。耶！走进和走出低谷很有趣，这就是我们在石田学习的方式。

阅读进步加快

凯瑟琳发现，有不少学生因为英语是他的第二语言或外语，或者因为在家庭环境中长大，不会使用学校的学术语言，而无法达到新西兰的阅读、写作和数学国家标准，她很难为这些学生找到真正的基准数据。因此，前六个月的进展看起来很缓慢，然而，在一到两年之后，数据显示出一种转变，学生进步的速度远远高于预期。

当我们把目光聚焦在 49 位 1—8 年级从建校时就来到石田的学生的情况时，一幅清晰的画面就浮现出来了。表 6.1 显示了这些学生总体的阅读成绩有快速且明显的进步，从 2011 年 2 月到 2012 年 12 月，达到或超过新西兰阅读国家标准的人数几乎翻了倍。正如前面提到的，学校的"远大目标"是使超过 95% 的学生在阅读方面达到或超过国家标准，这样来看，这个宏伟的目标已经实现了。

家校合作关系

教师邀请一些阅读水平低于目标的学生的家长参加了一次阅读指导课程，从邀请的回应来看，家长的参与度是非常高的。在接到邀请的 42 位家长中有 41 位参与了该活动。凯瑟琳向我们分享了出席率这么高的原因：家长们之所以如此积极地参与，是因为之前有两次课程让他们觉得非常有意义，于是鼓励别的家长也来参加，"你的理念被人接受了，口碑就能传开来"。

表 6.1 群体 A 参考国家标准的阅读数据（单位：%）

阅读群体 A	远不达标	不达标	达标	高于标准	远高于标准	达到/高于标准总计	高于标准总计
2011 年 2 月	2.0	46.9	34.7	16.3	0.0	51.0	16.3
2011 年 6 月	2.0	20.4	42.9	32.7	2.0	77.6	34.7
2011 年 12 月	2.0	10.2	26.5	59.2	2.0	87.7	61.2
2012 年 6 月	2.2	2.2	30.4	52.2	13.0	95.7	65.2
2012 年 12 月	2.3	2.3	34.1	43.2	18.2	95.5	61.4

凯瑟琳发现，如果家长具备从学校网站上获得学习计划文件的能力，那么这意味着他们能够在校外强化学生的学习。

学校网站的"好消息"栏目表明，家长非常赞赏孩子教育经历的质量，有一位家长热心分享：

> 我想为女儿在这一年中取得的进步向你们以及整个团队说声谢谢。我觉得最关键的是她对于学习和实现目标如此积极和兴奋。从 1 年级开始，她总是非常激动地告诉我们今天是怎么过的，以及她做了什么。很明显，教师的工作做得非常棒。她真的很钦佩和敬仰自己的教师，而且教师们在 7 岁儿童所经历的自然行为成长中给予了很多支持。因此，在这里想马上向你们说声谢谢，谢谢你们在学校中所做的一切。

继 续 循 环

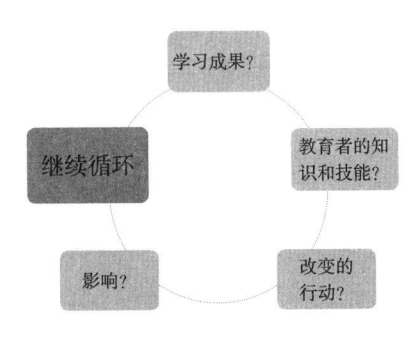

从学校的文件与凯瑟琳及其同事的话中，我们不难看出这所学校一直在学习和做出调整。这不仅存在于微观层面——与学生时时刻刻的互动中，在学习中心和整个学校的层面也是一样。比如，低年级学习中心的负责教师重新制订了他们 2013 年的时间表，因为他们认识到这一群学生在语音和写作方面比在数学方面更需要得到帮助。同时，教师还发现这个策略还不能满足某部分学生，他们需要额外的干预。

学校在继续探索如何运用数字技术让它成为辅助教学的工具。目前，学习进程实现了数字化，学校的网站①正在持续改进中，将学校的教与学向石田社区以及世界各地有兴趣的教育工作者开放，供大家研究和检验。

凯瑟琳建议教师每次专注于一个学习领域，当然同时要记住，使学生与学习者品质和所有学习进程时刻保持一致，从而确保教学的连贯性。她建议：

> 选择一个你想要突破的课程领域，例如阅读、写作或数学。采用学习进程，把它们用儿童的口吻写出来，并且贴在墙上。要经常与学习者和家长谈论这些学习进程，不然它会逐渐淡化的，儿童们将会说出希望自己在期末的时候达到 W、X、Y 或 Z 的水平。

她想说，最重要的是："勇敢些！尝试新的方法！"

---

① 欢迎访问石田学校的网站：www.stonefields.school.nz。

第7章　瑞典古斯塔夫·瓦萨科兰学校

> 阅读树帮助我们追踪自己的阅读进展,教师也因此知道如何帮助我们。
>
> （学生）
>
> 我们都有代表自己的点,每当我们的阅读水平达到下一个层次时,我们就把自己的点往下一根树枝上移动。
>
> （学生）

以上两条评价引用了古斯塔夫·瓦萨科兰学校两位8岁的2年级学生的话。他们都谈到了用来描绘自身进步的"阅读树"。他们的评论显示了他们在这个过程中的主人翁意识,而且他们还认识到,这给教师规划下一步的目标提供了有用的信息。

背　　景

古斯塔夫·瓦萨科兰学校坐落在瑞典首都斯德哥尔摩市。学校有125年的历史,位于城市非常吸引人的地段,这里的居民相对都比较富裕。目前,古斯塔夫·瓦萨科兰学校有18个班级,共计约450名学生。在瑞典,学生连续两三年跟从同一个教师学习的情况是很常见的。

古斯塔夫·瓦萨科兰学校的学生年龄为6—10岁,相当于很多国家的小学。学校分为四个单位,每个单位有一个教学领导,他们与校长勒纳·阿尔克乌斯（Lena Arkéus）和副校长卡林·彼得松（Karin Petersson）共同组成学校的领导团队。与瑞典所有其他学校一样,为了满足这个年龄群体儿童的需求,学校雇用了助教（pedagogs,日托工作人员,也称 fritidspedagogs）,他们经过专门的培训,在上学前、放学后或是在校期间的空闲时间陪伴学生。古斯塔夫·瓦萨科兰学校在当地有很好的口碑,同时也是教师的理想归宿。再加上悠久的历史,这所学校因而成为人心向往的地方,他们为此感到骄傲。

PISA[①]和TIMSS[②]等国际研究表明瑞典儿童与其他类似国家的儿童相比表现不佳，因此瑞典政府在2011年进行了全面改革。改革包括实施新国家课程，赋予学校规划更多的自由，同时也建立了一个更加严格的问责制度，期望学校比过去更加关注学习成果。为了实现这一点，具体的改革措施是建立一个面向3年级、6年级、9年级学生的国家评估系统和一个面向高中生的新的资格证书系统。此外，一个更细致的评分系统使评估更加严谨。

新体制要求教师选择恰当的教学策略，帮助学生在国家课程的评估系统中取得有价值的结果。学校领导负责引领改革，包括提供必要的专业学习机会，重新审视学校组织和资源管理的方式。

概　　况

尽管国家改革可以被视为一种自上而下的学校改进方式，但古斯塔夫·瓦萨科兰学校的教师和学校领导积极地响应了这次改革。他们珍惜新课程改革带来的机遇，学习成果成了他们的新焦点。同时，改革使学校和学校领导的思维方式发生了重要转变，他们认识到为了改革的成功，教师需要懂得与学生协作的新知识和新理念。最初，古斯塔夫·瓦萨科兰学校回应改革的方式是让教师开展形成性评价、数学教学法和差异化教学等领域的专业学习。学校领导看到了进步的迹象，但他们认为如果想让教师以及学生发挥最大的潜能，还需找到一种更加系统的方法。当勒纳和卡林参加由"可见的学习[+]"项目顾问比特·松丁（Bitte Sundin）主持的"早餐工作坊"时，她们立刻认识到这种全校改进的方案正好满足她们的需求。

古斯塔夫·瓦萨科兰学校的"可见的学习"计划有一个特点，就是让助教参与实施干预。教师在白天引导学生学习，而助教是整天陪伴着学生，因此使他们的思维方式保持一致，并运用相同的教学语言和策略，就变得非常关键。5位教师和助教分别负责领导教师和助教团队，他们与勒纳和卡林一起组成学生干预的领导团队。

目前，古斯塔夫·瓦萨科兰学校还没准备好把自己定义为一所"可见的学习"学校。他们才刚刚开启这段旅程，还缺乏跟踪学生学业成就所必要的基

---

① 国际学生评价项目，www.oecd.org/pisa。
② 国际数学与科学学习趋势研究，http://nces.ed.gov/timss/。

146 | 可见的学习在行动

准数据。但是这个故事表明，假如教师和领导者保持开放的学习心态并且了解学习的目的，短期内见效是有可能的。教室之内、同事之间的互动现在变得更加以学习为中心，系统和惯例得以建立，使进步能够得到理解和监控。古斯塔夫·瓦萨科兰学校的学生已经开始展示出"可见的学习者"的某些重要品质。

有代表性的领导者

古斯塔夫·瓦萨科兰学校的"可见的学习"干预项目是由勒纳·阿尔克乌斯和卡林·彼得松发起的。

勒纳·阿尔克乌斯担任校长已经 7 年，在教育年幼儿童方面有很丰富的经验。她于 1980 年成为助教，1995 年成为学校的领导者。

卡林·彼得松是学校的副校长，过去 8 年中一直担任学校领导的职务。此前，她教的是学前班到 2 年级的儿童。

古斯塔夫·瓦萨科兰学校的"可见的学习"故事

理想的学习成果是什么？

2011 年瑞典国会实行了一项全面改革，旨在提高学生的学业成绩，并提高教师职业的地位。新制度给学校带来了挑战，促使其反思教学对学习成果的影响。瑞典首次推出了测量小学生学习进展的评估制度。经过修改的国家课程标准列明了核心内容，但依然允许学校在一定范围内设计适合学生和学校背景的课程。

这项改革对于瑞典所有的学校来说都是一个巨大的挑战，古斯塔夫·瓦萨科兰学校也不例外。此前国家不曾为年幼的学习者设定过学习目标，也从未要求教师和学校测量、监控和报告学生迈向目标的进展情况。因此，瑞典学校很少将评估作为一种推动学习的力量，教师也不习惯实施反馈，尽管这些与学生成绩的进步密切相关。幸运的是，虽然这种实践是全新的，但对它的向往却不陌生。

古斯塔夫·瓦萨科兰学校的教师非常乐于接纳这种成果导向的教学理念。

问题是该从哪里下手。校长勒纳·阿尔克乌斯和副校长卡林·彼得松参加由"可见的学习+"项目顾问比特·松丁主持的"早餐工作坊"时,似乎找到了答案:

> 在教育领域,你专注于某件事情,或去听一节课,或去参加一次研讨会,但通常走着走着你就会忘记它们,或者不再运用那些观点。但我们感觉到"可见的学习"这个理念可以融入我们做的每件事情,因为它不仅仅是实践上的任务——你可以看得见摸得着的东西,它还是一种新的心智框架,一种可以满足我们学生需求的新方法。
>
> (勒纳·阿尔克乌斯)

与同事讨论之后,勒纳和卡林邀请比特协助学校实施"可见的学习"项目。首先要开展的工作之一就是收集证据以了解学生是否或在何种程度上表现出"可见的学习者"品质。在进行学生访谈和焦点小组讨论后,学校发现学生倾向于以一种消极的态度对待学习,依赖教师去管理和设定方向。

勒纳和卡林把这些证据带给学校的教师,共同思考和探讨。教师们一致表示希望所有学生都成为"可见的学习者",以己为师。他们希望营造一种学校的氛围,让对话(而非独白)成为常态,学生、教师和领导者可以给予彼此有效反馈。

教师和学校领导需要什么知识和技能来取得这些成果?

古斯塔夫·瓦萨科兰学校的教师和领导团队一致认为,要重新调整学校的定位,使之更加关注学生的学习。为了实现这一目标,教师们明白自己需要掌握一系列的新知识和新技能。比特·松丁在"早餐工作坊"中的展示引起了勒纳和卡林的共鸣,因为它提供了一种全校改进方法,去迎接以学习结果为导向的挑战:

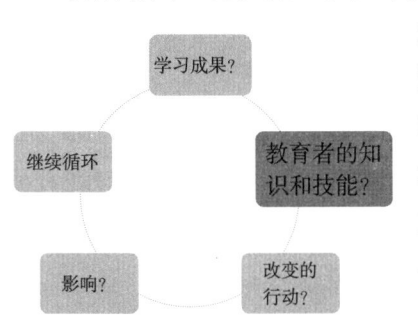

整个学校都应该成为这项工作与发展的一部分,因为行动只有自下而上地实施才能运作得更好。不仅仅是领导者,全体职工都应该成为这项新行动的一部分。我们认识到这种互助、合作的文化不是那么容易建立的,它需要多年的努力。然而,我们学校的职工相信这种改变必然会在瑞典发生，他们愿意成为先锋。

一年前，在秋假期间，我们第一次开展了为期两天的"可见的学习"培训。在这两天中，我们希望让全体职工都参与进来，包括教师和助教，因为他们是融入到我们的每一项工作中的。在那两天之后，我们开始进行自我剖析。我们对此进行了追踪，并在1月启动了第二次会议。

（勒纳·阿尔克乌斯）

教师在专业学习上的一个迫切需要是学会收集、整理和分析数据，运用定性和定量的数据去推动改进的过程，使学生获得更好的成果。直到2013年，古斯塔夫·瓦萨科兰学校都依赖于"坊间数据"。数据收集的方式各异，教师们不了解数据分析的方法和过程，因而无法将其作为证据去了解他们自身和学生的学习。关注形成性评价的专业发展学习机会，使教师知道他们需要进一步学习如何分析和验证学习的证据。他们想解答下列问题：

- 我们为什么用这样的方法收集学生数据？
- 数据收集好之后，我们如何使用它们来指导学生学习？
- 我们如何处理这些信息？
- 我们如何与学生分享信息？
- 我们如何与学生家长分享信息？
- 我们如何互相分享信息？

"可见的学习"框架为全体职工提供了回答上述问题所需的工具和实践，同时也提出了三个关键问题：

- 我们要达到什么目标？
- 我们如何达到目标水平？
- 我们的下一个目标是什么？

瑞典的新评估制度对进步给出了描述，古斯塔夫·瓦萨科兰学校可以借助这个描述来理解成绩方面的预期进步。特别是它对前两个关键问题给出了一些广义的评论。"下一个目标是什么"这个问题需要教师和领导者加深理解，什么教学策略能最大限度地帮助学生达到预期成果。约翰·哈蒂的研究提供了关于有效教学策略的专业知识,"可见的学习"为学校提供探索在各自的背景下运用这些策略的方法。

一直以来,古斯塔夫·瓦萨科兰学校的教师都很关注学习的三个主要领域:

1. 对学生的学习结果有积极影响的心智框架;
2. 基于证据的实践;
3. 能够实现理想结果的教学策略。

古斯塔夫·瓦萨科兰学校的工作人员被分成了四支教学团队,各自负责特定的学生群体。尽管最初的调查基本上是由领导团队承担的,但所有教师都参与了数据收集和分析。所有教师都参与到"可见的学习$^+$矩阵模型"的完善中,参与到建立学生焦点小组和实施课堂调查中。他们很早就开始实施走课和课堂观察,使教师团队有机会展开关于教学策略的专业对话。不过真正激发并维持教师热情的,是他们在完善"可见的学习$^+$矩阵模型"上的合作。教师们自愿分为五个组,每组关注模型中提到的一个主题,收集与他们的主题有关的数据。他们尝试新的工作方法,然后向全体职工汇报他们学到了什么。领导团队也将合作学习作为制订学校行动计划的基础(见图7.1)。

图 7.1 一组教师和助教介绍他们的模型

通过这些对话,所有成员都参与起草了一份共同宣言,这份宣言寄予了他们对"可见的学习"未来的愿景。他们的观点都列在表 7.1 中。

表 7.1　古斯塔夫·瓦萨科兰学校"可见的学习"愿景

在古斯塔夫·瓦萨科兰学校,我们对学生有清晰的目标,让学生审视自己的知识。我们运用教学认知,即让学生思考他们学习的方式。通过元认知,我们很清楚地知道可以对学生具有怎样的期待。我们处于什么水平,我们进展到什么程度了,这些都是重要的主题。

我们将学习可视化并且会评价学习的进展,在每个学科中,都会运用自我评价。学生用自己的工具来评价他们自己,并且能够看到下一步该做什么。

学生所用的自我评价工具是数组。[①]记录很重要,我们和学生一起做数组。我们也会和学生一起讨论工作质量,我们关注的是进步。

展示下一步很重要,因为它可以确保每个人都有自己的目标。

记录是可见的,我们也会把可见的学习贴在墙上,比如说,设定的目标和模型。

我们相信每个孩子都能够并且想要学习,我们对每个学生都抱有很高的期待。他们有能力,并且愿意去接受挑战。

因此,我们也创设有挑战性的教育环境,在这样的氛围中,学生对自己的学习会很积极。学生参与到教育计划的制订当中,然后我们通过安排合理的模块,让最近发展区变得可见。

知识的要求很明确,我们反应迅速,让学生的学习以不同的方式变得可见。在一个阶段的前后,我们抽取样本来看孩子们的进步。模型、评价、调查、反思和同伴评价都是很重要的。

全体人员一起工作,并且制订联合计划。每个人都可以看到总体的计划安排。我们有效地运用时间,包括休息安排以及平行的时间。

我们相互学习,分享我们的方法和例子。在全体人员会议上,我们相互分享我们学到的东西,我们评价、分析以及提交关于影响的证据。

我们观察学生,并且给教师提供反馈。我们同意互相提供反馈,反思我们看到了什么。我们会提前决定如何进行观察,并且我们有完整的计划,让教师根据计划对他人进行观察。

教学一直在进步,我们把与好的学习策略有关的数据单独拿出来。我们在已经收集到的数据的基础上制订下一步计划。

---

① 这是一个运用量规和矩阵模型的参考例子。

古斯塔夫·瓦萨科兰学校确定了未来的学习和变革的五个主题。这些主题建立在学校愿景的基础之上。这些主题是：

1. 可见的学习者；
2. 反馈；
3. 有挑战性的学习；
4. 学习组织；
5. 为了指导教学而收集和使用数据。

领导团队把所有的这些主题都纳入了学校的行动计划当中。

教师和学校领导尝试了什么新行动？

比特观察到，勒纳和卡林采取的是一种温和渐进的方法，不过全体成员立刻就给出了热切的回应。他们阅读了所有能找到的与"可见的学习"有关的材料，包括约翰·哈蒂的著作《可见的学习》与《可见的学习（教师版）》（已经被翻译成了瑞典语）以及其他网上资料。詹姆斯·诺丁汉的网站、"挑战学习"[①]，这些都被证明是有帮助的。石田学校的网站和视频片段提供了非常有价值的"可见的学习"学校的范例。

我看了很多激励人心的例子，它们展示了如何使课堂上的学习变得可见。这使我非常渴望改变自己的教学。我迫不及待地想要在我的班级里尝试！

（班级教师，匿名回答）

不论是对教学队伍，还是对全体职工来说，"可见的学习"都是职工交流时间的中心议题。教师们感到非常振奋，因为约翰·哈蒂的关注点是学习，而不只是教学，他们渴望尽其所能学习效应量最高的学习策略。他们对交互式教学、富有成效的师生关系和元认知技能的发展策略这些方面尤其感兴趣。

---

① www.challenginglearning.com。

教师们在专心学习有效教学策略的同时，也在收集必要的数据去完善"可见的学习⁺矩阵模型"。学生的意见是数据中最重要的部分，教师们经常讨论其背后的含义。教师开始寻找在教室里倾听学生声音的时机。

由于学习成果是关注的重点，这个项目最初的一部分是介绍学习意图和成功标准，并且希望反馈能指向预期的学习。瑞典的学校之前并没有这样的惯例。实施走课和课堂观察为古斯塔夫·瓦萨科兰学校的教师和学校领导提供了一个机会，去分享如何使学生清晰地知道他们将要学习的东西。在反馈对话和职工会议上，教师们谈及了有效实践是什么样的，以及如何改进。

有效反馈不仅需要理解国家课程设定的宽泛目标，还要明白实现这些目标的每一个小步骤。教师们合作制订量规和矩阵模型，建立一套标准去说明他们希望学生在课程的特定部分取得什么样的成果。他们给出一些范例，向学生展示他们期待怎样的表现。图7.2是这些工具的例子，图7.4展示的是教师如何使用这些工具。

一些教师制作了"阅读树"（见图7.3）。教师发给学生一些小圆点贴纸，当学生取得进步，进入下一个阅读水平之后，就把自己的小圆点移动到下一根树枝上，以此表现他们的进步。这对学生和他们的父母来说都是一种奇妙的可视化体验，家长能够看到孩子的进步及其在班级中的相对位置。

图7.4是1年级学生制作的未来操场模型。学生们建立了一套用于评价的成功标准（见图7.5），并且给自身提出很高的期待，因此他们完成的作品质量就很好。

	量规——三种最常见的宗教		
• 使学生能做什么、应该会做什么可见 • 使学生和教师的学习经历可见 • 评价工具 • 自我评价工具 • 阐明学生应该学什么	我能说出三种宗教的名字	我能告诉你三种宗教之间的相似之处	我能告诉你三种宗教之间的相同和不同之处
	我可以说出人们参加宗教仪式的不同场所（建筑）	我能把三个不同的场所和对应的宗教匹配起来	我能告诉你人们参加宗教仪式的各种场所之间的相同和不同之处
	我能说出这三种宗教中的一些事件	我能把事件和对应宗教匹配起来	我能告诉你三种宗教的各个事件之间的相同和不同之处
	我能说出这三种宗教的一些象征	我能把宗教象征和对应的宗教匹配起来	我能告诉你三种宗教象征之间的相同和不同之处

图7.2 一个关于宗教教育的量规

图 7.3 一棵阅读树　　　　图 7.4　1 年级学生的技术任务——未来操场

技术任务成功标准

标准：制作
- 在教师的帮助下，我能进行简单的设计。
- 我能与同学一起进行简单的设计。

合作（自我评价）
- 我参与了小组合作，但是我觉得妥协很难。
- 我参与了小组合作，并且能够妥协。
- 我负责小组合作，并且能够妥协。

文档
- 在教师的帮助下，我画了简单的设计草图。
- 我画了简单的设计草图，其中（个人）设计元素是可见的（或者"明显的"）。

图 7.5　1 年级学生的技术任务的成功标准

改变的行动对学生的预期学习成果有什么影响?

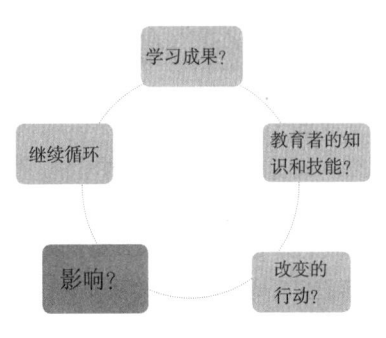

卡林·彼得松在报告中提到,尽管"可见的学习"项目在古斯塔夫·瓦萨科兰学校实施的时间不长,但教师话语和态度发生了显著的变化:

这个项目使教师对他们在课堂上做的事情充满积极性和兴趣。教师之间的谈话也更加深入了——我们现在都在谈论教学和学习。

教师们展现出变革者的思维方式。在一次评估中,一位教师说:

"可见的学习"项目使我充分意识到在课堂上我自己的领导力是多么重要,找到学生们真正学到的东西是多么重要。

"可见的学习"鼓励教师们尝试新的教学方法。克斯廷·科尔登(Kerstin Colldén)是一位经验丰富的音乐教师,她很多年来一直在尝试教学生如何同时移动他们的手脚。这种协调动作的能力对于演奏乐器来说很重要,比如鼓,但是年幼的儿童很难做到。过去,克斯廷通过直接教学的方式来教这个动作,但是学生们进步缓慢,她感到很失望。在她学会如何运用标准清单来使学习更加清晰明确之后,她发现现在所有学生都学会了要求的动作。

"可见的学习"改变了我的关注点,从掌握知识转变为分享知识、让他们都成为有评价能力的学习者。这是我的教师生涯中最好的一次教师专业发展。

(克斯廷·科尔登)

勒纳观察到,学生们最大的变化是在家长会上。过去,学校希望家长会由学生主导。但实际上仍然是大人在掌控。家长和教师们都说得太多了。这并不奇怪,因为学生们不知道该用什么语言来描述他们的学习。在实行"可见的学习"以后,勒纳说:

我们给予了学生更多空间，让他们描述自己的进步和理解。现在学生们都有话可说，于是家长会的质量也就提高了。

古斯塔夫·瓦萨科兰学校的领导和教师很兴奋地看到，在实施"可见的学习"短短几个月之后，他们的学生已经从中获益。许多学生从原先坐在教室里等待下一个任务，变成了有评价能力的学习者，主动思考他们的"下一步"。"可见的学习"改变了学校社区的思维方式，使他们的关注点从教学转向学习。勒纳说：

在瑞典，我们有一套民主哲学，也就是说我们需要集体达成共识才能开展工作。这会花费时间，但是它让改变成为可能。教师思维的真正改变需要达成共识，我们正在实现这一点。

成为一所"可见的学习"学校对我们来说是几年以后才能实现的事。我们可能永远无法做到。我们目前还不知道。但是我们已经开始了这个过程，我对此感到很兴奋。我认为这个过程不能操之过急，必须盈科后进、成章而达；否则，它就无法发挥作用。因为它需要我们运用新的思维方式，懂得如何满足学生的需求，而这些都无法一蹴而就。

继续循环

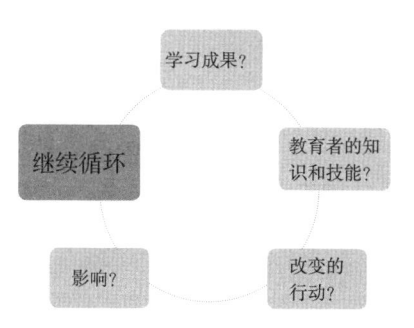

全体职工都参与到这个项目中，这激励着他们团结一心、继续前行。他们共同主导学校的行动计划，并且知道他们要把当前的关注点继续放在成功标准、有效反馈、让学习更加可见以及与学生谈论学习这些方面。

古斯塔夫·瓦萨科兰学校关键的下一步是开始计算效应量来测量进步。他们在之前做不了这件事，因为大部分班级并没有学生的成绩。他们没有运用标准化测试或者前测/后测模型，因为过去没有这样的要求。瑞典的新考试为获得标准化测试数据提供了宝贵的机会，他们可以运用这些数据来指导和进一步改善教与学。

第8章　英国霍奇山小学

想象一下，如果你所在学校的学生对你说：

我害怕举手，免得说错。
坐在后面更好，因为没有人会注意到你的错误，而且好像可以躲起来。
擅长学习的人每件事都能做对。
犯错的时候我们会感到不开心和难过，因为我们没有把事情做好。

那些不是"可见的学习者"的年轻人会讲这样的话。更糟糕的是，这些年轻人似乎把学习当作风险很高的事情。在这一章的故事中，你会了解到霍奇山小学的教师和领导者如何改变学生思考和谈论学习的方式。现在，学生们都成了"可见的学习者"——每个人都是自己学习之旅的主人，他们对学习的掌控力越来越好了。

背　景

霍奇山小学是英国伯明翰市的一所规模很大的学校。超过90%的学生为亚裔人口，其中大部分是巴基斯坦人。有相当多的学生将英语作为第二语言或外语在学习，而且许多学生来自低收入家庭。学校的招生规模迅速扩大，从2011年的540名学生增长到2014年的720名。为了适应学生人数的增长，学校已经启动了新建教学楼的方案。

学生们的年龄跨度是4—11岁，从学前班一直到小学6年级。为了确保学生感到安全，并且给予每个人应得的关注，他们被分成4个"学段"（phases），每个学段都有专门的教师和领导团队：学前班、1—2年级、3—4年级和5—6年级各有一支团队。每个学段有一位领导者负责引领和管理，并由助理校长协助。这四个学段的领导都是资深职工，他们每周都会与高层领导团队以及校务长见面。

校长劳拉·卡尼（Laura Kearney）和一名副校长以及三名助理校长一起工作。在这样一所大规模的学校中，高层领导团队并没有自己的班级，但是每一位领导者都在制订计划、团队教学、培训和监督方面支持同事的工作，同时还承担着特定领域的责任。

概　　况

2011年9月对于霍奇山小学来说意义重大。英格兰教育及儿童服务与技能标准局（Office for Standards in Education, Children's Services and Skills, 简称Ofsted）[①] 的督导报告指出了学校教学质量和学生参与水平方面存在明显的不足。霍奇山小学像每年一样，在新学年的开始都会有一大批新生入学。就在同一个月，劳拉·卡尼担任了校长。

由劳拉带领的指导联盟进行了一次内部督查，承认了Ofsted报告中描述的现状：

> 学生在关键阶段1[②] 结束时的进步情况和学业水平很低，尽管有改善的迹象，但这不能持续到关键阶段2结束，或者说进步速度不够快。
>
> （指导联盟）

在接下来的18个月里，劳拉领导了加强领导团队建设和提高教学质量的必要工作。2013年3月，Ofsted报告肯定了领导团队的能力和积极向上的学校氛围，但是指出教学"还不是一直很好"，学生的进步也只是近期才比较明显。报告也肯定了已实行的学校改进计划是"经过学校高层领导团队严格的监测，在对学校的优势和劣势进行精确的自我评估的基础上建立的"。督导报告指出学生依旧被动地去学习，而现在主流的教学实践却在强化这种被动性。

改进的舞台已经搭建好了，学校需要一个强劲的引擎来应对迅速增长的学

[①] Ofsted负责督查和规范为儿童和年轻人提供的服务，以及向所有年龄段的学习者提供的教育和技能培训。——译者注

[②] 英国以及其他一些国家的教育是按照年龄跨度分的，被称为关键阶段。关键阶段1包括小学教育的第一部分（4—7岁儿童），关键阶段2包括的是后一部分（7—11岁儿童）。——译者注

生人数以及不断扩大的教师团队所引起的混乱。事实证明"可见的学习"可以成为那个引擎。仅仅实施了一年,教师和学生的关系已经有了很明显的转变,结果是学生能更好地掌控他们的学习,并且很快地习得了"可见的学习者"的品质。最近的数据分析显示,这使学生成绩显著提高。

有代表性的领导者

校长**劳拉·卡尼**是从 2011 年开始在这所学校工作的。劳拉在小学的高级领导层级上有着丰富的经验。她认为学校应该是一个使人感到愉快、兴奋和安全的场所,这样学生在学习新东西时才会有信心去冒险。她热衷于确保学生掌握好语言和技能,并且要让他们认识到这些将使他们有能力成为自己学习的主人。

霍奇山小学的"可见的学习"故事

理想的学习成果是什么?

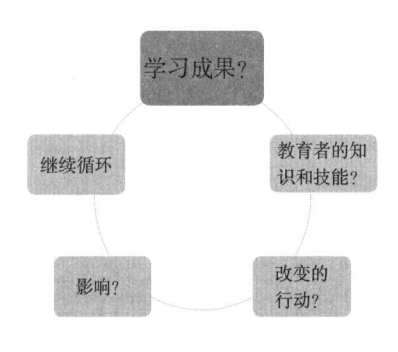

当劳拉在 2011 年 9 月被任命为霍奇山小学校长的时候,她发现这里的教学实践和学生成绩都有很大差异。学校已经进行了很好的监测工作,她与一个改革领导团队协力合作,运用所需的一切培养教师能力,尤其是数学教学能力。然而,Ofsted 在 2013 年 3 月的督导报告中证明,他们需要进一步完善团队的评估工作,尤其是在教师的评价能力以及学生对学习过程的掌控方面。劳拉解释说:

课堂观察表明,学习者常常很被动,未能全身心参与到学习过程之中。他们把学习看作施加在他们身上的东西,而不是他们能够掌控的东西。

学习目的常常是模糊的,这就导致成功标准没有用处。学生不会把学习目的与成功标准联系起来,教师也没有真正理解自己的教学目的。教师们知道他们应该使用成功标准,但是他们不确定应该如何使用、可能有什么预期影响。虽然在课程开始的时候会解释成功标准,但是在之后的课堂上完全不用。因此,学生也就不知道他们在某个特定时段处于什么位置,并且非常依赖教师告诉他们学习的进度。

学生们很依赖教师给的反馈。反馈主要针对任务层次,也有一些在过程层次,但是很少在自我调节层次。这就反映出教师缺乏对成功标准的理解。

总的来说,学生们把错误看作失败,学习的毅力也不够。他们关注的是得到正确答案。通常他们会把错的答案都擦掉,这样一来就失去了所有证据——随着新的概念被掌握,好的学习正在发生。

领导团队在寻找一种全校参与的专业学习方法,将学生置于学习的中心。当劳拉、副校长朱莉·古兹德尔(Julie Guzder)参加约翰·哈蒂和德布·马斯特斯的"可见的学习+建基日"时,他们意识到这种方法可以帮助他们实现愿望:

我们对听到的东西很有共鸣,尤其是"可见的学习者"与"认识你的影响力"这两部分。我们如何帮助学生成为更有效率的学习者,以及我们如何支持教师成为评价能力更强的实践者,这两部分以一种十分合理的方式结合在一起。

劳拉、朱莉和学校"可见的学习"负责人詹妮·波特(Jenni Porter)运用已有的证据和通过"可见的学习"工具收集的新证据,进一步了解了学生在多大程度上展示出"可见的学习者"品质。图8.1概括了部分调查结果。

学校把这些发现以及那些关于教师和学校领导需求的信息,都与全体职工和学校董事们分享了。视频引起了教师的强烈反响,他们对学生的回答感到很惊讶。看到视频和听到学生的话语,这些新信息挑战了教师的认知——到底他们对学生产生了什么影响。

学校利用整理后的信息,阐明了学校所看重的学习成果:学生成为"可见的学习者"所需的知识,以及那些需要成为常规的行动。

学生需要知道:

- 什么是有效的学习者；
- 与学习有关的词汇；
- 为什么设置学习目的和成功标准；
- 运用成功标准进行互评和自评；
- 反馈的目的，以及如何运用反馈来改进学习；
- 这些措施对促进学校发展的作用；
- 错误对改进学习的作用。

学生需要把下面的行动常规化：

- 在日常任务中运用一致认可的学习词汇，从而投入到学习中并做出选择；
- 积极地理解成功标准，并且运用到他们所学的东西当中；
- 运用成功标准来判断自己已经取得的进步，并确定下一步要做的事情；
- 运用成功标准来帮助自己的同伴也这样做；
- 利用从教师或同伴那里得到的反馈改进自己的学习；
- 运用学习词汇向教师反馈学习的进度；
- 对于犯错不再感到害怕，并把错误当作进步的引擎。

（霍奇山小学，对学生有价值的学习成果）

根据需求的证据，学校认为学生要成为"可见的学习者"，放在首位的应该是他们的评价能力。

"良好的学习者"视频——我们给每个班级的任意两名学生录像,让他们回答一个问题:"怎样才算一名良好的学习者?"在录像之前,学生不会收到任何提示,也没有准备,这样我们就可以了解学生真实的想法。

- 大约三分之一的学生提到了不插队、吃晚饭、不说话等行为。
- 大约五分之一的学生说到了好好学习、得到表扬、理解正确、不犯错。
- 大约五分之一的学生强调了要听教师的话、看着教师。
- 不到五分之一的人说到了其他相关特征,例如做决定、倾听他人、解释你做的事情。

学生焦点小组——为了更深入地理解学生的观点,我们还在每个年级组中实施了焦点小组访谈,询问学生有关成为良好学习者的一系列问题。

- 虽然我们在学习目的和成功标准的使用上做了许多工作,但是学生并没有把这些与成为好的学习者联系起来。
- 学生明显缺乏与学习相关的词汇——学校里缺少关于学习的共同语言。
- 学生把学习看作教师指导——他们并没有把学习看作自己的事。
- 我们缺乏容许错误的文化氛围——过于关注结果,而非过程(在教师中,这一点也很明显)。

学习走课——我们进行了一次全校的学习走课,然后跟70个孩子谈论了他们的学习。

- 学生能够讲出他们正在做的事情,但讲不出正在学习的东西(21%的学生可以说出他们在学什么,73%的学生说出的是他们在做的任务)。
- 大部分学生都无法解释他们如何知道已经学会了一个概念(9%的学生说在每堂课结束时,他们就会知道;30%的学生说教师会告诉他们;34%的学生无法回答这个问题)。
- 学生回忆起的反馈与分数、评分标准联系在一起(10%的学生能够回忆起改善他们学习的反馈,18%的学生无法回答)。
- 超过半数的学生无法说出他们下一步要做什么(9%的学生可以说出他们下一步要做的事,54%的学生无法回答)。
- 大部分人可以理解他们为什么要学习某个特定的概念(41%的学生能将其与学习旅程和进展阶段联系起来,26%的学生无法回答)。

图 8.1　学生作为"可见的学习者",2013 年

教师和学校领导需要什么知识和技能来取得这些成果？

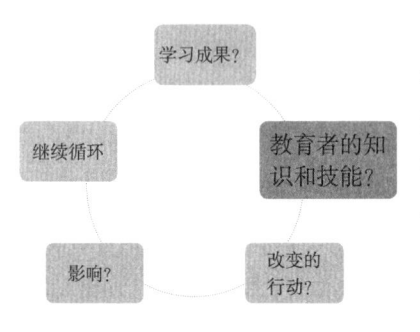

在"可见的学习$^+$"咨询顾问克雷格·帕金森的支持下，领导团队运用"可见的学习$^+$矩阵模型"来提高他们的认识——教师、学校领导（包括董事会成员）、家庭和社区需要什么知识和技能去帮助学生成为"可见的学习者"。在这个例子中，你可以看到学校确定了教师有如下学习需求。

教师需要以下方面的知识：

- 什么是有效的学习者，以及能够用来培养这些品质的方法。
- 设定有效学习的目的和成功标准，以及如何有效地使用它们。
- 让学生积极运用学习目的/成功标准的方法。
- 国家课程每个层次的工作是怎么样的（评价的精确性）。
- 如何根据学生现在的程度、他们需要达到的目标来制订计划，规划清晰的进展过程（理想的学习旅程）。
- 不同水平的反馈，以及他们如何使用反馈来发挥最大的作用。
- 让学生参与到自评和同伴互评当中的方法。
- 具有评价能力的学习者的特质，如何识别这些特质。
- 如何理解和回应学生的意见，以便提高教学的有效性。
- 如何创造一个安全的环境，学生可以犯错，并且从错误中学习。

教师需要把下面的行动变成常规做法：

- 持续地示范、推荐和使用大家一致认可的学习词汇。
- 确保学习目标是非常清晰的，并且确保成功标准可以帮助学生实现目标。
- 将成功标准运用于整个课程，运用成功标准来帮助学生评价他们的学习过程，确定他们下一步的工作，并且持续地给予示范。
- 参与继续专业发展（continuing professional development，简称CPD），与同事协作，做出可靠的评估——确保学生很好地掌握学科知识。
- 运用策略去准确判断学生起点，然后计划学习旅程中的各个阶段（从起点到目的地，运用学习目的和成功标准）。
- 建立自己的评分标准和反馈方式以最大限度地影响学习——参与继续专业发展和实施一致认同的策略。
- 定期询问学生的学习情况："什么起作用了/什么不起作用？"你可以做点什么不同的事情，来帮助他们学得更好？
- 容许错误——帮助学生理解错误的积极意义，示范如何从错误中学习。
- 关注深层学习，而不是表层学习。强调过程而非结果，以此促进深层的概念理解。（教师需要拥有足够的学科知识，自信地做这件事。）

（霍奇山小学所看重的教师成果）

学校认为，其他相关利益群体的学习需求也是为了实现理想的学习成果，而且也与教师的学习需求相关。例如，有如下目标：

- 领导者将"运用关于具有评价能力的学习者的知识，帮助教师通过课堂示范和指导，培养学生的评价能力"。
- 家长们将会知道"他们如何帮助自己的孩子成为一个良好的学习者"。

教师和学校领导尝试了什么新行动？

深度的评价是规划"改进之旅"的基础，学校"根据研究和效应量来选择改进的策略，这样我们可以更充分地运用最有效的策略"（劳拉·卡尼）。领导团队制订出了一系列计划文件：

- 制订出具体、可测量的改进目标（比如说，"到 2014 年 3 月，在走课过程中，能明显看到所有班级习以为常地使用学习目的和成功标准，而且学生要充分明白这些目的和标准的含义"）。
- 包括四个"首要重点"的发展计划，"首要重点"即评价能力、读写能力、数学成绩，还有领导力。
- 建立一个时间表，清楚地描述在学校的"可见的学习"旅程中会发生什么，在什么时候发生。

首先，学校将以下七个方面作为全校重点关注的领域：

1. 创建出一种包容错误和误解的文化氛围，错误和误解被认为是学习的重要部分。
2. 建立学习者的"画像"（profile），列出一名好的学习者应该具备的技能和品质。
3. 加强运用学习目的和成功标准，将它们作为理解和监控学生的学习旅程、鼓励学生进行自我评价的关键工具。
4. 支持精确评价，以便教师提供合适的帮助与反馈。
5. 领导者把关注点转移到学习者如何学习，而不是教师如何教学。
6. 提供有效的反馈，首先关注教师给学生的反馈。
7. 建立教师作为评价者的概念，教师根据其教学对学生学习的影响来调整他们的专业学习。

后来又加上了第 8 个关注点，即让教师的学习可见。这是教师努力成为评价者的结果，它表明有必要调整学校的专业发展方式，设法分享聚焦于学生学习的有效教学案例。

在不同层面上，学习和变革都在发生。例如，在全校层面上，建立起学习者的"画像"，而在各个学段，学生采用不同的意象（比如，一级方程式赛车赛道）来呈现学习旅程的概念。运用意象使"可见的学习"的语言充满了整个校园。

图 8.2 展示了一面学习墙的例子。它提示了学生处于自己学习旅程的哪个阶段，以及成为一名有评价能力的学习者需要具备的品质。这面学习墙提醒学生，当他们调控自己的学习时，需要向自己提出哪些问题。

领导团队设计了一个指导项目，在项目中教师以三人小组的形式合作，每个小组都由一名中层管理者领导。每个三人小组都要提出一个探究性问题，问题与学校的重点相关，即如何使学生具备评价能力。然后教师需要综述与他们的探究性问题相关的学术研究，并运用这些进一步优化他们的研究。每位教师都上一堂基线课（baseline lesson），与两名同事一起回顾都发生了什么，然后，尝试运用从上一堂课获得的反馈和从研究中学到的东西计划下一堂课。接下来，他们评价实践变化带来的影响，并确定是否以及如何将其结合在他们持续进行的教学实践中。

图 8.2　霍奇山小学的良好学习者

改变的行动对学生的预期学习成果有什么影响？

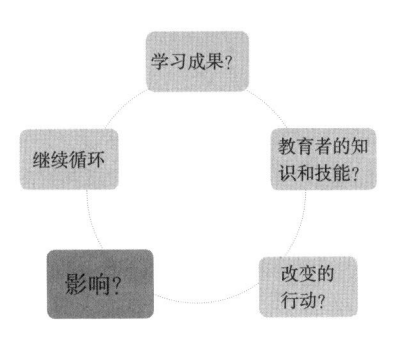

6 年级的三人工作小组关注成功标准的运用。教师和学生一起制定出了一套颜色编码策略，学生可以根据成功标准，指出他们之前的工作哪里比较成功。教师们发现这让学生们投入到自我评价当中，这种活动可以帮助学生了解他们的起点在哪里，他们做得怎么样，以及他们下一步需要做什么。特别是那些能力偏低的学生，这项活动显著提高了他们的信心，而且让他们第一次能够深入谈论他们的学习。图 8.3 给出了使用这项策略的一个例子。

这种专业学习方式是基于探究教学对学生学习的影响，其价值在于它将失败和挫折看作学习的机会，而非窘迫的来源。下面的故事提供了学生成为"可见的学习者"的有力证据：他们意识到，错误的源头是他们的教师，他们自然而然地给予她有价值的反馈，帮助她提高……一段经历在整个学校都产生了连锁反应！

166 | 可见的学习在行动

我们在学习目的和成功标准方面做了一些训练，但是之后进一步的观察发现，学生还是没有与它们联系在一起。于是，我们的"可见的学习"负责人詹妮，就在她的班级里进行了一次焦点小组讨论，向学生询问与学习目的和成功标准有关的问题。学生的反馈令她吃惊不已：她原以为学生已经完全理解了学习目的和评价标准，但是他们告诉她并没有完全理解，这让她进一步思考如何才能够改进。她调整了自己的方法，并在班级里真正地加强了这方面的工作。

詹妮和全体教师分享了这件事，示范如何有效地运用学生的意见，以及如何成为一名有效的评价者。这段经历让教师们有信心与自己的学生谈谈他们的学习效果。

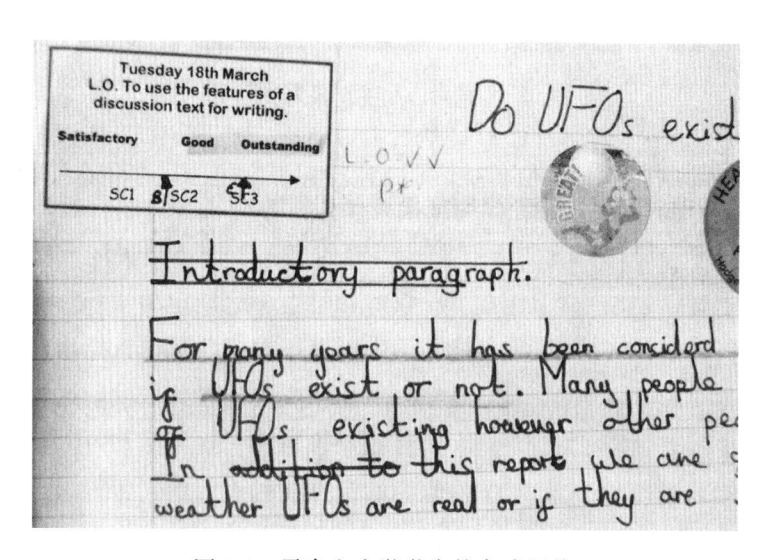

图8.3 霍奇山小学学生的自我评价

译者注：图中左上角的方框内，学生在箭头上标出了自评的等级。共分为三个等级：满意、良好、出色。

劳拉积极推广这种方法，同时让教师们放心，他们不一定要跟别人分享学生焦点小组的结果。这并不是正式的监测行动，它只是一项教师能够使用的策略，以获得可用的信息，改进学生的学习。现在许多教师经常非正式地运用这种方法。

（指导联盟）

学校领导在开始"可见的学习"旅程的时候再次实施监测行动，以下是他们当时听到的内容：

3年级学生："好的学习者就是你能记住自己所做的工作，运用学习旅程去了解自己下一步要做什么。"

4年级学生："好的学习者就是能够回顾自己所做的工作，并运用成功标准进行反思。"

5年级学生："好的学习者就是懂得合作和反思自己工作的人。"

6年级学生："好的学习者就是你对自己的学习提出问题，能够给出评价，并且能够指出你在学习旅程中处于什么位置。"

图8.4展示的是学生在第一段录像（2013年5月录制）中对"怎样才算一名好的学习者"这个问题的回答，与第二段录像（2014年6月录制）的对比。

访谈录像的资料与学生焦点小组和学习走课收集的更多数据结合在一起。指导联盟巡视了所有班级，并询问学生对学习的理解。每一种来源的数据经过处理以后，用于评估专业学习对教师实践和学习成果的影响。这些翔实的数据能够支撑以下对图8.4的解释。

什么是好的学习者？
2013年5月与2014年6月录像对比

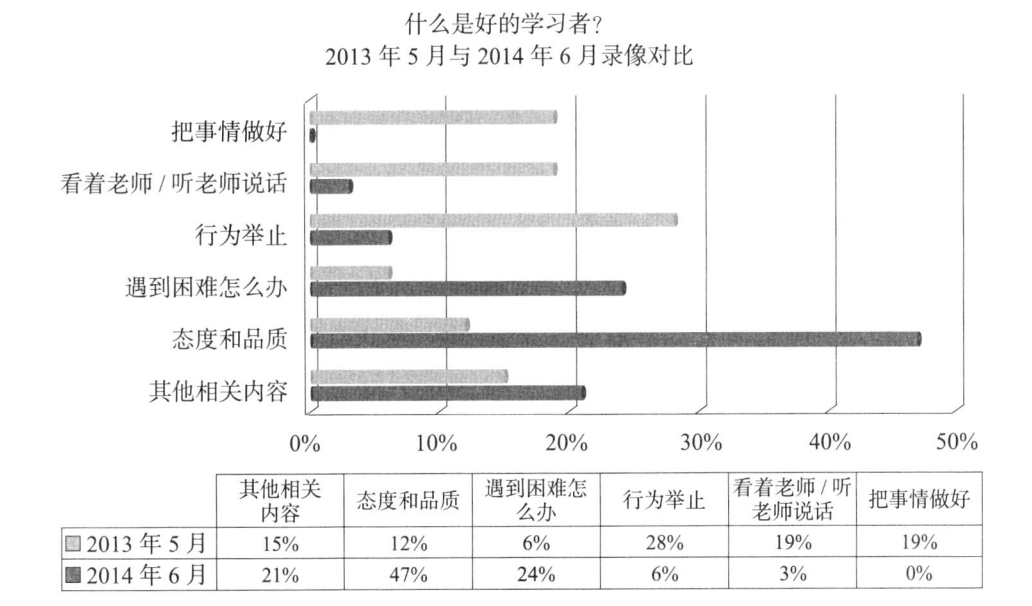

	其他相关内容	态度和品质	遇到困难怎么办	行为举止	看着老师/听老师说话	把事情做好
2013年5月	15%	12%	6%	28%	19%	19%
2014年6月	21%	47%	24%	6%	3%	0%

图8.4 学生成为"可见的学习者"，2014年

把事情做好：学生认为好的学习就是把事情做好，并且做得正确。

先前，学生们认为好的学习者能把事情做好，却很难解释这意味着什么。在大部分近期的讨论视频中，学生都没有提到"把事情做好"。在焦点小组中，学生们说，他们觉得好的学习者并不是分数最高的人，而是进步最大的人。他们认为错误能发挥积极作用，相信当他们犯错并吸取教训时，他们会学习得更加牢固。少数高年级学生说他们还是不喜欢犯错，但是他们不害怕错误了，而且也意识到了错误对学习的重要性。

看着老师/听老师说话：学生觉得好的学习应该要听老师说话，并且看着老师。

2013年5月，当时学生认为好的学习者都坐得端端正正，看着老师，听老师正在说的话。到了2014年6月，只有3%的学生把这些行为当作良好学习者的特征。

行为举止：学生觉得好的学习与良好的行为举止有关。

2013年，超过四分之一的学生把好的学习与良好的、有礼貌的行为举止联系在一起。一年之后，这个比例降到了6%。

遇到困难怎么办：学生不知道当他们不知道要做什么的时候，应该运用什么策略。

先前，一旦学生陷入困境，他们会很依赖教师的帮助，很少能说出其他办法。现在，当学生不知道怎么办的时候，他们谈到了随机应变、独立、敢于冒险，还有坚韧不拔的重要性。他们把同伴当作学习的资源，并且解释说，因为他们能够使用"学习墙"、学习目的和成功标准，所以他们不再依赖教师了。

态度和品质：学生能够解释良好学习者的态度和品质。

在2014年6月，47%的学生能够描述这些品质，而前一年只有12%。从学校的学习者"画像"中概括出来的品质现在被称为"霍奇山小学的学习者密码"，学生认为这些品质包括积极反思、坚韧不拔、从错误中学习、善于合作、挑战自我、勇于探索，以及通过问题去思考。

其他相关内容：学生能够辨别出良好学习者的其他行动。

在2014年，学生们认为，好的学习者还有以下行动：分享他们的想法，描述他们的工作，阅读非虚构的材料来了解真相，做决定，倾听他人，给出好的解释，运用资源，写作业，团队合作，运用头脑中的知识，运用"学习墙"，并且与同伴交流。

现在学生的进步和成绩表明，所有学生群体在所有学科中都有明显的进步趋势。在关键阶段2结束时，与前一年相比，大部分学生已经取得了超出预期的进步。同时，在早期基础阶段和关键阶段1结束时，更多的学生达到了更高的水平。这些成果在很大程度上归功于教师和学生更加了解他们学习旅程的进展，更加了解什么行为能够推动学习。

以下是从2013年到2014年在关键阶段1和关键阶段2结束时候的总体数据。

关键阶段1结束时：

阅读成绩达到2B级以上的增加了10%，达到3级的增加了20%。

写作成绩达到2B级以上的增加了12%，达到3级的增加了8%。

数学成绩达到2B级以上的增加了19%，达到3级的增加了12%。

关键阶段2结束时：

阅读成绩达到4级以上的增加了12%，达到5级的增加了10%，达到预期进步的学生人数增加了6%。

写作成绩达到4级以上的增加了7%，达到5级的增加了3%，达到预期进步的学生人数增加了5%。（学校在写作上做的工作没有其他学科多。）

数学成绩达到4级以上的增加了19%，达到5级的数量不变，达到预期进步的学生人数增加了11%。

阅读、写作和数学合起来，达到4级以上的增加了13%。

劳拉在报告中说道：

> 成绩提高的景象在其他年级小组中也表现出来了。我们还有很多工作要做，但是我们知道，学生现在更有能力挑战自我、达到更高的水平。

劳拉给其他学校提出下列建议：

"可见的学习"并不是一套固定的策略，你从工具箱里拿出来、学会，然后就能套用在你的学校中。你需要运用它的框架，投入时间去思考它对你的学校意味着什么……或许对每所学校来说都是不一样的。

你需要投入时间去了解学生、教师和家长的想法、知识和理解，以此建立基准线。这将是学习旅程的起点，而评价的过程会帮助你实现你的梦想。

让全体教师充分理解为什么"可见的学习"对你的学校来说是最适合的方法——分享你不断推进的研究结果,使他们理解基本原理。

抓住一切能使学习更加可见的机会,但始终坚持你的梦想。

在教师和学生之间建立一种开放、信任和自信的文化。

继续循环

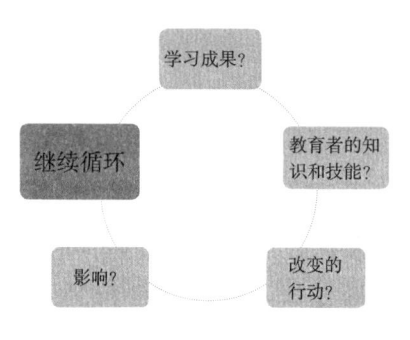

在写作本书的时候,霍奇山小学才刚开始他们的"可见的学习"之旅,仍需做很多事情才能实现它的长期目标。学校领导收集了全校的数据并进行了处理,以此去了解教师专业学习和学生学习的结果,从而确定新的学习周期里下一步该做什么。在写作本书的时候,接下来的工作包括:

- 更深入地探究有评价能力的学习者的各项品质,从而达成共识,更好地支持学生获得这些品质,成为有效学习者;
- 引入一个软件系统,让教师能够录制他们自己的课堂视频,以便课后自己回顾,或者与同事一起回顾,从而帮助改善学习;
- 进一步寻找策略,使教师成为评价者与变革者;
- 将学生自评与互评策略列入学习常规中;
- 帮助教师在自我调节和反馈上更加连贯一致。

第9章　挪威奥斯高学校

好，我已经按照各项标准检查过了。句首字母大写，字迹工整，单词之间也有空格，句末也有标点符号。我已经按照标准做了，如果还是不对的话，就是那些标准的问题了！

（2年级学生）

2013年8月，奥斯高学校的学生还无法解释学习的目的或者他们是如何进步的。过了不到一年的时间，这名7岁男孩就清楚地知道了他在写作中应该展现出什么，以及如何运用成功标准来判断自己是否处在正确的轨道上。重要的是，他明白了标准也有可能是错误的。没有什么是神圣不容更改的，有效的学习者是能够挑战"游戏规则"的人。

背　景

奥斯高学校是一所有着330名学生的小学，学生年龄在6岁到12岁之间。每个年级有40—50名学生，由3名教师组成的团队负责教学。学校坐落在挪威奥斯陆外围的一个小城市奥斯。它位于挪威社会经济水平较高的地区，是挪威平均教育水平最高的区域之一。

挪威生命科学大学（Norwegian University of Life Sciences，简称NMBU）在奥斯市，吸引着来自世界各地的教师和学生。如果NMBU的教师或学生把他们的孩子带到挪威来的话，这些孩子就会进入奥斯高学校就读。奥斯市也有移民和难民，他们在城市周边或奥斯陆市从事不同行业的工作。因此，这所学校学生的组成也很多样，包括挪威学生、移民子女以及那些只在这里读几年的学生。总的来说，大约25%—30%的学生来自其他25—30个国家，大部分都是欧洲、亚洲或非洲国家。

挪威学校不像美国或其他国家的学校那样有学校董事会。家长代表们更多地参与讨论学生的学习环境，而不是学习。校外保育班（Skole Fritids Ordning，简称 SFO）或者课外俱乐部[①]的领导者通常也会参与到这些讨论中。

概　　况

奥斯高学校多年来被认为是一所学业成就很高的学校，但是当学校的领导者开始深度分析学生成绩的数据时，他们发现没有最大限度地促进学生成长。2011 年年末，学校领导者参加了一个会议，会议上德布·马斯特斯和詹姆斯·诺丁汉介绍了"可见的学习"的主要观点。他们深受启发，想要更进一步了解。第二年，他们又参加了一次"可见的学习"会议，约翰·哈蒂教授在会上发了言。这场会议之后，奥斯市的所有学校都决定采纳"可见的学习"。2013 年 8 月，当地所有教师和学校领导都参加了"可见的学习$^+$建基日"，了解其中的核心准则。

奥斯高学校的指导联盟由校长、副校长、两名团队领导者以及 SFO 的领导者组成。这个关于影响的故事描述了这所学校"可见的学习"之旅的第一年。在这段时间内，指导联盟注重运用学习意图、成功标准、有效反馈和效应量，将其作为提高学生学业成就的一种手段，帮助他们成为有评价能力的学习者。

有代表性的教师和领导者

莱拉·巴肯（Laila Bakken）是学校的校长，**玛丽安娜·斯科格沃尔**（Marianne Skogvoll）是副校长。她们都是指导联盟的成员，她们对"可见的学习$^+$"项目的重要性都有所思考。

英格威尔德·约翰森（Ingvild Johnsen）和**埃尔斯－玛丽特·利洛斯**（Else-Marit Lillås）在 2 年级教 7 岁的学生。她们在领导学习的过程中扮演了非正式的角色，她们与 2 年级学生一起尝试一些新点子，然后和同事讨论她们的经验以及对学生的影响。

---

① 大部分挪威学生都会参加这些俱乐部，他们可以在里面玩、做作业，或者加入合唱团、国际象棋队、足球队或戏剧社之类的活动。

奥斯高学校的"可见的学习"故事

理想的学习成果是什么?

在决定参与"可见的学习$^+$"项目后,奥斯高学校的领导者组成了一个指导联盟,包括学校的行政领导者和教师领导者。他们有许多要处理的问题。其中一个关注的方面是学校在挪威国家考试中的表现。指导联盟很困惑,他们的学生只达到平均分。因为大部分学生都来自富裕家庭,他们认为这些学生应该获得比平均分更高的成绩。另外,学生每年取得的分数相差也很大。为什么学生在某一年表现不错,但到了下一年又不行了呢?

尽管在职工大会上与所有职工分享了国家考试的结果,但奥斯高学校并没有良好的机制去确保这个过程能带来有意义的学习或改变。教师并不会花时间去分析这个结果,去理解它意味着什么,对于低于预期的结果或每年取得的成绩不一致的现象提出疑问,或是运用这个调查结果来设定学生成绩的共同目标。

另一个关注点是教师实践缺乏连贯性。这是从家长的反馈中得出的。家长们说,当他们的孩子从某个年级升入下一个年级之后,他们常常发现自己收到的关于学生学习进展的信息在性质和质量上都有很大差别。一些教师给出的评语非常具体,用学生的数据来规划未来的旅程。但是,另一些教师的评价看起来就很模糊,他们的评价似乎是建立在所有人到最后都会变好的假设之上。相应地,他们对预期的进步也没有清晰的图景。在一位教师看来做得不错的功课,可能在另一位教师那里,会得到非常不同的评价。模棱两可的评价使学生和家长都很困惑。当家长让教师解释这些不一致的时候,教师似乎无法给出答案。

"可见的学习$^+$"的工具和一项全国性的调查为他们进一步了解问题提供了途径。挪威学校的学生每年都要参与一项全国性的调查,这项调查会询问学生有关他们的学习、学习环境、朋友的问题,以及其他与教育过程有关的信息。对奥斯高学校的数据分析表明,学生一直在说他们并没有从教师那里得到足够的反馈。这很令人不解,因为教师觉得他们"一直"都在给予反馈。因为反馈,包括学生同伴互评和自评,很多年来都是整个学校关注的焦点。当指导联盟开始与学生交谈,了解学生眼中的世界时,他们意识到学生:

- 认为反馈只是写在书本上的评语；
- 认为有效反馈是教师带给他们的，而且只有教师才可以提供反馈；
- 把表扬看作反馈的有效形式。

观察显示，学生的相互反馈都仅仅以表扬的形式出现，比如"好"和"做得不错"。尽管教师已经互相讨论了有效反馈应该是什么样子，但很显然他们并没有与学生分享这些见解，也没有在实践中给出示范。

当指导联盟组织学生焦点小组，询问他们对教学和学习的理解时，学生很明显没有掌握学习的语言，也没有表现出成功学习者的品质。当他们被问到"好的学习者是什么样的？"学生的典型回答就是"听老师的话，完成老师告诉他要做的事"。学生解释说，他们经常误解教师想要他们做的事情，原因通常是教师没有向他们清晰地说明学习意图。当被问到"你怎么知道自己在学习什么？"他们通常回答："有时候老师把学习意图写在黑板上。"更进一步问下去，学生会说："他们（教师）大多在学年开始的时候这样做。"一个学生甚至说："有时候老师好像也不真正了解！"这就是另一个令人不解的地方了，因为从表面上看，奥斯高学校在之前的三年里一直把学习目标作为其教学法的特色之一。

效应量的计算结果证实了指导联盟的担忧，学生并没有取得应有的进步。学校领导者和教师惊奇地发现，那些被认为是聪明和有才华的学生往往比其他学生进步更慢。

奥斯高学校指导联盟得出的结论是：他们希望学生具备评价能力。

我们想要让学校的所有学生都渴望评价他们自己的学习，并且拥有进行评价所需的知识、技能、态度和语言。我们知道，让学生具备评价能力的一种方法就是保证教师运用清晰的学习意图和成功标准。现在是时候使学习变得可见，让我们的学生看见学习。

（指导联盟）

教师和学校领导需要什么知识和技能来取得这些成果?

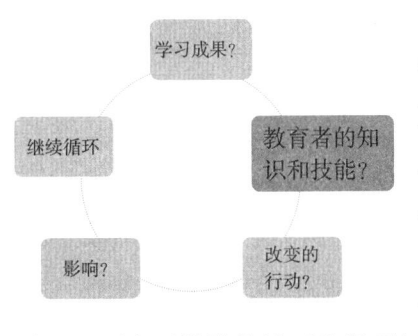

在"可见的学习"会议结束时,奥斯高学校的领导者已经萌生了变革的念头,但是直到他们以团队形式与全体教师一起开会,从学生和家长那里收集数据的时候,他们才真正意识到自己想要改变多少个领域,才明白专业学习的含义。挑战令人畏缩,但是领导团队下定决心做出必要的改变,使他们的学生和更广泛的学校社区取得更好的结果。

学生访谈和焦点小组表明,学生与教师的认识之间存在巨大的鸿沟。教师假设学生能够理解学习和反馈,但并未得到证据的支持。他们需要:

- 确保他们很清楚学习意图和成功标准,这样学生才能理解学习目的,更积极地参与学习;
- 将他们的课程计划与学习意图对应起来;
- 在任务、过程和自我调节这三个层次上给出反馈;
- 倾听学生的声音,鼓励课堂对话;
- 放松对学习的控制,接受改变的需要;
- 理解他们对学习成果的影响。

指导联盟的成员埃尔斯-玛丽特认为,学习的一个关键部分就是如何更好地追踪学生的进步,了解他们所处的位置,让她知道下一步要做什么。

> 我需要了解学生在他们的学习中处于什么位置,这样我才能计划下一步。不能仅仅依赖我的直觉感受。

掌握评价能力是学生的首要任务,而对于教师而言,首要任务在于"有热忱、善激励"这一条"可见的学习"线索。但是学校要如何实现这些目标?学校领导知道,如果要避免行动倦怠,他们必须重新定义学校的首要任务。他们决定从以下方面入手:

"认识你的影响力":教师并不总是了解自己对学生的影响。虽然一些学生成绩很好，但是很多学生在一年的时间里没有取得应有的或更多的进步。这与课堂上使用的教学策略有直接关系。教师需要知道他们的影响。

有效反馈：教师和学生之前误认为表扬就是有效的反馈。在大量的专业对话之后，指导联盟认识到教师需要学习如何提供指向任务和过程的反馈，以及促进自我调节的反馈。

教学策略：课堂氛围的特征是就是独白很多而对话极少，这降低了学生参与的积极性和学业成就。教师需要探索约翰·哈蒂对教学策略的研究，了解什么教学策略对学生学习有积极影响，并将这些策略运用在课堂上。

学习意图和成功标准：几年以来，学习意图和成功标准一直都是奥斯高学校教学的一部分，几乎所有的教师都会使用，但是领导们意识到教师们使用得并不好。教师把它们写在了学生的每周计划中，但却不会将它们作为一种工具促使学生参与到学习中。教师需要知道如何持续有效地运用这些策略，确保学生明白它们是什么。他们还需要与家长交流，解决家长对学生学习目标不明确的担忧。领导们也发现了一些缺陷，正是这些缺陷使学习意图以及课程计划更加关注知识习得，而不是年轻人要在瞬息万变的全球环境中取得成功所需的更广泛的能力。

证据收集：教师要明白他们应该收集什么证据（比如，学生作业样本，以及前测和后测数据）来了解学生在学习进程中所处的位置，以及他们下一步要往哪个方向努力。

阅读：并不是所有学生在阅读领域都取得了相应的进步。指导联盟购买了一套追踪阅读进展的工具。教师需要学习使用这个工具，用它来考虑下一步的学习。

教师和学校领导尝试了什么新行动？

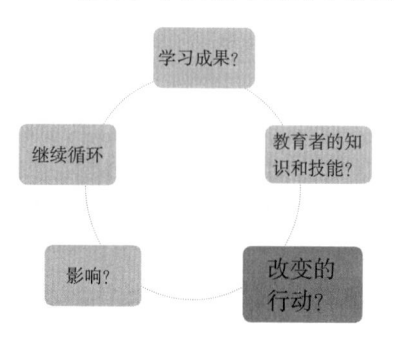

指导联盟制订了一个未来两年实施的战略计划，如图 9.1 所示。它确定了"可见的学习"每个要素的学习意图和成功标准，领导们希望教师们能够采用它们。

主题：所有学习者都取得良好的学业发展					
期望-愿景	2013年目标	行动	时间与责任	监控	
学校里的教学有明确的目标，会用到一系列不同的方法，并且还要适应学习者的个人需求。 学习者成为自己学习的主人。他们知道目标是什么，以及如何实现目标。 他们能够以一种好的方式评价自己和他人的学习。	挪威的所有教学科目，包括数学和英语，都有学习意图和成功标准，这样学习者就知道他们要达到什么水平、如何达到目标水平。	从2013年2月开始，所有的课程都运用学习意图和成功标准（长期计划的一部分）。	通过召开全体教师会议来建构知识、分享观点以及相互学习。根据日程安排每两周一次。 领导团队为全体教师会议制定时间表。	5月，对学生的学习进行调查（5—7年级）。 9月和第二年4月进行阅读摸底测试（所有年级）。	
	评价：学习者能够以一种好的方式评价他们自己的学习。	所有的学习与教学都有学习意图和成功标准，这样学习者就可以进行自我评价。 从2013年2月开始，所有的年级都要尝试不同的自我评价方法。	通过召开全体教师会议来建构知识、分享观点以及相互学习。根据日程安排每两周一次。 同时也在团队会议的日程上。	全国测试（5年级）。 学习者与教师对话（每名教师每周1小时）。 走课。	
学生会接受学业上的挑战，这些挑战激发他们学习的意愿、毅力和好奇心。 他们有创新和批判性思维的能力；他们一起工作很愉快，并且有好的基本技能。 学校里的教学有明确的目标，会用到一系列不同的方法，并且还要适应学习者的个人需求。它唤醒参与。我们启发学习者！	学校在阅读和写作的进步方面有一项共同计划。所有的年级都适用这份计划。2013年8月启用。	在2013年2月成立一个工作小组。阅读监督人是这项工作的核心。8月份全体教师共同审核。阅读监督人帮助每个年级实施计划。	工作小组在2013年6月完成计划。 领导跟进他们的工作。 全体教师会议，8月。	5月，对学生的学习进行调查（5—7年级）。 9月和第二年4月进行阅读摸底测试（所有年级）。	
	学校在追踪和监控阅读与写作方面有一项共同计划，2013年8月启用。	修改目前的计划，6月完成。 与全体教师共同审核。	阅读监督人与领导层。 全体教师会议，8月。	全国测试（5年级）。	
	学校里的教学有明确的目标，会用到一系列不同的方法。	每次全体教师会议都要分享（每周15分钟）。全体教师从他们自己的教学实践出发来分享经验。	领导层为所有的会议制定时间表，教师们参加相应的会议。	学习者与教师对话（每名教师每周1小时）。 走课。	

图9.1　战略计划

战略计划向教师提供多种机会去了解他们正在学习的新策略背后的研究和理论。所有教师每周都要参加会议，对关注的领域进行研究，分享各自班级中的成功故事。教师每两周都要设定学习意图，并制定与其一致的成功标准。开会时，他们通常以两人或多人小组形式工作，以便互相借鉴经验。一个早期的发现是，他们曾经称之为"学习意图"的东西，实际上却是成功标准。

战略计划的工作还包括对课堂上讲授过的课程进行反思。问题并不仅仅在于学习意图的明确程度，还在于它们的质量。副校长玛丽安娜·斯科格沃尔说：

> 我们想要围绕有意义的学习意图去设计学习，学习意图包括态度、技能和知识，这在现代社会中非常重要。我们的计划在大多数情况下使学生的知识得到增长，也经常支持他们发展某种技能，但是我们完整的职责还包括传授态度和价值观。我们的教师以两人或多人小组的形式共同设计课程，在关注知识传授的同时，我们非常注重技能、态度和价值观方面的学习。这项工作也旨在帮助教师提供有效反馈，这些反馈特别旨在帮助学生在任务和过程中更好地表现，或培养他们自我调节的能力。

指导联盟根据教师对于学生所需技能和态度的认识建造了一面学习墙。

> 学习墙上展示不同的思考方式，也包括学生需要的技能。学习墙是一种视觉提醒，提醒学生需要学习不同的技能。教师与学习者选择一种或多种技能来专门学习。比如说，如果他们在练习"比较相同和不同之处"这个技能，教师就会从学习墙上把"比较相同和不同之处"拿下来，并向学生解释其含义。

（莱拉·巴肯）

玛丽安娜·斯科格沃尔给每间教室都立了一面学习墙。同在 2 年级工作的英格威尔德·约翰森和埃尔斯-玛丽特·利洛斯，她们在教学的时候都会用到这面墙。她们发现，在她们与学生的对话过程中，通过特意展示学习墙上的技能，然后把它拿下来解释，可以更好地阐明学习的目标。学习墙还有助于在教师和学生之间培养一种共同的学习语言。当他们第一次看到学习墙的时候，教师们意识到他们对那些词语的理解是不一样的，在几次全体教师会议上，他们

第 9 章　挪威奥斯高学校 | 179

合作讨论，找出每个词对他们这个集体来说的含义。

教师们还构建了一条"学习之路"（见图 9.2），运用它来帮助学生将学习视觉化成一次旅程。

图 9.2　英格威尔德·约翰森和埃尔斯 – 玛丽特·利洛斯站在"学习之路"前

> 你把学习意图放在这条路的末尾，是最终要到达的地方。成功标准沿路放置。每一条标准就像学习者必须要跨越的路障，所以在一些学习墙上，一路上有交通灯和其他"障碍物"的图片，标准就沿着这些图片放置。
>
> （莱拉·巴肯）

学校特别关注阅读，指导联盟希望运用新的阅读工具[①]来显示学生随着时间推移取得的进展。学校决定只在一个年级开始试用阅读进展工具。埃尔斯 – 玛丽特·利洛斯和英格威尔德·约翰森跟她们带的 2 年级学生在 2013 年首先试用这一工具。到 2014 年 5 月，这个工具在全校范围内推广时，她们同其他教师分享经验，培训其他成员，让他们了解如何使用它。埃尔斯 – 玛丽特·利洛斯还教其他成员如何计算新近实施的筛查测试中的效应量。这些测试一年举行两次。

---

① 这是学校购买的工具。它包括两样工具：一个供教师使用，另一个给学生用。

改变的行动对学生的预期学习成果有什么影响?

虽然学校给了自己两年的时间来完成彻底的转变,但是在第一年就出现了重大的变化。对学习意图和成功标准的关注很快就有了效果。学校的领导们注意到,学生能够把他们的学习过程跟教师讲清楚了。教室正逐渐成为学习者的社区,学生能够清晰地表达他们的学习意图与成功标准,并且指出"下一个目标是什么"。玛丽安娜·斯科格沃尔说:"学生能够谈论学习,而不仅是他们正在做什么,这样的变化来得好快。"

课堂观察显示,教师能够分辨任务导向和过程导向的反馈,他们运用典型例子来向学生解释这些反馈的差别。这使学生给予自己和他人的反馈在质量上有所改善。教师注意到,学生给其他人的赞扬少了,而是真正地帮助他们的同伴理解下一步要做什么。

玛丽安娜·斯科格沃尔回忆:

2年级学生在学习写完整的句子,教师制定了标准,并且把它们放到"学习之路"上。有一个小男孩来到英格威尔德(教师)跟前,说他完成任务了,他按照那些标准检查过,一切都很好。英格威尔德读了他写的句子,发现这些句子并没有什么意义。她让小男孩再重新检查一遍。小男孩照做了。他回到教师这里,说:"好,我已经按照各项标准检查过了。句首字母大写,字迹工整,单词之间也有空格,句末也有标点符号。我已经按照标准做了,如果还是不对的话,就是那些标准的问题了!"英格威尔德意识到他说的有道理——他们忘记了一个句子必须要有意义!她把班上的学生聚集起来,告诉他们发生了什么,大家开始一起制定标准。这确实让教师大开眼界,她说:"这就是通过学生的眼睛来看学习。我都没有意识到这一点!"

这是一个学生发展评价能力的例子。这也是一个教师,喜欢迎接作为教师,同时也作为学习者面临的挑战的例子。用英格威尔德的话来说:"学习新的东西,挑战自己的想法,这些事情真正让我感到有动力。"

撰写本书的时候,因为学生们还没有参加全国测试,所以还看不出他们的变化。不过，玛丽安娜说，使用"可见的学习﹢"工具（见图 9.3）分析学生阅读成绩的数据，结果证明他们在不断地进步。

考试成绩首先转化成效应量，然后用 Excel 画出了这张可爱的图表！不用算效应量，你也可以看到每个学生的进步。但是如果你算了效应量，你就可以更清楚地看到谁进步最大、谁没有进步。我们常常会忘记，那些表现已经很好的学生也需要接受挑战。用效应量可以使进步更加清晰，然后教师就要研究这个结果。这也是一个很好的模型，因为我们关注的焦点都看得到。我们常常关注上半部分的两个象限，认为那是我们希望学生达到的成绩，然而实际上，右半部分的两个象限才是我们需要瞄准的目标。

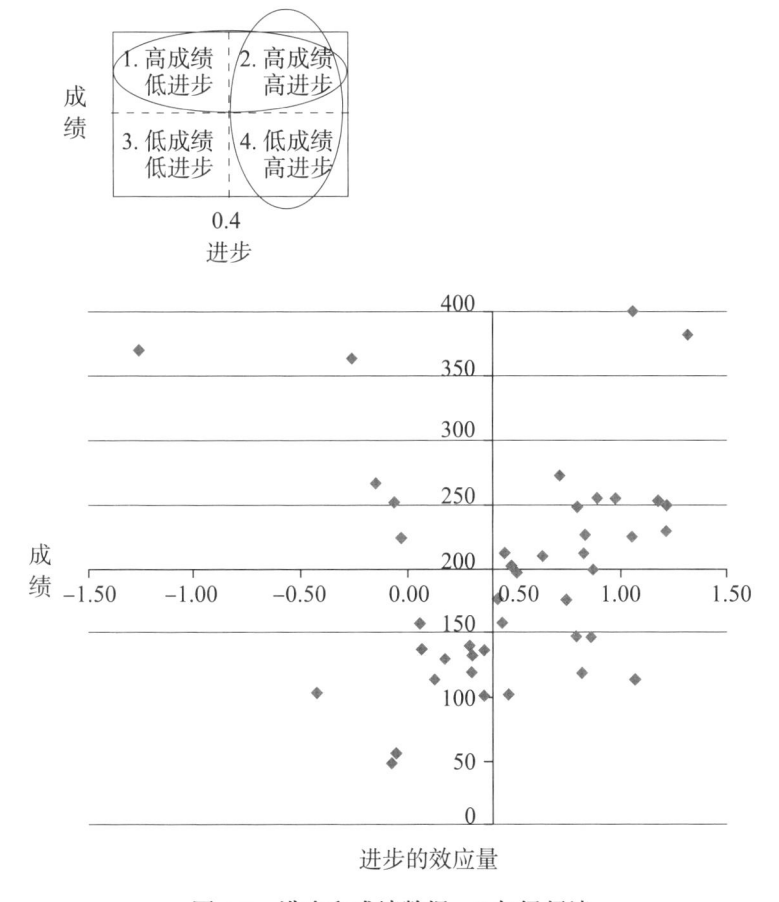

图 9.3　进步和成绩数据，5 年级阅读

182 | 可见的学习在行动

除了学生和教师以外，家长们也开始理解学习意图和成功标准，并加入孩子们的讨论。在开家长会的时候，那些有好几个孩子都在这所学校的家长说，他们现在可以看到，不同的教师都在使用同样的语言，跟过去相比，这样的一致性是最显著的改变。

玛丽安娜和莱拉认为，学生进步如此迅速的关键原因就在于，教师获得足够的时间和支持，来理解和适应学校努力去寻求的变化。足够的时间意味着教师不只是学习用于特定场景中的孤立教学策略，而是学习更深层次的理论，也就是说，他们知道什么时候、如何以及为什么运用这些策略。

> 教师们一起努力地试用在教师大会上学到的理论和实例，这些时间花得很有价值，因为所有人都参与了。教师经常觉得时间不够充裕，所以提供足够的时间去采取能提高学习成果的新行动，这是非常重要的，也是教师非常赞赏的。它帮助没有把握的教师起步，让其他一些教师成为教师领导者，因为他们在这些采用新策略的领域知道更多。
>
> （莱拉·巴肯）

> 如果想要改变实践，那么教师们需要时间一起工作。这就意味着领导必须聚焦他们想要实现的目标，并且可能要把其他的事情放在一边。给出改变的充分理由（理论和研究）也很重要。领导需要了解学校教师掌握的情况，才能够去指导整个过程。（教师和领导都）需要谨记心智框架。它们都非常有用。
>
> （玛丽安娜·斯科格沃尔）

继续循环

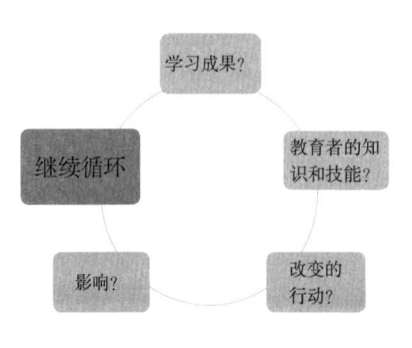

当奥斯高学校的团队中有众多有热忱、善激励的教师时，一些教师也开始改变了。学校很有信心，这件正在发生的令人激动的事将确保以下愿景成真：

首先，我们需要所有的教师都像那些模范教师一样有热忱、善激励。这意味着继续关注学习意图与成功标准。教师之间需要继续分享好的实践经验。虽然目前还没有在整个学校实行，但是仅仅在 8 个月的时间里，就已经取得了可观的进步……当你在做正确的事情时，看到变化得如此之快，这会留下很深的印象！

（指导联盟）

学校领导们打算继续把教师大会用作大家一起工作的时间，关注特定的方面，探索研究的证据以及将其转化到实践当中，将重点放在学习上。下一步就是展示不同课堂的典型案例。学校还打算把学习意图、成功标准和反馈方面的工作与"可见的学习$^+$"项目中的其他策略联系起来，比如同伴观察与微课教学。

附录 3.1　积极阅读指南

阅读完第 3 部分之后，你可以采用以下模板来记录下你注意到的石田学校、古斯塔夫·瓦萨科兰学校、霍奇山小学和奥斯高学校的学生表现所展示出来的"可见的学习"品质。你也可以记下自己关于教师和学校领导为了促成学生的这些行为而采取了哪些行动的思考。

一名"可见的学习者"是这样的	在学习故事中观察到的例子	有关如何实现的推论
能够做自己的教师		
能够清楚描述他们正在学习什么以及为什么		
能够谈论他们是如何学习的——他们的学习策略		
能够明确讲出接下去的学习步骤		
能够运用自我调节策略		
有评价能力（理解正在使用的评价工具，并知道结果的含义）且能够自我评价		
寻求挑战，适应挑战，渴望挑战		
能够设定要掌握的目标		
提出问题		
把错误看作机会，平静地说出他们不知道，以及/或者需要帮助		
积极支持同伴的学习		
当他们不知所措的时候，知道要做什么		
主动寻求反馈		
掌握元认知技能，能够谈论这些技能（系统规划、记忆、抽象思维、批判性思维、问题解决等）		

附录3.2　从理论到实践

在这些章节中，你已经学到"可见的学习"对于学生来说是什么样的，你也学到了一些实现它的步骤。重点不在于特定的策略或实践，而是整个学校社区可以采取多种途径使学习变得可见。你也可以使用这个模板来记下你希望尝试的一些想法，并且记录和反思发生的事情。更理想的是，你会与同事共同使用这个模板，这样一来你们就可以分享自己的学习，使其变得可见。

一名"可见的学习者"是这样的	打算尝试的实践或策略	实际发生了什么？变化带来了什么影响？你为什么觉得这是影响？
能够做自己的教师		
能够清楚描述他们正在学习什么以及为什么		
能够谈论他们是如何学习的——他们的学习策略		
能够明确讲出接下去的学习步骤		
能够运用自我调节策略		
有评价能力（理解正在使用的评价工具，并知道结果的含义）且能够自我评价		
寻求挑战，适应挑战，渴望挑战		
能够设定要掌握的目标		
提出问题		
把错误看作机会，平静地说出他们不知道，以及/或者需要帮助		
积极支持同伴的学习		
当他们不知所措的时候，知道要做什么		
主动寻求反馈		
掌握元认知技能，能够谈论这些技能（系统规划、记忆、抽象思维、批判性思维、问题解决等）		

第4部分

有热忱、善激励的教师

第10章　新西兰克利夫登学校

就在几年前，克利夫登学校还处于危机之中。外界对其教学质量、学校领导和学校-社区的关系都十分担忧。今天，这所学校坚定地踏上了"可见的学习"旅程。教师和学校领导都在努力地使他们的日常工作达至优秀。他们形成了有建设性的学习关系，共同规划，并运用精心设计的系统和流程来追踪他们教学的有效性。

> 在我们的团队会议上，我们的团队领导鼓励我们讨论在各自的班级中做得好的方面。我们共同分享有效的评价结果和课程。我乐于分享那些帮助我的学生成为"可见的学习者"的教学策略，比如说运用示例和量规，或者我如何与学生分享评价数据，学生又如何借此设定学习目标。能与我的团队分享这些，我感到很愉快，因为我知道他们都把自己看作学习者，而且这将帮助所有学生成为更加成功的学习者。
>
> （雷切尔·贝克，教师）

这个故事讲述的是一所学校如何摆脱困境，重新建构起一个充满激情的学习共同体，以确保每个人都获得成功。

背　　景

克利夫登学校位于奥克兰市东南方向约40分钟车程的半乡村地区。这是一所"完全"小学，也就是说包括了1—8年级，共380名学生。新西兰白人学生占大多数，另外15%是毛利人（新西兰土著），只有2%的太平洋岛民。大部分学生都来自富裕家庭。学生被分到了25—30个班级，有些班级混合了不同年级的学生。其中三个是在线学习班，班上的学生自带iPad。

校长尤丽叶·舒马赫（Julie Schumacher）与副校长艾德·诺巴里（Edeh Nobari）

共同承担领导职责。四位团队领导与分别负责特定年级的教师团队一起工作。

概　　况

在 2010 年，很多家长因自己的孩子在克利夫登学校所受教育的质量不佳向教育部投诉，新西兰教育审查办公室（Education Review Office，简称 ERO）[①]组织的评估证实了家长的担忧。随后，教育部部长任命了一位"有限法定管理人"[②]和学校领导一起工作，以解决现有的问题。这些问题包括教学质量低下、无法收集评价信息用以改善学习、无法进行自我反思和改进、失去了学校社区的信任。在过去三年，学校较低的入学率和超过 90% 的人员流动率都反映了这些问题。

学校取得了进步，法定管理人也在 2011 年 3 月被撤回了。2011 年年初，尤丽叶·舒马赫被任命为校长，她的专长是教师专业发展。她曾经当过好几年的"可见的学习[+]"咨询顾问，开设过工作坊，在新西兰、澳大利亚和亚洲各地做过演讲。2012 年，艾德·诺巴里成为副校长，她具备丰富的国际教育咨询经验。同团队领导共事的艾德和尤丽叶在努力重燃团队的激情，提醒他们身为教育者应具备道德目标，创设达成目的所需的以学习为中心的环境。这个故事深入地考察了学校的"可见的学习"旅程，以它对新教师雷切尔·贝克专业成长的影响作结。

有代表性的教师

雷切尔·贝克曾在新西兰国内外的广告业工作，后来回到新西兰，参与教师培训。2011 年，她在初次分配中被派往克利夫登学校。作为一名充满热情的新教师，雷切尔敞开心扉接纳新的学习和挑战。雷切尔总是要求自己做到最好。尤丽叶非常看重这一点："她想知道她正在做出改变，她希望学校的工具、系统和流程能让她实现自己的想法。"雷切尔协助建立了克利夫登学校第一个在线学习班级，并在其中任教，同时她也是学校在线学习的负责人。

[①] 新西兰教育审查办公室是新西兰的政府部门，负责评估和报告学校教育、学生关怀和早期儿童服务的质量。

[②] 当教育部部长认为某所学校有运营风险，或者在学生福利或教育成绩方面有风险时，他们会进行干预，并要求学校委员会寻求特定的专业帮助。

克利夫登学校的"可见的学习"故事

理想的学习成果是什么?

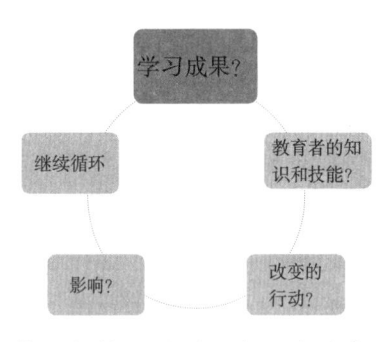

克利夫登学校对 2010—2011 年的学生成绩有很高的期待,但是有迹象表明这些期待并未实现。我们只能提供当时的图片证明,而缺乏确切的基准数据,因为学校之前没采取措施去系统地收集、分享、分析和追踪量化数据。他们既没有电子数据,也没有书面数据。此外,大部分教师和领导都没有意识到质性数据的价值,尤其是从学生意见中收集到的丰富信息的价值。糟糕的数据质量和处理方式意味着学校无法建立有效机制并展开监测,促进有意义的学习成果的获得。新西兰教育审查办公室的评估报告着重强调了这些问题,并指出整个学校社区缺乏信任的氛围。

作为新上任的校长,尤丽叶发布了一份完整的反思报告,使学校能够优先发展需要改进的领域。通过与学生谈话并观察课堂互动,她发现学生身上明显缺乏有效学习者应具备的品质。他们不知道一名好的学习者是什么样的,也不知道怎样成为一名好的学习者。他们无法讨论自己的学习,比如说目前处于什么位置,或者他们的"下一步"去哪里。在这个基础上,尤丽叶和她的团队一致决定把以下的学习成果作为学校的重点:

学生有评价能力,并且能够理解和清楚表达:
我要去哪里?我的目标是什么?
我如何去那里?在实现目标的路上,我取得了什么进展?
下一步要去哪里?下一步需要进行哪些活动以取得更大的进步?

教师和学校领导需要什么知识和技能来取得这些成果？

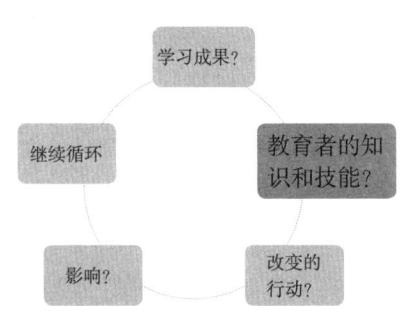

教师们首先在各自的团队中起草，然后汇总在一起，共同拟定一份文件，描述克利夫登学校的有评价能力的学习者是什么样的。通过描述不同层次的有评价能力的学习者，他们更加明确了要追求的结果。然而，缺乏基准数据也就意味着，教师和领导无法获得他们需要的信息来理解他们对学习成果的影响，并根据这些理解来改进教学和学习。除了实践上的障碍，他们还遇到了态度上的障碍。正如教育审查办公室所观察到的，学校缺乏信任的氛围，教师不习惯接受关于教学的反馈，不能以开放的态度从反馈中学习。这些问题以及学校不稳定的性质，比如学校领导频繁的人事变更，使他们失去了方向感。

> 我们需要在整个学校激发灵感和培养激情。我们知道我们必须关注教师的心智框架。他们需要相信自己就是变革者。
>
> （尤丽叶·舒马赫）

由于学校存在上述情况，因而他们必须使用教育审查办公室的工具来自我反思。在这个过程中，学校确定了以下受重视的教师成果：
教师应该：

- 有热忱、善激励，相信自己有能力影响学生；
- 实施持续的高质量教学，既能让学生掌控自己的学习，又要融入有效反馈；
- 将"探究式教学"[①]变成日常实践，知晓自己对学生进步及成绩的影响；
- 运用评价和效应量来指导教与学；
- 熟练地收集、分析和分享数据，包括从学生那里得到反馈；
- 追踪学生进展情况，而不是要求他们都保持统一的进度；
- 相互合作和支持，共同协作以使对学生学习的影响最大化；
- 形成相互反馈、支持全校改进的文化。

[①] "探究式教学"的概念渗透在新西兰的课程中。这个概念本质上同"影响循环"一样，主要是指教师通过探究教学对学生的影响来改善教学和学习。

由于整个学校社区缺乏相互信任，下一个有价值的目标就是"增强社区对学校的信任"。这种信任缺失的状况甚至蔓延到了家长群体中。在新西兰，学校由选举产生的理事会管理。理事会主要由家长组成，也包括校长和一名教师代表。身为校长的尤丽叶的首要职责便是建立教师与学生之间的互信关系，而理事会的首要职责则是提升社区对学校的信心。

实现这些有价值的目标需要整个学校都做出改进。学校为整个社区设定的重要目标充分地体现了这一点。

学校应该：

- 在全校范围内建立强有力的系统和流程，确保上述内容（为学生、教师与社区设立的目标）能够实现；
- 在招聘教师的过程中，重点关注激情、热情以及学习的意愿。

显然，有效的学校领导力对学校改进至关重要，因此，克利夫登学校最后要达成的重要结果是"让学校领导者明白，他们的首要任务是引领学习，帮助其他教师成长"。艾德·诺巴里解释道：

> 这意味着领导者能够应用和分析数据，以评估影响和明确找到有改进需求的领域；能够支持教师的学习和发展；能够带领团队设定目标并提升学生成绩，使他们取得进步。

教师和学校领导尝试了什么新行动？

与哈蒂一起工作过的尤丽叶熟悉"可见的学习"的概念，她熟知研究对改进教学和学习有何启示。然而，她 2011 年的第一个任务是建立信任关系，这一过程与全校反思同时进行。在接下来的几年里，学校确立了分阶段的实现路径，具体如下：

第二年：教师专业学习，提升教师实践能力；

第三年：认识你的影响力（测量效应量、理解进展情况、分析数据等）；

第四年：聆听学生的意见，将其融入所有学习中，使其能发挥巩固作用。

下文讲到了学校在这些阶段中所采取的一些新行动。其目的并非呈现全貌，而是打开一扇窗户，让我们能够一瞥学校四年来艰难的重生过程。

建立领导能力

尤丽叶让整个领导团队都加入到"可见的学习"领导队伍当中。这一决定意味着她能够以身作则，告诉他们她希望把哪些领导实践付诸行动。她慎重地践行着这样一种观念并为团队做出示范，即有效的学习领导者本身也是学习者，他们对于能够带来进步的挑战性反馈持开放态度。比如说，她重新安排了会议的议事日程，重点关注学习，鼓励通过使用问句和提示性语句（如"我想了解……""我注意到……""你如何看待……？""我们有什么证据……？"）对各种问题与话题进行开放式讨论。

尤丽叶还需要帮助团队领导者获取成为学习领导者所需的专业知识。她挑选了一些有关有效学校领导的阅读材料，供整个团队阅读和讨论，思考如何通过团队合作把研究结果在整个学校范围内付诸实践。新西兰教育部最近发布了一份学校领导力与学生成绩关系的综述报告（Robinson et al., 2009），这就是一份关键而可信的材料。

学校亟须任命一位新的副校长，这让尤丽叶和理事会有机会找到了艾德·诺巴里，她的专业能力正好与学校的"可见的学习"理念相吻合。尤丽叶和理事会认为艾德的首要任务在于教与学，包括向团队领导者提供一对一指导和监督、为教师个体提供合适的专业发展。

建立信任关系

建立信任和促进交流的过程要求尤丽叶本人持开放态度。她制定了这样一项政策：要求所有教室的门以及她自己办公室的门都要向其他教师和家长开放。她通过定期的家长咨询会和新闻简报等方式积极地与所有利益相关者交流，并咨询他们的意见。团队内部或全校层面的教师会议定期召开，分享实践经验和数据，反思产生的影响，并相互提供反馈。教师之间的交流遵从一定的规则，聚焦于互相尊重的合作学习。

克利夫登学校参加了新西兰的"积极的学习行为"（Positive Behavior for Learning）学校项目，以实现使预期行为可见，这在某种程度上改善了学生之间和师生之间的关系。

教师需要通过各种媒介同家长和学生建立真正的学习关系，包括家庭作业簿、电子邮件，以及家长、教师与学生之间的三方会议（这一会议旨在设定学习目标和监控进展情况）。

学校理事会从各方面支持该项工作。比如，理事会将把面向家长的月度报告作为一个庆贺教师和学生取得成绩的机会。

透明度是建立信任关系的关键。尤丽叶说："我们特别重视同大家分享我们所做的事情——我们处于哪个阶段，我们为什么这样做，下一步将做什么。"

创建一个共同的愿景

重新审视学校的愿景和价值本身是很有价值的，作为教师、领导者和更广泛学校社区之间建立关系的一种方式，它为人们互相了解、分享信念与理想打下了有意义的基础。同时，它也是领导团队用以重新激励教师、明确其目标感的重要策略之一。学校的所有交流都一直在强调 PRIDE 价值观（见图 10.1）。在学校集会上给学生颁发的 PRIDE 奖项使这些价值观获得了认可，同时这些价值观明显地体现在校报中。①

教师的核心价值观与 PRIDE 价值观紧密相连。学校每年召开的全体教师参与的咨询会议都会重新评估和修订 PRIDE 价值观。

我们的愿景
将克利夫登学校的学生培养成终身学习者，使他们具备能应对未来挑战的知识、技能、态度和价值观。

我们的使命
克利夫登学校的孩子们的生活和学习都遵循 PRIDE 原则——Passion（热情）、Respect（尊重）、Integrity（正直）、Diversity（多元）、Empathy（同情）。

热情	尊重	正直	多元	同情
我们追求个人卓越	我们关心自己、他人和环境	我们诚实、真诚且值得信任	我们好客、包容且善于赞美	我们热心、体贴且乐于助人

图 10.1　愿景、使命与价值观

---

① 值得注意的是学校有关尊重和多样性的价值观，在毛利语课程的价值观中都有体现。

教师专业学习

克利夫登学校通过内外部的专业发展，包括学校"可见的学习$^+$"顾问凯特·伯奇所提供的协助，来营造专业学习文化。大部分学习都围绕约翰·哈蒂的"可见的学习"研究。但是约翰·哈蒂的研究是对全球研究者研究成果的浓缩，学校非常愿意朝这个方向更深入地探索下去。学校各年级教师都期待接触专业文献，这样他们才能根据"什么是有效的"的研究做出关于实践的决策或讨论。

大部分的教师专业学习都在年级组当中进行，教师们共同探究如何把研究成果运用到实践当中。举个例子，教师们选出一组在写作方面没有达到预期水平的学生进行实验。尽管只有一名教师和这些学生直接接触，但整个团队都要参与教学策略的规划，并监测其影响。这是非同寻常的事情。e-asTTle 的监测数据显示，学生个体效应量分别是 0.05、0.71、0.96、1.10、1.18 和 1.41。教师跟全体人员分享他们学到的东西，建立关于有效读写实践和探究式教学的学校集体知识。

观察和走课使教师能够定期获得反馈，了解他们在将研究成果转化成实践和规划下一步学习上有何进展。专业学习如今与考核挂钩，教师希望评估能提供证据去了解实现既定目标的进展情况，并定期反思新学习。尽管这些目标是为每一位教师量身定制的，但仍有三个主要的关注点：

- 提高学生成绩，使其不断进步；
- 培养有评价能力的学习者；
- 聆听学生的意见，以指导项目的实施。

建立系统、流程和对整个学校的期望

学校干预措施的重要关注点是建立有关预期学习进展的共识，形成一种收集、记录和汇报数据的系统方法。

由于学校缺乏学生写作成绩的数据，因此在一开始，教师将大量精力用于为学生设定写作进展的预期目标，从进入学校数周（10 周、20 周、30 周和 40 周）到数年，直到 8 年级结束。这项基于专业文献的行动由所有职工合作实施，最终学校开发了一套关于写作预期进展的文件，包括"学生语言"的量规和范例。在图 10.2 的照片中，学校将范例张贴在墙上展示，用以确立其写作预期目标。

图 10.2　开发写作进展的预期目标

为使所有措施发挥作用，教师需要接受培训，学会使用诸如 e-asTTle 等评估工具，根据评估数据开展学习对话，并能够计算班级的效应量以及运用这些效应量来评估自己对学生学习的影响程度。新工具和程序并非只供成人使用，学生也能使用。这就是教师根据 e-asTTle 的写作量规开发"学生语言量规"的原因。

学校一直热衷于将技术应用于学习，他们发现"谷歌文件"（Google documents）是一个非常有价值的途径，可以用来搜集、分享和追踪一系列信息，包括成绩数据和学生反馈。

改变的行动对学生的预期学习成果有什么影响?

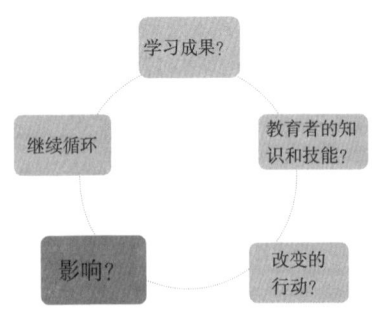

全校层面的影响

就对学习成果的影响来看，总体形势是乐观的。学校参观者深信学生是具备评价能力的"可见的学习者"，学业成绩数据也显示进步幅度比预期的更大。但是，这些数据也的确带来了困惑。例如，2013 年，e-asTTle 写作数据表明，

3 年级学生的效应量只有 0.26，但是 STAR①（NZCER, 2001）阅读数据显示的效应量却是 0.78。尤丽叶·舒马赫就此反思并表示：

> 一些年级组的进步高于平均水平，但是另一些没有。数据是对话的催化剂，让教师接受评价者和变革者的心智框架，将评价看作他们自身影响的反馈……这趟旅程已经开始，而重要的是面对这些数据，我们如何采取行动。

这个故事的关注点是有热忱、善激励的教师。这里我们主要考察一位教师：雷切尔·贝克。在本节剩下的篇幅中，我们会从雷切尔那里了解到，整个学校改进的旅程以何种方式影响她和学生。

雷切尔从 2011 年起在克利夫登学校任职，同年尤丽叶被任命为校长。考虑到学校当时的状况，充满热情的年轻教师有可能会感到理想迅速幻灭且心力交瘁。但是，雷切尔还是留了下来，并且仍旧充满激情地面对每日工作（见图 10.3）。

图 10.3　雷切尔·贝克和学生们

---

① STAR 指的是阅读成就补充考试（Supplementary Tests of Achievement in Reading），是由新西兰教育研究委员会（New Zealand Council for Educational Research）研发出来的评估工具。

在本节中，雷切尔分享了她的反思，描述了她在学校实施"可见的学习"的整个过程中如何展现有热忱、善激励的教师品质。

参与专业学习

定期的专业发展机会帮助我反思自己的教学实践并了解其发展情况。参与各种课程和阅读不同的专业文献确实有助于我形成自己的教育哲学。当我参加约翰·哈蒂有关"有热忱、善激励的教师"的教育庆典[①]会议时，他谈到了教师要了解自己的影响力，使用评估数据来进行规划，聆听学生的声音以帮助评估教学效果，以及同其他教师进行合作。突然间，我们在这些方面一直坚持的学习变得有意义了，它们全部涌入我的脑海。

建立信任关系：遇到困难时懂得如何前行

我愿意与和我共事的教师分享资源和策略。在我们的团队会议中，所有小组都会抽出一定时间来分享，在教师会议上也有很多人要求我将自己的教学设计拿出来讨论。这种开放的政策和分享的意愿对我来说帮助很大，因为这意味着我可以向任何人提问。比如，尤丽叶非常开心能够向我讲解如何阅读 e-asTTLe 的路径图。我也能请教那些最近可能教授过相似概念的教师，询问他们什么方法有效并借用相关的资源。我们学校的教师都非常乐于分享，这种合作氛围让我们的教学更加高效。

观察其他教师的实践并定期观察自己的教学，有助于我反思"什么是有效的"和哪些方面能做出改进。我收到的反馈都是基于全校目标的，这一事实让我在接受他人意见时不会感到这是别人对我教学的批评。

我也曾有过艰难的时候。在我教学第三年时，我已经学到了很多并渴望把所学运用到实践中。在校内，我在不同的团队中帮忙，承担了很多分外的工作。然而这也意味着我未能将精力集中于最重要的工作。我已经不能很好地把握学生的学习进度。和副校长的一次会面让事情回归正轨。我们回顾了我的所有教学数据，并按照学生的最大差距对他们进行分组。我

---

① 这是于 2014 年 4 月在新西兰三个城市举行的教育庆典。

们撰写了详细的小组教学计划,彻底改变了每组学生的教学内容,改变了追踪学生进展情况和教学有效性的方式。刚开始,我花了很长时间去撰写这些小组计划,但是现在我能以形成性评价方式定期评估教学影响、聆听学生的声音,能够更得心应手地根据需求设计教学。

了解及实施系统、流程和期望

在第一年和第二年,我们全面探讨了所有的评价工具,比如 e-asTTLe,并探讨了如何实施评估、分析结果及使用数据,从而指导教学规划和教学行动。

第一年,我们探讨了"可见的学习"的研究和效应量,我现在学会了计算自己的效应量。这一数据让我充满动力,同时也有助于我反思教学实践。从去年的数据来看,我能够辨识出一群成绩好却进步小的学生。今年我为这些学生设定了目标,对要采取的干预措施做出了规划。我还将追踪他们的进展情况,确保每个人在保持好成绩的同时也能取得较大进步。

为了帮助学生理解他们的目标和实现的方法,我为他们建立了文件夹,里面包含了每学期的预期成绩水平及评估工具。学生输入其评估成绩,就能看到自己是否达到了预期水平,并明确"下一阶段学习目标"。

我全面记录了所有的评估结果,并使用学习管理系统来辅助记录学生的学习情况。我对这些数据进行分析,并用它来帮助我制订下一阶段的小组长期计划。在数据分析中,我也会要求学生明确他们需要努力的地方以及他们特别希望提升的方面。

我们有一套全校的规划系统。随着我对这些系统的熟悉,操作起来也不再花费我太多时间了。我们都被鼓励在谷歌文件上分享教学计划。我由此可以和其他教师合作,并用他们的想法来帮助我的学生。

当我思考自己作为教师所经历的改变时,我认为一个关键点在于我开始更加高效地完成工作。各种系统都尽在掌握之中,使我能够更快地收集和分析数据。学生追踪系统让我可以很好地了解学生处于哪一阶段,以及他们的"下一步"是什么。现在所有系统都顺利运行,写报告也变得更容易,包括所有对学习的评语。我觉得我在写报告前就已经对学生的学习情况以及下一步的学习方向了如指掌了。

我认为现在我认清了我的重点工作以及那些值得我花时间的工作。我觉得我真正地为我的学生带来了变化。

让学习可见

为了在课堂中实施可见的学习，我设立了一些示范课本（modeling book）并在每次小组会面中使用，小组的学习动机和成功标准都在上面明确列出。我在书中写下了每课的重点信息，学生们会在便利贴上写下自己的回复。如果学生们想通过成功标准来检验自己的学习情况、回顾讨论过的内容或后续学习任务的话，就可以去拿他们的小组示范课本。我在这本书里还附加了一张记录表，上面有学生的名字和一些表格。当他们达成一个学习目标时，他们可以在表格里打钩，我也能在表格里对学生的进步进行点评。学生们很想看到我在这些表上打钩，为此经常向我提供他们达成学习目标的证据。

我们是一个在线学习班级，学生需要创立自己学习和反思的电子记录。比如，他们可以录制视频来表达自己对解决问题的看法。我经常会用这些视频来教授其他学生。

我需要教我的学生去理解学习意味着什么，以及怎样才能成为一个好的学习者。我觉得这是我们和学生之间永恒的话题。年初，我们需要探讨如何提出一些好问题，如何倾听他人，如何记笔记，如何进行时间管理，当你茫然无头绪时该做些什么，挑选理智的同伴一起合作，以及如何讨论相互学到的东西。

形成有效反馈

为了在班级中建立起卓有成效的同伴反馈，我首先示范了如何根据成功标准给出反馈。我给学生们提供了一张写有几个句子开头的纸，他们把这张纸贴在书上，同时也会把它展示在班级墙上。

当我给学生写反馈时，我通常确保反馈与学生的学习意图有关，并让学生知道自己达到了哪一个成功标准。大部分评分都是我在课堂时间之外完成的，因此每次上课前我会先给学生5分钟的时间来阅读我写的反馈并与同伴讨论，决定以何种方式来解决问题。

我们经常在课堂上使用谷歌文档，这是一个非常好的合作工具。学生们能够在文件中共同写作，同时还能看到彼此的作品。当我将不同能力的学生结成搭档并要求他们合作写出一篇文章时，写作的效果尤其好。写反馈时，我会使用谷歌文件的评论功能，学生们也会用它进行自评和同伴互评。

收集并采纳学生的意见

雷切尔就一系列目标系统地向学生征求意见，这些模板都储存在谷歌文档上，以便于取用、升级和分享。图10.4、图10.5和图10.6都是示例，展示了雷切尔如何收集和处理学生在写作小组中的进步信息。学生意见、成绩数据和雷切尔的观察同等重要。总之，这些数据展现了一幅关于学生进展情况的丰富饱满的动态图景。图10.4展现的是某个学生在学年前三分之一时间里的数据。

在雷切尔为每个学生收集完这些信息后，她开始思考这些数据对小组下一阶段学习有何意义。图10.5就是一个例子。注意它直接提到了学生的意见。

然后，这种分析成为教学计划的基础。图10.6是所用的模板。

雷切尔用学生的意见来指导自己和学生的学习。她写道：

我深刻反思了自己的教学实践。我想知道自己是否给学生带来了影响，以及我的教学是否有效。我喜欢倾听学生对这节课的看法和采纳他们的意见。这能让他们感觉自己在主导学习，也能让他们更加专心。

每学期我都会收集在三个关键问题上的学生意见：我要达到什么目标水平？我如何达到目标水平？下一个目标是什么？如果学生无法说清楚他们正在学习的内容，我就知道我需要更为明确地表述学习意图。如果他们不知道自己进展如何，那我就知道我需要更为明确地制定成功标准，并给予更准确的反馈。

最近，我就如何在阅读上提供更多帮助，征求了学生的意见。这让我大开眼界，我由此明白学生希望从我身上获得哪些有价值的东西以及他们对哪些内容更加渴求。比如，我了解到，他们非常珍惜小组教学时间，并希望有更多的小组教学。

写作小组分析

小组名称： 教师： 教室： 学期： 周：
姓名：

学生姓名	上课时间	asTTle	asTTle aRs 分数	学生对学习的想法
科纳（Connor）	简单的计划，需要拓展构思和写作方面的想法，需要提升拼写和词汇，缺少句号，文章组织还不错。（第一学期）构思开始更为详细。 句子、标点符号、组织。（第一学期第九周） asTTle——在结构和组织上不错，词汇、句子、标点符号和拼写还需要努力。 需要不断使用标点符号，可以通过学习一些拼写规则来改善拼写，正在学习如何改进句子。在一些文本中会用到从书本阅读中学到的词汇。 标点符号、拼写。（第二学期第五周）			"我不知道。标点符号，我不太擅长。语言特点也是一样。"（第二学期） "或许在 asTTle 中有些方面我很差。我可以在自己的档案袋中看到——标点符号、拼写和词汇。"（第三学期）

图 10.4　写作小组分析（摘录）

聚焦学习

教师对学生写作需求的分析

这一数据让我了解到学生现在可以做什么，以及有什么需要学习的地方。

句子从 R3 到 R4/5

总体来看，这个小组需要学习如何使用一系列不同类型和长度的句子，以使其作文更为有趣。他们的文章开头都大同小异，因此他们需要学会使用不同的方式来组织句子，可以给句子增加一点细节，比如人物、事件、时间、地点和方式。学生意见也表明小组希望专攻句子和文章组织方面。

组织从 R4 到 R5/6

他们还需要学会分段，并知道在每种体裁中，何时开启一个新的段落。他们也需要理解怎样用主题句来组织一个段落——要点、解释和例证——明白其与主题思想的联系，知道我们需要如何考虑这三点以及它们是如何从构思阶段得出来的。同时，他们还要懂得如何将段落联系起来。

图 10.5　写作小组分析（摘录）

普遍学习需求 结合学生的进展情况，思考什么是重要且值得花费时间的任务。 教学目标	普遍学习需求 支持学习的教学策略和活动 哪项策略最有可能帮助我的学生学习这方面内容？	计划 学习意图	计划 成功标准（我能够）

图 10.6 教学计划模板

发展评价能力

我的学生在每学期都会为每门课设立目标，其中一项是小组的学习意图，另一项是个人目标。我示范如何建立 SMART 目标，学生必须在模板上填好成绩日期、达成目标步骤，同时留有空白让他们反思进展情况。一旦学生达到一个目标，他们就需要记录下哪里有证据能证明他们达到目标。

我一直确保自己为学生提供不同层次的范例，这样他们可以清楚地看到自己的目标，并对比范例来检视自己的作品，以便了解进展状况。这减轻了我的负担，我不再是唯一一个掌握所有知识和权力的人，这有助于学生真正主导自己的学习。反过来说，我认为这也促进了学生进步，因为他们为了进入量规的下一层次，会更加留心自己应该做什么。

在全校层次开发阅读和写作的量规，使我对学生的学习进程有了深入认识，对各阶段的特点有了更好的了解。之后我开始在写作课上使用"学生语言量规"。我给每个人都打印了一份量规，让他们贴在自己的书上，然后要求他们在小组会议中打开。我为学生们示范如何运用量规对一个作品进行自评和互评，特别强调用证据来证明其处于哪一个特定阶段。这帮助学生明确了自己正在做什么、进展情况怎么样，以及下一步应该怎么做。我的学生开始能够对他们的作品进行自我评分，运用量规来寻找需要提高的方面。

现在，学生们十分渴望向我展示他们是如何实现一个学习意图的。他们带着自己的学习成果过来找我，让我在他们的记录表上打钩。他们很喜欢读我在他们的示范课本上面写的评语，这些评语通常是关于他们目前的进展和下一步的目标。

当他们完成一次评估后，我的学生会询问结果。他们想知道，与上次相比，他们取得了什么样的进步、有多大程度的改变。我现在正努力让学生在我给他们的作品打分之前，按照类似于 e-asTTle 的形成性评价来对自己的作品进行自我评价，这样他们可以看到自己达到了哪一个水平。

学生现在能清楚表达他们的学习内容、学习进度以及为了弥补差距而采取的下一步措施。我和学生的对话、我收集到的学生意见、我们的团队领导和副校长在常规教学和学习项目督导中收集到的学生意见，都明显地体现了这一点。学生感觉到自己在决定下一步学习内容上能发挥重要作用，这也有助于他们掌握学习的自主权。他们知道哪里能找到成功标准，并在来找我之前按照这个成功标准检查自己的学习情况。他们知道他们能够成为自己的教师，不需要等我反馈也可以对学习进行自我评估。

学生非常乐于在班级中分享他们的评价结果，讨论他们的学习。他们也十分重视来自同学的反馈，因为我教会他们如何根据成功标准来给予建设性的反馈。他们明白每个人都有不同的长处，大家的目标也各不相同。他们相信，他们的同伴不会嘲笑他们或者他们的作品；他们知道，自己能够从那些有专长的同学身上学到自己并不擅长的东西。那些学会的学生则会非常自信地去教那些需要更多帮助的学生。

看到我的学生们变得更具反思性了，我很开心。当他们觉得某节课过于简单或者在某方面需要更多教学时，他们会在书中留下一点笔记。

雷切尔班级的下一步计划

当我开始在克利夫登学校任教时，在家长会上，只有学生在场时，教师和家长才会讨论学生的学习情况，收效甚微。我们现在进展到由学生主导的三方会议，各参与方都能平等发表意见。我希望在教师做出更多的示范和实践以后，这个会议可以渐渐由学生来主导。我会确保学生明确自己的学习方向、进展情况以及"下一步计划"，以便他们取得成功。

尤丽叶的观点

雷切尔的成长和自信也在很大程度上反映了尤丽叶及其领导团队的其他同事的领导力。尤丽叶说:"我们需要时间来培养有热忱、善激励的教师,但这就像一个漩涡,一旦开始,就会不断成长。"她提供了下面一些建议:

1. 在开始前对研究有充分的理解。
2. 在开始前找到自己的位置。
3. 创立一个例证充分且逻辑明确的行动规划。
4. 时刻准备好去改变行动规划(监测、评估、再评估)。
5. 寻找你的有热忱、善激励的教师,让他们有冒险的自由。
6. 接受教师也会犯错这一事实,就像学生会犯错一样:实际上应当鼓励犯错!
7. 提供一切可能的支持来让教师改正错误。
8. 明确自己的道德目标,当事情不顺时,回到事情本身并坚持下去!
9. 去做吧——多么令人振奋!

继续循环

谈到未来,尤丽叶说道:

我们希望继续我们的旅程。我们现在准备在合适的时候接受外部审查和支持,以此来评估我们学校现在所处的位置以及我们接下来应该怎么做。我们需要一个经过修订的行动计划,它能够指明我们在"可见的学习"这趟旅程中处于什么位置以及下一步怎么走。我们希望雷切尔和其他教师都能成为彼此的导师,互相帮助在课堂里发展"可见的学习"。我们希望这是审慎、有规划且专注的,不是那种粗制滥造、时好时坏的东西。我们希望那些愿意冒险的教师能与我们的教师在这趟振奋人心的旅程上一起诊断、干预和评估(DIE)①。

---

① 尤丽叶指的是约翰·哈蒂通过使用首字母缩略词"DIE"来强调诊断(diagnosis)、干预(intervention)和评估(evaluation)的重要性。——译者注

第 11 章　美国莫伯利学区

> 当学区的校长们走进新教师的教室，看到墙上张贴的学习任务和目标时，就会感受到这项工作的荣光。他们观察到很多教师经常在课堂上提到这些目标。新教师开始感觉到学生参与性的提高，他们和同事分享这份喜悦，进而激发了更多的学习兴趣。
>
> （塔拉·林克，新教师负责人，莫伯利学区）

通常，职前培训无法让新教师充分地做好准备，迎接来自课堂的挑战。这个非凡的故事讲述的是新教师的学习如何激发他们更有经验的同事对"可见的学习"的热情。

背　景

莫伯利学区[①]位于密苏里州，是哥伦比亚市以北 40 英里的一个半农村区域。它的人口是 13700 人，其中 K-12 在校人数大约是 2500 人。莫伯利学区很大一部分学生来自单亲家庭、蓝领工人家庭和处于或接近贫困线的家庭。62%的学生有资格获得免费或降价的早餐和/或午餐，这一比例远高于其他地区的学校。

该学区包含 7 所学校（经常被称作"教学楼"，building），每所学校都有一名校长，并由一名督导员和两名助理督导员领导。莫伯利学区的教育领导者认为本区的教育在不断进步。他们指出，学校员工拥有大量专业发展的机会，学校也有许多满足学生和家庭需求的支持系统。

教师刚入职时就获得了专业发展的机会。学区聘用了一名新教师负责人来实施全区的新教师入职培训项目，帮助他们在新的职业生涯上迈出最初那几

[①]　在美国，不同州会有不同形式的学区。一些州的学区可能包含这一地区所有的学校，另一些州的学区则包含一个镇或几个邻镇的所有学校。

步。这个项目名为 SHINE，代表"支持、帮助和激励新的教育者"（Supporting, Helping, and Inspiring New Educators）。这一项目服务于整个莫伯利学区的新教师，不论他们所教的年级或学科。SHINE 提供的学习机遇和支持还包括资深教师的指导。

概　　况

新教师负责人塔拉·林克希望为莫伯利学区的新教师打下一个更加坚实的知识和技能基础，而不同于新教师通常所接受的职前培训。对于大部分新教师来说，入职第一年是极富挑战性的，所以她需要找到一种方法，聚焦于那些真正有效的东西，同时能降低教师的工作负担和压力。塔拉知道很多有关"可见的学习"的知识，也喜欢强调学生学习以及对学生学习有最大影响的教学策略。

塔拉向莫伯利学区新教师提供一年的专业发展课程，旨在帮助他们理解和掌握促使学生从表层思维转向深度思维的教学策略。大部分学习内容都是关于如何有效地运用学习意图和反馈。她通过基于证据的走课，监控将学习付诸实践的过程，与学校领导者一起引导新教师。在这个过程中，她不仅鼓舞了新教师，也激起职业中期教师和资深教师的学习热情。随着对"可见的学习"研究理解的日益加深，以及它对新教师课堂的影响越来越大，学区领导者决定将这一项目扩展到所有教师。他们申请了一笔州立资金，建立了一个指导联盟，带领整个学区系统地实施"可见的学习"。

有代表性的教师

塔拉·林克是莫伯利学区一位有着 19 年工作经验的教育专家。她刚开始时担任 6 年级的科学教师，之后在中学教授阅读和学习技巧。这之后的四年，她是 K-2 的首席干预专家（Title Ⅰ interventionist），在一所小学领导专业学习。六年前塔拉被任命为新教师负责人。她的目标是帮助教师将教育研究和课堂教学联系起来。

莫伯利学区的"可见的学习"故事

理想的学习成果是什么?

作为新教师负责人,塔拉·林克经常需要出现在教师课堂中。她观察到学生学习时不是很投入,这让她很忧虑。当她问学生学到什么东西时,学生大多只能描述学习活动,而说不出学习目标以及达成目标的进展情况。这一点不足为奇,因为塔拉发现教师也很少设定学习意图并向学生解释。

当塔拉和莫伯利学区专业发展委员会的同事们读了约翰·哈蒂的《可见的学习(教师版)》后,他们意识到正好借此机会解决这个问题。塔拉随后参加了一个由"可见的学习+"顾问安斯利·罗斯促成的工作坊,她的想法更加肯定了。在莫伯利学区领导人的支持下,塔拉联系了安斯利,让她指导如何运用"可见的学习"方法推动新教师项目。

塔拉、安斯利和学区领导人对莫伯利学区的学生开展了一次深度调查。在收集和检验这些证据之后,塔拉、安斯利和学区领导人一致同意学生们需要更好的支持,从而实现:

- 自主批判地思考,面对每天从不同媒介汹涌而来的信息,能做出良好的决策;
- 理解他们的学习目标、为了达成目标他们需要取得何种进步,以及如何通过自我反思来提升学习。

基于他们对有效教学研究的探究和理解,莫伯利学区领导者决定目前的首要任务是让学生们能够进行自我评价。当这个项目率先在新教师课堂中实施时,学区领导人也希望这个项目可以很快带领全区教师进行改革。

教师和学校领导需要什么知识和技能来取得这些成果？

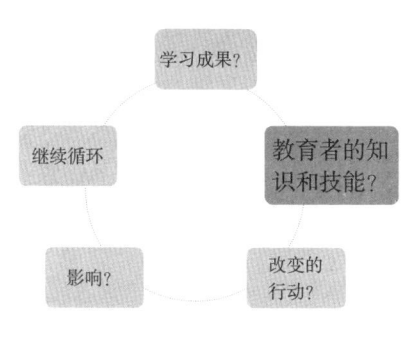

SHINE 项目为莫伯利学区的新教师提供了课堂支持和专业发展，这是他们支持学生学习所必需的。尽管课堂管理仍是重点，但塔拉和其他学区领导人认为优质教学和教师实践才是最好的课堂管理方式，也是学生学习的关键。这个项目长达两年，是共同努力的结晶：塔拉、学区的校长们和指导教师通力合作为新教师提供了最好的支持。

在任何形式的合作专业学习中，明确你希望所有教师知道什么和做什么都是非常有必要的。瞄准他们的需求对于很多新教师来说尤为重要，他们或许已经感到压力重大了，他们没有时间或精力用在未经检验的理论或理念上。

> 教学要对学生的学习产生影响，这里有几个要点，所有教师不论所教的年级和学科，都应该将这些要点融汇在自己的教学之中。作为专业教育者，教师应该站在学生的角度思考，知道学生的需求并做出相应的回应。如果我们要使学生的学习机会最大化，教师在教学时就要以理解为基础。他们还要有机会尝试将自己的学习和实践联系起来，同时需要资源和工具来帮助他们了解学生。
>
> （塔拉·林克）

《可见的学习》（Hattie, 2009）和《可见的学习（教师版）》（Hattie, 2012b）确认并阐述了教师实践中对学生学习影响最大的因素，这有助于学区决定从什么地方开始着手。

莫伯利学区的总体目标是让学生成为能够自我评估的学习者，这样教师的目标就是为学生提供途径来达成这个目标。约翰·哈蒂的研究表明，评估能力与教师提供的有效反馈息息相关，这也要求教师建立并实施清晰的学习意图、成功标准和学习进程。学生评估和学生自我反思是反馈的两个形式，可被用来促进学生和教师的联结学习。

塔拉和她在 SHINE 项目的同事需要检查他们关于教师需求的理论是否有现实依据。他们的核心问题在于"我的学生或新教师需要知道什么？"为了解决

210 | 可见的学习在行动

这个问题，他们要求新教师思考他们做过但研究表明对学习成果影响甚微甚至带来负面影响的事情。这次调查的结果进一步肯定了领导者关于从哪里着手的想法。领导者基本上承认，这意味着他们和同事需要从向学生提供信息转变为引导学生思考。教师需要不再替学生思考和学习，这一点非常重要。

尽管教师的专业学习可以通过学生需求预测，但还有另外一个层面的需求。学校领导者在参观课堂时运用学习目标和与学生谈论所学内容，必须更有目的性地提供反馈。

教师和学校领导尝试了什么新行动？

塔拉·林克和她的团队阅读了他们可以找到的所有关于学习意图、直接教学及反馈方面的材料。安斯利·罗斯在获取信息、指导和反馈上给予帮助。在新教师全天的专业发展工作坊上，塔拉安排了学习活动和阅读材料，帮助他们理解学习意图和成功标准为什么这么重要，以及他们应该如何在课堂中实施。

领导者认为这对于教师和学生都是一个学习的过程，因此没有为这些方案的实施设立期限。他们从小处着手，取得成功以后再继续前行。然而，他们非常明确地表示，从一开始他们就期望看到学习动机和成功标准融入每天的教学活动。

> 约翰·哈蒂说过"学习不简单"，这句话同时适用于教师和学生。成年人有时会认为可以一劳永逸，但是教学是一个终身学习的过程，你永远也不可能完成这项事业。我们要不断地向教师传达这一点。
>
> （塔拉·林克）

在课堂参观后的工作坊上，塔拉和学校领导者们有机会为教师提供反馈，同时参与讨论实践所取得的成功和面临的挑战。他们使用学习意图和成功标准将反馈的对话聚焦在想要改变的领域，同时帮助教师监控教学对于学生的影响。

这些观察和讨论很快显示出，他们迫切需要在描述学习意图时采取一套相同的语言。团队希望能够选择那些便于学生使用的词汇。经过大量阅读和讨论后，团队决定采用"学习目标"（learning targets）指称学生在课程中每天应该学到的信息、技能或过程，用"学习目的"（learning goals）指称学习目标引领他们实现的更大的目的。

其中一位新教师这样向学生解释学习目标：

> 我告诉我的学生，学习目标就像购物清单。如果你带着一个清单去商店，你就会很专注，按照清单上的东西一个个购买。在你离开商店时你会感觉自己达到了目的，节省了时间和金钱。反过来说，如果你没有购物清单就去了超市，你很有可能会买下任何东西甚至所有东西，你也会很容易分心——尤其是在节假日的时候。
>
> [基姆·韦尔奇（Kim Welch），3年级教师，
> 格雷茨·布朗（Gratz Brown）小学]

塔拉和她的团队为全区 K-8 年级提供了大量"可见的学习"工作坊。除了服务于莫伯利学区的新教师以外，塔拉还开始计划将"可见的学习"推广到整个密苏里州的新教师和有经验的教师身上。这些工作坊含有亲身体验的活动，帮助教师从学生角度认识学习目标和学习目的的价值。塔拉通过开展调查和要求教师写书面的评论，及时了解这些活动对教师的影响。

教师很容易被困在如何实施新想法和实践里，而忘记了检查他们对学生学习的影响。要将关注点从"教师的教"转移到"学生的学"上，教师经历了一段困难的时期。教师经常会问塔拉和她的团队这样一个问题："我这么做对吗？"他们通常如是回答："观察，倾听，和学生对话。他们会用自己的行动、想法和表现来告诉你答案。"领导者们在参观课堂和询问学生的学习情况时做出了示范。

在全区范围内，教师们尽可能多地阅读有关"可见的学习"的材料。核心阅读材料包括约翰·哈蒂的《可见的学习（教师版）》（Hattie, 2012b）、约翰·哈蒂的《认识你的影响力》（*Know Thy Impact*, Hattie, 2012a）以及科尼·莫斯（Connie Moss）和苏珊·布鲁克哈特（Susan Brookhart）的《学习目标》（*Learning Targets*, Moss & Brookhart, 2012）。这些阅读加上教师反馈以及对课堂师生互动的观察，共同决定了随着行动的推进，莫伯利学区下一步应该怎么做。

领导团队希望教师能够进行这样的阅读，因为他们希望教师思考特定策略背后的原则和理论，解释为什么要为特定学生群体和特定目的选择特定的策略。

为了成功实施干预，教师需要理解这些观点，然后才能获得后续的支持、时间和空间去"捣腾"怎么实施，探索什么能对教师和学生奏效，谈论他们的挑战和成功。他们需要进行规划、测试和检查影响的情况。

（塔拉·林克）

塔拉希望通过提供合适的资源，比如教师对话的时间和支持，确保专业发展的持续进行。最初，她负责在工作坊以后继续跟进，但她希望能确保每个人都理解这些新策略，并支持这些策略的实施。这就意味着学校和学区领导者（行政人员）也需要理解它们。

在教师和行政人员之间需要建立一座知识的桥梁。随着行政人员从改革的领导者转变为教学的领导者，他们需要理解"可见的学习"，当他们每天走进课堂时，他们要知道观察什么。学校不同层次的部门需要相互合作，而非各自为政。

（塔拉·林克）

改变的行动对学生的预期学习成果有什么影响？

塔拉及其团队的每周观察结果显示，大部分教师都向学生呈现书面的学习目标和成功标准，向学生解释他们在学什么和为什么要学这些内容。随着实施的推进，教师和学生都更加擅长使用目标和标准去理清学习和提供反馈。以前十分被动的学生现在开始积极参与到学习中。他们的语言从"我在做什么"转换成"我在学什么"。对学生的访谈显示出，学生能准确谈论他们朝着目标的进展情况。那个将学习目标比喻成购物清单的教师观察到：

我注意到学生们在课上比去年更为专注。我认为学习目标给了他们一个为之奋斗的目的,这在任何学习中都是极为必要的。

(新教师,例证1)

当教师开始从学生身上受教,你就知道"可见的学习"奏效了。

我当时在1年级的一个教室里,学生在教师面前的地毯上席地而坐。教师开始讲课,他与学生做了一个游戏,即学生要根据提供的单词类型选择站立或坐下。这个游戏的目的在于让学生关注单词的后缀。

游戏进行到一半,一个小男孩举手,打断了游戏。教师允许他提问。他看了黑板上写好的学习目标,告诉教师:"今天的学习目标是合成词,但现在我们并没有按照这个学习目标来上课。"这很神奇。学生坚持要求教师回到目标上,那是他期望学到的东西。

(塔拉·林克)

"可见的学习"涉及的是对所有学生都有效的策略。一个新教师谈论了她的一些有特殊教育需求的学生是如何逐渐实现教育成功并迎接新学习所带来的挑战的。

我发现,有特殊教育需求的学生并不觉得这些概念很难懂,"可见的学习"使他们能够专注于课堂中真正重要的内容。

(新教师,例证2)

这种转变并非没有遇到抵触。作为教育者,对于学生的脆弱,我们习惯给予鼓励,但很难放开手,承认我们也会犯错。很多学习会挑战我们的思维方式,特别是教师在课堂中的地位。以下是两位新教师的心声,这表明了在这种脆弱面前,很小的成功都能建立理解和信任:

我承认在最初接触这个概念时,我对学习目标的有效性是持怀疑态度的。我很难区分它和我之前教学生所用的目标(objectives)之间的区别。在我的脑海里,我知道我希望学生在课程中做什么,我在每天的课程计划中也写出了我的目标。然而,我对于学习目标了解得越多,越能意识到这是针对教学的非同寻常的方法，而不仅仅是你当天需要完成的目标。

（新教师，例证3）

我从本学年开始使用学习目标，我变得更有目的性——不仅是学生在课堂上要做什么，而且是学生在课堂上要学习什么。在使用学习目标以后，我的教学发生了彻底的改变。学生开始主导自己的学习。他们明确知道自己在一节课结束时应该学到什么内容。如果我忘记告诉他们学习目标，他们居然还会主动询问。对于学生的这种转变，我感觉很惊奇。他们的学习质量整体提高了，分数也比我之前所教的班级高。我成为一个"学习目标"的信奉者，我知道花工夫把这些目标写在黑板上是值得的。

（新教师，例证4）

一名7年级的传媒艺术教师接受这个挑战并采取新的学习方式。她选择了最具挑战性的一个班级来实施学习目标。学年结束前，学生和教师的态度都有所改进，学生们在总体上对学习更加投入了。在全国评估考试中他们获得的成绩与那些由有经验的教师教授的学生的成绩不相上下。这个项目开始在教学指导教师中产生影响，他们在学员所带的班级上可以看到学习目标、目的和反馈对学生的影响。一些教学指导教师开始自愿加入其中，并向那些意志坚定的学员学习。这在学区形成了一种繁忙景象。教师们会在午饭时间和其他非正式场合中讨论这个话题，一些教师会去参观那些实施"可见的学习"策略的课堂。他们告诉领导者，他们希望在自己的班级里采取相同的策略。他们也希望实施"可见的学习"。

学区领导者的反应是将"可见的学习"作为莫伯利学区所有教师继续专业学习的一部分。同一年级或同一学科的教师一起进行合作学习。学区领导者编制了一套新的评估表格去辅助这种学习。新表格里含有很多预期实践的提示，观察者需要在课堂上找出这些实践，比如运用学习目标和观察其对学生的影响。它的作用不仅是一张检查清单，它旨在引导教师、学校领导和学区领导者之间正式和非正式的专业学习对话。

"可见的学习"项目从学区的一群特定的教师开始，现在它的影响力扩展到所有层次的教师，甚至对其他学区也产生了影响。莫伯利学区还有很长的路要走，但是它目前取得的成果是为人称道的。回望它走过的旅程，塔拉·林克表示：

> 服从本身是没有效果的。我们必须真正理解培养有评价能力的学习者的重要性。此外，对学习目标／目的、反馈、学生的自我评价有过于苛刻的期望都是非常有害的。这样做过多强调了任务而忽略了目的。教师应该知道，他们需要了解对学生的学习最有效的是什么，采取相应的措施。决策时必须要有一些准则和核心认识作为引导，但是只提供一个狭小的沙箱会削弱我们的目的，即学生学习。
>
> 领导者和教师应允许自己有时间尝试新的学习，并真正站在学生的角度思考问题；应该提供机会去反思、进行同侪对话和花时间去了解"可见的学习"背后真正重要的东西。领导者应当愿意抛出需要批判性思考的问题，愿意与教师一起探讨、一起尝试，决定什么是有效的、什么是无效的，但是最重要的是，要知道它们为什么有效或无效。这不是一夜之间就能完成的，高质量的工作更加不是。

当教师将重心放在学生学习上，他们就不会偏航。文化意味着一切。反馈对于学生很有效，尤其是以错误这种形式出现的反馈最为有效。教师在努力地实施学习意图、反馈和学生自我反思时，必须重视并接受学生所犯的错误。

继续循环

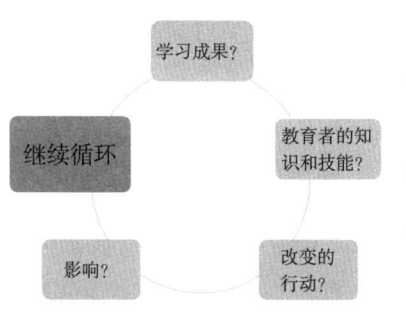

在安斯利·罗斯的帮助下，莫伯利学区下一步将会聚焦于学生的自我反思，作为给学生和教师的其中一种反馈形式。他们会设法支持学生将自我反思与学习目标、成功标准联系起来。这个学区还需要找到更好的方式来将数据的收集和分析系统化。

第12章　美国沃尔福德小学

沃尔福德小学花费了很大精力来改变教师和学生的思维方式。在学校领导者、教师和"可见的学习+"顾问安斯利·罗斯的共同努力下，沃尔福德小学的教师正在重新定义成为一名"有热忱、善激励的教师"意味着什么。

> 我喜欢让学生在自己的学习中发挥重要作用。比如，在写作课中，每个学生都会使用量规和检查清单，为自己想要学习的领域设立具体目标。我会和学生一起检查他们的目标，给予肯定，并让他们解释为什么选择这些目标。
>
> [詹妮弗·英格勒姆（Jennifer Ingram），1年级教师]

> 有特殊需求的学生，尤其是那些在行为上遇到问题的学生，在掌控自己的学习和行为时会倾向于产生一种很强的满足感。他们喜欢"拥有"自己的成功。在MAP（Measures of Academic Progress，学术进步测量）[①]考试前，我和学生开会，为他们设定一个分数，让他们"击败"这个分数。那些孩子会非常努力，对于大部分学生来说，奖励恰恰是"击败"这个分数，而非其他有形的奖励，这也在我的预想之中。
>
> [艾米·托马斯（Amy Thomas），特殊教育团队领导]

在沃尔福德小学，课堂的中心不是成人，而是学生。无论学生的个性如何，他们的学习和如何能进步是最重要的。设想一下，如果这就是所有教师进行教与学的方式，会发生什么。

[①] MAP是一种常模参照、标准化的在计算机上实施的评估，这种评估的设计目的是展示学生的成长情况，与学校课程并不一致。

背　景

沃尔福德小学位于得克萨斯州麦金尼市，属于麦金尼私立学校学区。这个学校有 600 名学生，从幼儿园一直到 5 年级。这所学校处于社会经济较为发达的区域，但是它的人口构成在近年来有所转变，出现了许多单亲家庭，同时很多家庭的母亲都有工作。在 2005—2006 学年，这所学校有不到 2% 的贫困学生。2013—2014 年，13% 的学生处于贫困状态。

该校有 8% 的学生是非裔美国人，12% 为西班牙裔，5% 为亚裔，84% 为白种人。[1] 对于其中 2% 的学生来说，英语是他们的第二语言或外语。12% 的学生被认为有特殊教育需求，沃尔福德小学为有自闭症倾向的学生开设了两个班级。

在沃尔福德小学实施"可见的学习"的第一年，其领导团队包括副校长卡罗尔·图尔凯特、校长弗兰·格拉特（Fran Gratt），以及教师克里斯托尔·马修斯（Christal Matthews）、多利娜·罗卡斯（Dorina Rocas）、莉奈特·哈金斯（Lynette Higgins）、辛迪·梅格里奇（Cindy Megelich）和温·布劳纳（Wyn Brawner）。更多教师在第二年加入他们，带来了新的专业智识和视角。

概　况

沃尔福德小学的成绩结果表明，教师工作做得很好，但教师在每年考试结束以后都会觉得他们可以做得更好、更深入。为了回应这个问题，学校领导团队开始花时间思考和讨论学生参与和教师实践。他们的结论是，学生没有积极地参与到学习中，教师需要获得支持以寻找使学生更加投入的方式。

在寻找解决方案的过程中，副校长卡罗尔·图尔凯特关注到在其圈子内开展的"可见的学习+"培训会议。卡罗尔认为培训中描述的方法正是学校需要的。在来自美国柯温出版社"可见的学习+"团队的顾问安斯利·罗斯的支持下，卡罗尔和其他学校领导团队成员开始与教师一起开展提升学生参与度所需的专业学习。教师在尝试把他们学到的东西应用于课堂以后，更加坚定地支持"可见的学习"所提倡的原则。现在，沃尔福德小学的教师和学生对学习的热情仍

---

[1] 所有百分数加在一起是超过 100% 的，因为"西班牙裔"被视为少数民族，在多个分类中都会出现。它是美国第二大族群，因此大部分西班牙裔人会以西班牙裔/白种人来上报，同时还有少数会以西班牙裔/非裔人甚至西班牙裔/美国印第安人来上报。

在不断增长，这正是"可见的学习者"的特征之一。

有代表性的领导者

卡罗尔·图尔凯特是沃尔福德小学的副校长。作为一名教育工作者，她已经在 K-12 阶段工作 30 多年了。除了普通的教师身份外，卡罗尔还是一名专攻阅读障碍的特殊教育工作者，同时她还为那些母语为非英语的学生教授英语。她曾经是教师培训的负责人和行政人员。她很喜欢提供不同主题的专业发展指导。

沃尔福德小学的"可见的学习"故事

理想的学习成果是什么？

与同类型学校的学生相比，沃尔福德小学的学生通常表现更好，但是他们似乎并未完全投入到学习中，这让教师十分担忧。他们也意识到人口构成的变化意味着学生构成的多样性在增加，这将带来更大的优势和挑战。

卡罗尔·图尔凯特对教与学有着坚定的信仰：

> 我最关心的是，作为教育者，我们应该积极寻求那些能够确保我们的学生成为成功学习者的知识和技能。我认为，当一个孩子学习失败了，对学校的影响可能微乎其微，但对那个孩子来说却意味着绝对的失败，这是难以接受的。我从未放弃我的追求——让每个孩子都获得学习的能力，向每个孩子诠释成功。我很担心我们学校会滞后于人口变化的曲线，如果人口构成继续改变，而我们又没有做好准备去教导那些进入我们社区的孩子，我们的学生就会遭受痛苦。

2013 年，卡罗尔参加了"可见的学习⁺"工作坊，她意识到工作坊描述的干预措施正是学校一直以来寻求的答案。她和校长弗兰·格拉特组建了一个团队，让领导者和教师一起引领学校的"可见的学习"干预。

在"可见的学习"的干预中，对学生特定需求的初期调查通常优先于学生的意见。在沃尔福德小学，调查的方式是"可见的学习"领导团队向学生询问以下问题并录像："什么造就了良好的学习者？""什么让学习有趣？"表12.1展示的是学生对其中一个问题回答的样例。可以看出，大部分学生把好的学习与好的行为联系起来，而不是研究证明能带来成功的策略和品质。

表12.1 学生关于"什么造就了良好的学习者？"这一问题的回答样例

年级	回答
2年级	"当你认真学习，听教师讲课，并尽自己最大的努力。"
3年级	"总是集中精神，留心听教师教授的内容。" "当你上课时集中注意力，按指示行事，不到处捣乱。"
4年级	"当你听教师讲课，你能学到很多知识并取得更好的成绩。"
5年级	"嗯，这需要尊重和良好的倾听。" "嗯，教育、听教师讲、大部分时间都在努力学习、尽自己最大的努力，这都是良好学习者的必备要素。它们能帮助你比其他人接受更好的教育、学到更多的知识，这样你能通过更多的考试、获得更好的成绩。" "一个好的学习者总会集中注意力。"

这一调查证实了沃尔福德小学的学生需要更好地理解积极参与学习的价值以及为达成目标所要学会的技能和策略。比如他们需要学习：

- 如何增强作为学习者的自主性和独立性；
- 如何设立学习目标并根据目标来评估自己的学习；
- 如何参与同学之间的合作学习；
- 区分"好的行为"和学习行为之间的差别；
- 如何将新信息与已有知识联系起来；
- 如何进行深度思考。

学校教师都认为他们的首要目标是让学生在离开学校时能够更好地理解学习是什么，他们需要成为有热忱、善激励的教师，以此来帮助学生达成目标。为了指导、了解和监控"可见的学习"旅程，学校在接下来的调查问题中将学生和教师的需求结合起来，就是自然而然的事情了。

- 有意义的学生参与：面对困难，学生会坚持吗？他们理解"良好学习者的品质"吗？学生在回应、拓展、质疑和/或创造产品时，承担了合理的风险吗？学生真正积极地参与学习了吗？
- 学习的成功：学生在各类测试中能取得持续的成功吗？这些测试与学习目标一致吗？学生能够解释他们的思考、计划、作业或任务吗？课堂讨论、反馈、学生语言与学习目标一致吗？有经过注释的范例或量规供学生使用吗？
- 批判性思维和问题解决：学生能够成功地解决问题吗？学生能否运用、创造或设计策略来进行批判性思维或问题解决？学生是否持续地参与到批判性思维或问题解决活动中？
- 一致性：课程目标与得克萨斯州基础知识和技能（Texas Essential Knowledge and Skills，简称 TEKS）[①]是否一致？课程目标是否以"我能够"或"我将要"开头来陈述？学生能够告诉教师学习目标是什么吗？
- 自我引导：学生能够持续成功地拓展学习吗？他们能对教师或同学提出恰当的质疑吗？学生能在集体中分享自己的观点吗？
- 指导：学生是否将错误视为学习过程中非常重要的一个步骤？教师能够倾听学生吗？学生有机会去指导别人吗？

教师和学校领导需要什么知识和技能来取得这些成果？

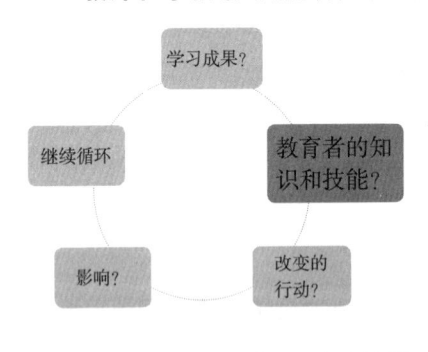

在影响循环的下一阶段，领导团队以"可见的学习⁺矩阵模型"为工具，加深对知识和技能的理解。领导团队及其他教师需要这些知识和技能，从而向学生提供支持并将自己重塑为约翰·哈蒂所描述的"有热忱、善激励的教师"。这次调查的结果是，团队确认了表 12.2 所示的专业学习需求。

团队制订了一个"可见的学习"的行动计划，他们有意设定了一个灵活的时间表，这意味着这个计划能随着教师和领导者检视与反思他们的实践而不断

[①] 得克萨斯州基础知识和技能是关于学生应该知道什么和能够做什么的州标准。

地做出改进。这个行动计划还配有规划文件,用于向全体教师解释其背后的行动和理论。

教师和学校领导者尝试了什么新行动?

表 12.2 列出的学习领域是综合性的,且需要支持性过程和框架。领导团队决定,通过为他们的年级组重新设定方向,引入促进教师之间合作的协议,从而使大部分的学习都能够发生。在团队中,教师有机会共同设计有挑战性和吸引人的课程,运用效果显著的教学实践方式,同时他们有一个安全的平台去讨论和分享他们的学习。与"有目的地改进"(intentional evolution)[1]这个理念一致,团队现在重新拟定了专业学习对话的协议。他们现在寻求使对话协议更加标准化,而不由各个年级组单独决定,这样整个学校都能更好地分享和理解他们的预期目标。

2012 学年初,卡罗尔为所有教师开展了"可见的学习"工作坊。她尤其强调教师作为评估者的角色定位,他们要持续评估自己对学生的影响。她强化了一个信息,即评估是对教师的反馈,能够让教师了解其教学效果。教师们探索了效应量这一概念以及"可见的学习"研究显示的最为有效的教学策略。

进一步的专业发展会议聚焦于学习策略,这些策略能为教师目标提供补充和支持,让教师有更多机会进行计划和反思。教师辨别了"专家"和"有经验的"教师之间的差别,意识到以清晰的学习意图和成功标准为核心的清晰教学的重要性。他们对有效学习者的品质和"学习低谷"[2]等概念达成了共识,开始设计和建立量规及经过点评的范例(见图 12.1、图 12.2 和图 12.3)。

---

[1] 这个理念是指有意识和有目的的改进才能带来提高。
[2] 詹姆斯·诺丁汉最先使用"学习低谷"这一比喻,以此来向学生解释最近发展区概念,即他们陷入困难的地方。他们需要有意识地反思学习过程和必要的相关品质,才能从低谷中走出来。

表12.2　沃尔福德小学专业学习需求

关注点	方面
课堂互动	确保拥有较高效应量的教学实践能成为每个课堂的标准。 让学习变得可见。 教师和学生的反馈。 师生关系。 当学生没有达到预期目标时应该怎么做？ 理解学习进程，明白学生以不同的速度进行学习。
专业合作	聚焦于学生学习的团队规划。 有热忱、善激励的教师在规划会议上与团队成员分享数据时需要感到安全，这样才能在团队中辨识出他们的优势和劣势。 要增加教师之间在教学和学生学习上的合作，允许教师评估自己的教学实践，按照学生的需求来进行调整，无论学生有何种特殊需求、经济地位、种族、行为、母语等。 团队规划需要聚焦在工作上，课要与学生预期的课程保持一致。
事实收集	认识你的影响力：根据教师对学生的影响做出回应。 需要分析学生数据，分析学生学习和教师教学的优势和劣势。 使用从多种途径获得的数据。 运用多种数据测试（学区基准、州评估、诊断性阅读评估、学术进步测量、"智能站"阅读线上测评系统、得克萨斯州早期教学量表等）来分析学生和教师的表现。
我的进展怎么样	教师需要反思自己的教学以及他们在规划和教学上的优势和劣势。 教师需要知道如何为学生和家长提供目标明确且有针对性的反馈，这样学生和家长才能理解学生现在的学习进度、未来的方向和努力的方式。
建立学习社区	拆除不同年级之间的"墙"，使教师能够根据他们的优势跨年级地分享他们的学生案例，以取得最好的学习成果。 家长需要理解从教到学的转变，确保他们能够在家为儿童的学习提供支持。

图 12.1　良好学习者的品质

译者注：图 12.1 中最上面一幅图片为"良好学习者的品质"，下面的图片分别对"思考、反思、好奇、自知、质疑、联系、坚定和学习低谷"做了简单描述。

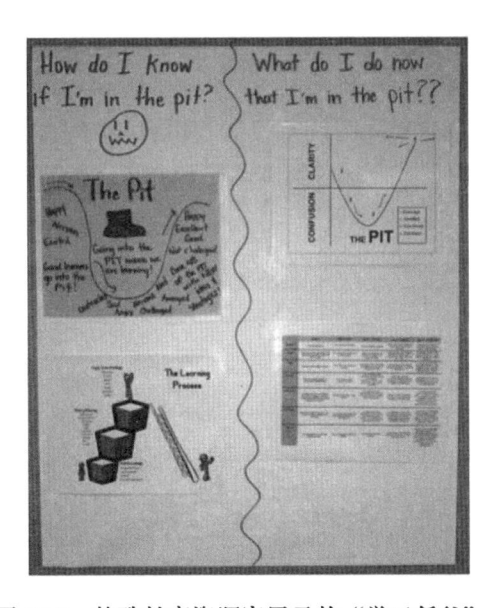

图 12.2　特殊教育资源室展示的"学习低谷"

译者注：图 12.2 中用图表描述了两个问题，"如果我处于学习低谷，我如何能够知道？""如果我现在处于学习低谷，我该做什么？"

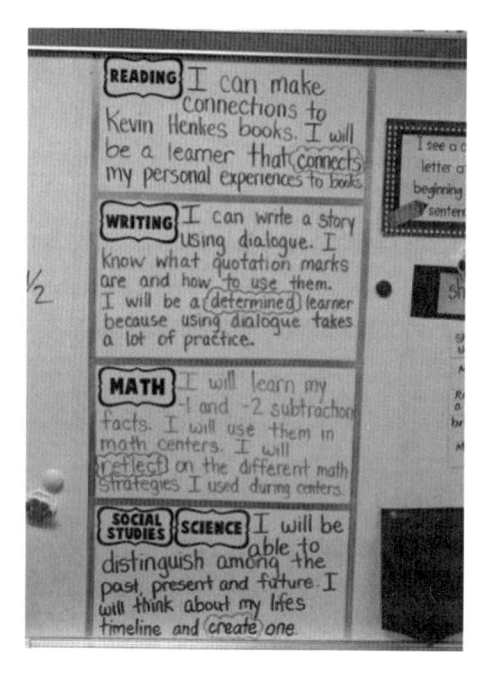

图 12.3　将学习者品质融入每日的学习目标

译者注：图 12.3 中"阅读"的学习目标是："我能够联系凯文·汉克斯（Kevin Henkes）的著作。我会成为一个优秀的学习者，将自己的个人经历与著作联系起来。"

"写作"的目标是："我能够用对话写一个故事。我知道引号是什么，知道如何使用它们。我会成为一个坚定的学习者，因为使用对话需要进行大量练习。"

"数学"的目标是："我将学会 –1 和 –2 的减法计算。我将在数学课上使用它们。我会反思我在数学课上使用的不同的数学技巧。"

"社会研究"和"科学"的目标是："我将能够区分过去、现在和将来。我将思考自己人生的时间轴，然后把它画下来。"

"可见的学习"领导团队试图通过定期提供信息，将干预放在教师思维的首要位置。比如，他们每周向所有教师发送电子版的通讯稿，卡罗尔还建立了一个学校博客。时间允许的情况下，学校领导会参与团队会议。卡罗尔还想让家长参与进来，向他们解释"可见的学习"的由来以及沃尔福德小学使用这一方法的原因。她在一篇通讯中写道：

沃尔福德小学的教师大家庭继续着他们的学习旅程，他们带领我们的学生取得更大成功。我们一直在关注现任澳大利亚墨尔本大学教育学教授和墨尔本教育研究中心主任的约翰·哈蒂的著作。哈蒂创作了现今教育研究中最具影响力的一些著作。

教师进行了实践变革并尝试实施由团队一起开发的课程计划，与此同时，他们敞开教室的大门，让领导团队能够经常地走课和观察。学区要求学校使用标准化走课表格，但是领导者使用了与全体职工一起开发的调查问卷来指导自己的观察。他们发现这意味着他们可以提出自己建设性的反馈而不会被误认为是批评。

领导团队在所有的交流中都传达了这样一个信息，即这种干预与所有人的学习都有关系，包括他们自身的学习。通过这样做，他们希望教师放心地把他们的实践对他人开放。同时，他们希望教师能够理解，教师自己就是"可见的学习"策略的主导者，并能在课堂上实施这一策略。"可见的学习"不应成为一个可有可无的额外选项。

这种干预不是毫无阻碍的。沃尔福德小学团队需要在得克萨斯州和联邦政府的限制下运行。与其他得克萨斯州学校一样，沃尔福德小学有国家强制实施的课程要求和评估。教师在教学内容和每日时间安排上没有太多的自主权。但是这并不能阻碍他们。通过调查和对话，领导者加深了这样一种理解，即教师能够掌控他们的合作程度。他们控制着自己的教学方式、他们对学生的影响，以及对学生学习的关注。

改变的行动对学生的预期学习成果有什么影响？

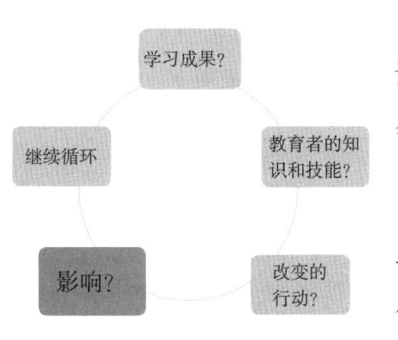

沃尔福德小学最大的变化在于全校师生的语言和行为现在都聚焦于学习，而非教学。卡罗尔·图尔凯特说道：

过去我们将学习视为教学的副产品。不要误解我的意思，我们一直非常重视学生的学习，但是在实施"可见的学习"之前，教学才是我们的关注点。我们花费大量时间和精力在自身和教学内容上。我们将学生的注意力和学生互动视为课堂上最重要的东西，在真实课堂中，它们可以作为衡量学习的方式。但是我们都知道，深究下去，我们的学生经常或频繁地处于一种分心的状态，对发生了什么也一无所知。他们显然没有觉得自己是学习者。集中注意力和举止得体当然也很重要，但是现在教师谈论的就是"学习"。我希望"可见的学习"能继续对我们的成长和学习产生重要影响。

领导者观察到，无论在本年级还是在整所学校，教师都开始主导日常运作。他们为领导者带来的是建议和问题解决方案，而非抱怨。专业对话多了起来，主要集中于教师对学生的影响。这些对话的主旨揭示了，教师将自己视为积极的学习促进者，而不是教学者。

在走课和课堂观察中，领导者注意到学生对学习的参与程度提高了。在一个4年级教室，一个观察者听见学生说道："老师，求求你了，能再给我五分钟吗？我真的很想解决这个问题！"

学生能够讨论自己的学习：他们现在处于哪里、要往哪里去和如何去那里。他们可以独立学习，也可以在小组中协作，教师也会参与到小组指导中。他们聚焦于学习，彼此的对话以学习为中心，而不是社交生活。

有迹象表明，学生逐渐理解了学校对他们的期望，并利用这些期望去实现更高的目标。比如，1年级教师会在写作量规中附上带注释的范例，并向学生做出示范（见图12.4）。随后的观察显示，学生们在写作中会使用这些范例。

进步的一个指标是学生开始使用学习者品质和"学习低谷"的比喻。当一个幼儿园教师在使用智能白板上的一个程序时遇到问题，她的一个学生高声说道："格兰特老师，你掉进了学习低谷！"1年级学生会告诉自己的教师："我在学习低谷下面。"而2年级学生被问到某个单词的反义词时，其他同学都急着举手回答，他会说："等等，我的轮子在转，让我想想"，然后分享自己的答案。当一个男孩想到解决数学问题的方法时，他会说："天哪！这道题可真是让我掉进学习低谷了！"

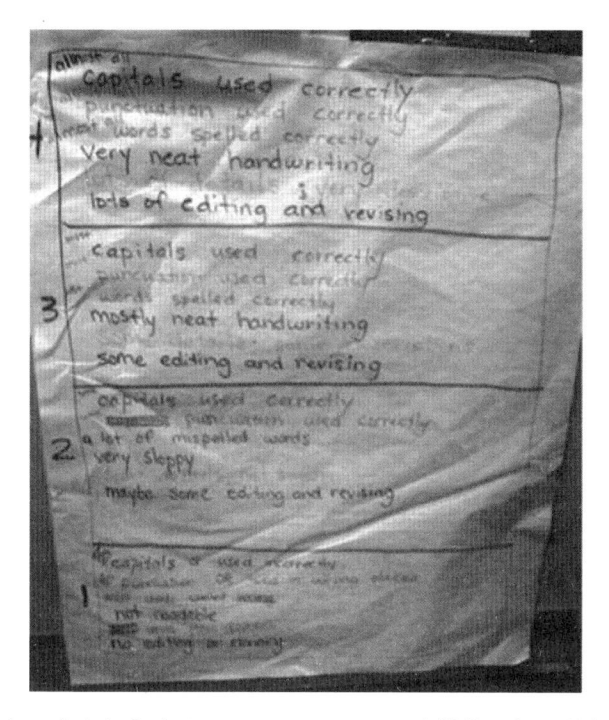

图 12.4　由米歇尔·麦吉尔夫雷（Michele McGilvray）和她的 2 年级学生开发的写作量规

译者注：图 12.4 中的写作量规由高到低分为四个级别，主要从"大写字母使用是否正确、标点符号使用是否正确、词语拼写是否正确、字迹是否工整、细节的描述是否充分和编辑校对是否有效"等方面进行评价。

教师们会尝试一些教学策略，如课堂讨论、相互教学、概念地图和范例。他们经常巡视整个教室，当发现学生注意力减弱时，他们就会用让学生兴奋的活动来提升大脑供氧水平，这样学生才能回到参与的状态。学生也会让教师知道他们的大脑何时需要休息。这种对自我调节需求的理解能力对学习也有积极影响，学生能够估计他们什么时候会分心，并运用恰当的技巧进行调整。

其中一种新举措是邀请高年级学生参与课堂，根据需求为低年级学生提供学业支持。领导者注意到这种关系有助于在课堂和整个学校建立更加温暖且友爱的环境。

教师更擅长评估自己的教学及其对学生的影响。他们开展新的教学实践，并按照学生需要做出相应改变。通过数据分析和专业合作，他们对自己和同事的工作进行监控。学校建立了系统和流程来支持这种持续的探究，比如：

- 领导者会经常进行走课，为教师提供反馈和支持。
- 领导者和教师会监控多种来源的数据。年级组和教师个体都会对数据进行讨论。
- 在干预反馈会议（Response to Intervention，简称 RTI）上会讨论学生个体需求和解决策略，讨论结果会提供给教师并在课堂教学中实施。
- 年级组组长每周要向行政部门汇报规划会议上提出的进程和结果。

其中一个调查自身影响的案例是沃尔福德小学的幼儿园团队。通过分析 2010 年的数据，该团队注意到，22% 的学生在学年末离开幼儿园时诊断性阅读评估（Diagnostic Reading Assessment，简称 DRA）的结果为 10 级或以上。尽管学区标准为幼儿园学生设立的学年末目标是 4—6 级，但沃尔福德小学幼儿园的标准却是让学生达到 10 级或以上。整个团队认为通过重点的教学和让学习变得可见，他们的学生能够成功应对更多挑战。2012 学年末，62% 的学生达到了这个标准。教师检验了他们对学生产生的影响，并确定如何改善步骤和时间表以达成目标。

> 教师认为他们在行为管理上浪费了太多时间。经过微调后，他们现在能够为学习者带来最和善的教育体验，包括非结构化的游戏，来支持他们。你应该看看那些孩子多么开心和成功！学习的成功促进他们不断成长。
>
> （卡罗尔·图尔凯特）

下面这段话表现出沃尔福德小学学校教师目前对"可见的学习"的巨大热情：

> 这一年，我最关注的学习者品质是自我意识。学生会持续不断地对自己和同学做出评价，以此来确定其学习优势及想要提升的领域。他们与我对话、与彼此对话，对话的主题都是他们的学习者身份以及他们的前进方向。
>
> 我也尝试使自己保持好奇心，让学生在我身上看到这种品质。我确信，一旦你不再好奇，不再想象可能之事，你就不再是一个真正的学习者了。
>
> [拉拉·帕特森（Lara Patterson），4 年级教师]

我们使用量规交流对学习的高期待。学生在开始之前就能够非常清晰地看到我们对于作业或项目的期待。可以说，我们从一开始就将结果放在心里。这让学生能为自己设立目标，提升他们对任务的责任感。我认为给学生设定这些清晰且令人信服的标准，对于鼓励学习及加强参与来说十分有效。对于不那么积极的学习者，这也消除了"我不知道应该做什么"的借口。

（辛迪·梅格里奇，5年级教师）

有热忱、善激励的教师和领导者都理解，课堂氛围应该是温暖且充满关怀的，并且能够包容错误。"可见的学习"要求教师进行深度学习和变革，这对于那些经验丰富的教师更有挑战性，因为他们通常发展出自己的教学哲学，而不以研究为依据。沃尔福德小学的某些教师需要特别支持，这样他们在尝试和改进自己的教学实践时会更受鼓舞且感觉安心。然而，当他们看到越来越多的学生成功后，大部分教师还是会主动加入。

卡罗尔十分欣喜于她所看到的改变：

在我看来，过去30多年的教育领域中，教学项目很少如我们所相信的或者所希望的那样有效。许多这样的教育项目都如昙花一现。我们的教师必须具备技能，有效地促使学生成为成功的学习者。这是我信奉"可见的学习"的原因。

卡罗尔说，她不希望落下任何一个学生。像沃尔福德小学其他有热忱、善激励的教师一样，她可能只是完成了她的目标。

继续循环

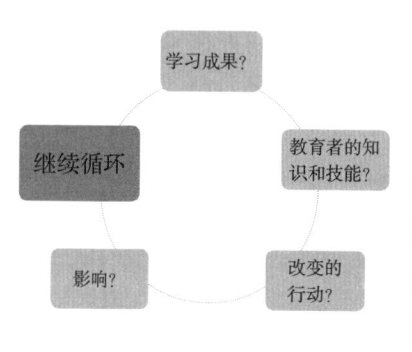

显然,"可见的学习"使沃尔福德小学的教师变得更加有热忱、善激励,这无疑也对学生产生了积极的影响。然而,他们都知道任务远远没有完成,"可见的学习"是一个永无止境的旅程。沃尔福德小学有远大的目标,这也是有热忱、善激励的教师与"可见的学习"之间联系的另一个证明。他们希望:

- 更好地展示和运用良好的学习意图;
- 继续改善教师对学生的特定且明确的有效反馈,同时要提高他们从学生那里获取反馈的能力,促使他们进行深度思考;
- 在课程中继续发展并使用带注释的范例;
- 持续帮助学生理解成为学习者意味着什么,讨论自己的学习,使用元认知策略来促进学习(比如,让学生成为自己的记录者、自我评估者,学会设计评估);
- 继续在全校宣传学习者的品质(如通过影像部制作和放映一段视频来展示与学习者品质有关的行为);
- 使用效应量评估影响;
- 使用"可见的学习"的模板"培养有评价能力的学习者的教师行动计划",以此来帮助建立专业学习共同体,以支持和鼓励教师的进一步合作、专业学习和学生学习。

构建专业学习共同体是学校非常重要的一项投入。教师能够在四个共同体中进行选择,共同体由教师发展和管理,但需要行政部门监管。三个共同体都有特定的关注点:一个强调反馈,一个强调合作,另一个强调让学生成为自己学习的数据记录者(或评估者)。第四个共同体让教师有机会开展他们感兴趣的、基于证据的探究。每个共同体运作时间为一年,其中包括在恰当的时机合作开展对影响的探究。

附录 4.1　积极阅读指南

读了第 4 部分后,你或许会使用下面的模板来记录你所注意到的克利夫登学校、莫伯利学区和沃尔福德小学的教师如何展现出"有热忱、善激励的教师"品质、学校领导者采取了哪些措施来增进这些行为。表格中的提示来自于"可见的学习"的"个人健康检查表",是"可见的学习$^+$"顾问为自我反思和与信任的同事、教练开展后续对话而开发的。

	在学习故事中观察到的例子	推断如何实现这一点
我积极参与并对教学十分有热情		
我为学生提供多种基于表层和深层思考的学习机会		
我知道课程的学习意图和成功标准,我也和学生分享这些内容		
我保持学习,积极学习		
我的班级氛围温暖而充满关怀,我允许错误发生		
我经常从学生那里寻求反馈		
我的学生积极地去了解自己的学习情况(也就是说他们具有评价能力)		
我能在不同课程水平上辨别学生作品和活动显示出来的进展情况		
我有一系列的教学策略,用于每天的教学		
我用学习证据来规划学生下一步的学习		

附录 4.2　从理论到实践

这几章的故事为你提供了一些例子去了解约翰·哈蒂所讲"有热忱、善激励的教学"意味着什么,这样的教学对学生带来了什么影响,以及三所学校如何实现这种教学。积极阅读指南让你能够结合"可见的学习$^+$"顾问研发的"……人健康检查表"来反思这些学校的故事。现在,你也许想用同样的表格,在……信任的同事和教练的帮助下反思自己的实践。

有热忱、善激励的教学:思考提示	我做得怎么样?我为什么会想到这一点?	我需要提升的地方在哪里?我应该做什么来促进这个领域的发展?
我积极参与并对教学十分有热情		
我为学生提供多种基于表层和深层思考的学习机会		
我知道课程的学习意图和成功标准,我也和学生分享这些内容		
我保持学习,积极学习		
我的班级氛围温暖而充满关怀,我允许错误发生		
我经常从学生那里寻求反馈		
我的学生积极地去了解自己的学习情况(也就是说他们具有评价能力)		
我能在不同课程水平上辨别学生作品和活动显示出来的进展情况		
我有一系列的教学策略,用于每天的教学		
我用学习证据来规划学生下一步的学习		

第5部分

"可见的学习"学校

第13章　澳大利亚奥克斯利学院

> 在奥克斯利学院，我们学会了应当如何学习，然后我们爱上了这种学习方式，最后我们爱上了所学的内容。
>
> [科迪莉亚（Cordelia），2年级]

科迪莉亚7岁的时候就展现出一个"可见的学习者"的品质。在这个故事中，你会读到奥克斯利学院如何运用"可见的学习"这一框架来让学习变成对于科迪莉亚这样的学生、他们的教师以及整个学院都是可见的。

背　　景

奥克斯利学院是一所位于澳大利亚新南威尔士南部高地的私立学校，它是男女同校、非宗教性质、非精英的学校。它位于悉尼的西南方向约一个半小时车程之外具有田园般风光的农村地区。

该学院开设于1983年，是一所7—12年级中学，最初只招收了23名学生。2012年，它的学生人数增至525人，实现了从幼儿园到12年级的无缝衔接。大多数学生来自当地农户，还有一些学生来自专业技术人员家庭，他们出于生活方式的原因从城市移居到南部高地。其初中部招收当地20多所小学的毕业生，包括本校的附属小学毕业生。

概　　况

奥克斯利学院一直奉行一个承诺，即让学生的学习更为优秀。扩展为一所完整的K-12学校提供了一个独特的机会，让学院反思自己的办学目标以及如何继续努力实现这个目标。正如全世界的人们一样，这所学院认识到良好的教育确保年轻人在全球瞬息万变的时代里茁壮成长的重要作用。奥克斯利学院希望它能够为学生提供一种可以激励他们成为思考者和充满热情的终身学习者的教育,为他们在21世纪的发展做好准备。

在参与"可见的学习"之前,学院让一些职工参与专业学习和其他致力于达成这一愿景的行动。许多行动都与能对学生学习产生影响的策略有关,但是鲜有确凿的证据表明它们成功了。他们在搜索关于"有效学校"的研究时,发现了一套与学院情况相吻合的标准:连贯性、创新和能力(Zbar, 2009)。当副院长凯瑟琳·库尼奇在2012年9月参加一场"可见的学习"讲座时,她意识到这是一个动员全学院来达到那些标准的机遇。

该学院成立了一个指导联盟,包括当时的中学部校长格兰特·威廉姆森(Grant Williamson)以及来自于管理团队的斯图尔特·博罗姆(Stuart Bollom)、爱玛·卡尔弗(Emma Calver)、凯瑟琳·库尼奇和贝弗利·哈里斯(Beverly Harris)。凯瑟琳领导执行团队,成员有斯蒂文·阿姆斯特朗(Steven Armstrong)、萨拉·奥夫纳(Sarah Offner)、雅基·皮尤(Jacqui Pugh)、卡勒姆·罗斯(Callum Ross)和戴维·惠顿(David Whetton),他们是"可见的学习"团队最初的领导者,每个人都同八九个教师协作。2014年,迈克尔·帕克(Miachel Parker)作为新院长加入学院,在联盟中也接任了格兰特·威廉姆森的职位。

随着学院实施"可见的学习"框架,重心从课程转移到学习,从假设转移到证据上,"可见的学习者"的品质也开始显现出来,不仅仅显现在学生身上,而且显现在教师和学院领导者身上。每个人的旅程都不一样,这一改变也并不简单。这个故事能让你看到奥克斯利学院向"可见的学习"学校的持续转变中所经历的成功和挑战。

有代表性的教师

这个故事将着重介绍三名教师:

戴维·惠顿是一名2年级教师以及"可见的学习"的团队领导者。在他攻读教育学(教育管理学)硕士学位时,他将"可见的学习"的实践经验与他所开展的研究项目结合起来。戴维遇到了挑战,促使他去"认识你的影响力"和不断地反思自己的教学实践是否促进学生最有效的学习。

本·希克斯(Ben Hicks)是新入职的数学教师,曾在澳大利亚、土耳其和英国教书。他热衷于培养学生的探索意识和好奇心，同时确保学生在进步并且具备评价能力。本目前关注在"可见的学习"框架中的量化反馈。

维多利亚·兰图尔（Victoria Rintoul）教授7—12年级的英语。她认为"可见的学习"使她理解了很多教学上的真理，并阐述了教师应如何审慎选择那些对学生的课程学习有积极影响的教学方法。她看到了哈蒂强调学习的证据所带来的好处——这些证据不是关于他们忙于做事或学生能够复述他已经理解的东西，而是关于发生了新的联结、掌握了新的技能。

奥克斯利学院的"可见的学习"故事

理想的学习成果是什么？

奥克斯利学院从中学扩展至完整的K-12学校，为该社区提供了一个独特的机会去反思学校目标及如何达成这一目标。领导力专家薇薇安·罗宾森（Viviane Robinson）的一番陈述吸引了领导团队的注意。

> 一个学生在任何学年的某一学科上的表现最有力的预测指标是他前一年所学的知识。因此，任何一位教师的成就都同他/她同事的教学质量息息相关，出于这个原因，教师需要共同承担对学生的责任，包括通过彼此帮助来达到共同的目标。
>
> （Robinson，2011，p.106）

学院希望为学生提供一个由教师支持的无缝衔接的学习旅程，而且教师对学习进程和教学法有相同的理解。然而，学院面临的挑战是：要将小学教学融入到一所历史悠久的中学中去，而这些不同年级的学习往往与不同的教学法联系在一起。缺乏数据为本来就复杂的形势带来了更多的不确定性。和许多其他学校一样，数据的收集和分析并不是奥克斯利文化的一部分。外部成绩数据的唯一可靠来源是学生最后一个学年的高中毕业证书（Higher School Certificate，简称 HSC）[①]考试，但是这些数据主要由外部顾问和科组主任来进行分析，很少对日常教学产生作用。这意味着学院首先需要收集基准线证据，以此来分析奥克斯利学生的学习情况。

第一步举措在 2013 年 3 月学院参与"可见的学习$^+$：从证据到行动日"后得到落实，这一活动由凯特·伯奇和海伦·巴特勒（分别是来自新西兰和澳大利亚的"可见的学习$^+$"的顾问）领衔。分析"可见的学习"的五条线索，着手制订一个在全院范围内收集证据的计划，这个机会为学院新组建的"可见的学习"团队提供了一个转折点。雅基回忆道："我们备受鼓舞，即便早上 4 点就已经开始工作，直到晚上 7 点在回家的公共汽车上还在一起讨论、计划和工作！"回到学院后，"可见的学习"团队举行了一次职工会议，每个教师都完成了"可见的学习$^+$矩阵模型"。团队也开始使用图 13.1 的工具收集与每条线索相关的数据。

数据分析表明：

- 奥克斯利学院的学生不是"可见的学习者"；
- 学生所理解的良好学习者品质大多是关于组织和行为的；
- 学生大多谈到他们在课堂上做了什么，而不是他们学到了什么；
- 学生没有向教师提供反馈的习惯。

中学部的全校成就数据显示，在拼写、语法和标点符号方面，平均每年的效应量低于 0.4。

线索	关注点	工具	工具	工具	工具
可见的学习者	学生	学生焦点小组	班级采访	走课	音频和视频日记
认识你的影响力	数据	NAPLAN（3年级、5年级、7年级、9年级）	三个班级：每个班级的效应量和每个人的效应量	表格，50页	"可见的学习$^+$矩阵模型"
有热忱、善激励的教师	教师	学生焦点小组	教师反馈调查	走课	
有效反馈	反馈	衡量信任关系	反馈观察	关于反馈的访谈	对学生反馈的调查

图 13.1　数据收集工具

[①] 这是新南威尔士州给顺利完成高中水平学习（11 年级和 12 年级或同等水平）的学生所颁发的证书。

指导联盟一致同意他们对学生的期望是：

我们希望学生积极地参与学习，展现出思维方式的成长，同时培养终身学习者的品质：奋斗、思考和好奇心。

我们希望看到奥克斯利学院的学生能够在核心学习领域（读写能力和计算能力）上达到0.4或更高的效应量。

最重要的是，我们希望从幼儿园到12年级的学生都能够理解他们的学习内容、学习方式以及下一步学习计划，即理解他们是如何学习的。

教师和学校领导需要什么知识和技能来取得这些成果？

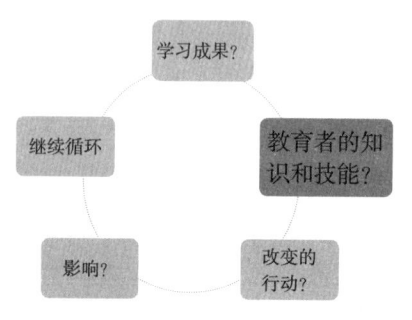

为了进一步理解当前的教师实践及其对学生的影响，指导联盟使用图13.1所列出的数据收集工具进行了优势和需求分析。"我们（即指导联盟）非常有信心，我们的教师都很有热情、志向远大且高效，但是如果我们不观察学生学习的话，就无法获得数据来证明这一点。"他们对问题的分析不仅证实了教师对学生的奉献和责任心，也揭示了：

- 师生很少使用学习意图和成功标准，反过来限制了反馈的价值；
- 学生和教师缺乏一种共同的学习语言；
- 学生对不同课程领域、不同年级组的不同教师的教学方式感到不连贯；
- 反馈，尤其是学生对教师的反馈，尽管在之前的专业学习中是关注重点，但是它并没有被贯彻到教学中；
- 合作计划很少出现；
- 工作时间表没有为教师的定期见面安排时间；
- 学院并没有常规性地收集证据来分析教师的影响并支持教学和学习。

"可见的学习"团队与学院管理层、理事会和全体教师分享了这些事实。在讨论中，他们拟订了他们自己及同事所需要的一些具体的知识、技能和理解，以此来实现学院对学生的期望。在此基础上，他们认为教师和学院领导的专业学习的首要任务应该是：

- 对"有效学习者"形成一种统一的定义；
- 学院和所有利益相关者之间形成一种共同的学习语言；
- 运用学习意图和成功标准，并把它们作为反馈的重点；
- 对学习进程形成一种共同的理解；
- 使用 SOLO 分类评价法来展现学习进展，加强学生对学习的自主权；
- 鼓励更多课堂对话；
- 鼓励教师从学生那里寻求反馈；
- 培养"对学习开放"的心态，包括积极参与研究，运用证据衡量影响力；
- 调整学院的专业发展系统，使之与"可见的学习"方法相一致；
- 引入以学生学习为焦点的走课和课堂观察；
- 计算效应量，以此来测量进步；
- 向教师提供关于教学对学生学习的影响的反馈；
- 制订一个 K-12 课程规划方案，鼓励教师合作规划课程；
- 将"可见的学习"结合到学院的战略计划中。

在参与"从证据到行动日"第二天的研讨会后，指导联盟制订出了"可见的学习计划"，并设定了最初的目标，在职工会议和"可见的学习"团队会议中与其他教师分享：

2013 年"可见的学习目标"1：在 2013 年 9 月前，走课时要看到学生和教师经常运用学习意图和成功标准，学生能够充分理解这些概念的含义，对学生的反馈也要基于这些内容进行。

2013 年"可见的学习目标"2：在 2013 年 11 月前，走课时被提问的学生能够谈论他们参与的评估、他们处于哪个位置以及下一步的学习计划是什么。

2013 年"可见的学习目标"3：在 2014 年 4 月前，所有奥克斯利学院的学生都必须在核心学习领域（读写能力和计算能力）上达到 0.4 或更高的效应量。

教师和学校领导尝试了什么新行动?

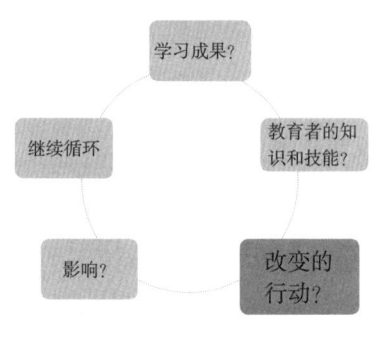

学院从 2012 年 12 月开始积极开展工作。本节主要介绍奥克斯利学院在具体实施中的一些重要方面。

重构学校领导力

依据学生的学习情况向教师提供观察和反馈,其关键在于改变学院的文化,即教师必须敞开课堂的大门,让其他人去评判他们的实践。指导联盟知道支持教师度过这一改变十分重要。凯瑟琳解释道:

> 我们需要一种鼓励和指导敏感的教师度过这个实施阶段的方法,我们认为一个跨学科的指导模式或许比传统的科层结构更为有效。

2013 年年初,学院邀请教师们应聘一个新的中层管理岗位——"可见的学习"领导者。学院任命了六位领导者,这是基于有证据表明他们能够在课堂上实施他们自己的"可见的学习"。这六位领导者的目标是"促进对 K-12 '可见的学习'框架的执行和监督,确保学生取得最好的学习结果"。每个新的领导者负责一个由八九名 K-12 教师构成的跨学科团队,每个团队的成员都包括新入职的、有一定经验的和有丰富经验的教师。领导者每周参加团队领导会议,每两周对每个教师进行一轮一对一辅导,每月会同跨学科教师团队会面。

心智框架

指导联盟的领导者在学院开始其旅程时就引入了"可见的学习"的八个心智框架。他们和"可见的学习"团队继续探索如何启发、鼓励和团结教师,促使他们致力于将自己对学生的影响最大化。他们特意使用"可见的学习"的语言来实现从教到学、从固定的思维方式到成长的思维方式的转换。

> 对我而言最好的事就是对话,与教师持续的对话,而且有一个框架指导你从哪里开始谈论学习……焦点在于"你在尝试什么措施?"这些措施

奏效吗？不奏效吗？还有实验、失败、成功，以及与学生分享，因为学生也是这段旅程的一部分。

（本·希克斯）

班级学习参观

每两周一次的一对一教师辅导与课堂"学习参观"相结合。在参观过程中，"可见的学习"领导者会填写一份关于"可见的学习"框架的观察表。

> 这种观察相当于给教师增添了一双可以看到其教学效果的眼睛，这也能让讨论的焦点从教学转向教学效果。
>
> （Hattie，2009，p.13）

通常，教师和领导者会利用他们的辅导会面商议观察的焦点，确保它与教师和学生学习的目标相一致。每次参观后，领导者都会向教师提供反馈，并就下一步行动提出建议。

项目启动之初，这些会议和参观引起了教师的焦虑。反馈方式的不一致进一步加剧了这种焦虑。为了缓解他们的忧虑，可见的学习团队回顾了反馈和反思过程，开发了几个不同版本的模板（见图13.2）。现在很多教师都乐于接受这种通过辅导会面和参观获取的一对一支持。

走课

在全学院实施走课是奥克斯利学院策略的另一个重要部分。"可见的学习"领导者理解将观察聚焦于学生学习的紧迫性。正如约翰·哈蒂所建议的：

> 我让教师先单纯地去观察学生——学生对事件、教学、同学、活动的反应。然后访谈和倾听学生，了解他们在做什么、思考什么、没有理解什么。
>
> （Hattie，2009，p.138）

学习是可见的：学习参观模板

日期	学期	周/阶段	课程	年级	教师	上课时间		
						开学	期中	期末

内容 / 背景 / 正在进展的活动：＿＿＿＿＿＿＿＿＿＿＿＿＿＿＿＿＿

	打钩	
学习意图得以展示		
学习意图得以交流		
学生了解学习意图		
成功标准得以展示		
能够辨识成功标准		
学生了解成功标准		
积极建立责任感和参与度		
教师输入		
教师示范		
教师对理解的检查		
在指导下实践		
独立实践		
鼓励课堂讨论		
结课		
鼓励学生提问		
掌握实践是否明显		
给予学生的反馈		
齐心协力学习		
有区分的任务/活动		
视觉与听觉层面的读写能力，动觉		
教师讲话的时间比例		

教师 / 领导者反思：

优势：

-
-
-

"可见的学习"团队领导 / 课程领导：＿＿＿＿＿＿＿ 教师：＿＿＿＿＿＿＿

图 13.2　"学习是可见的"观察模板

带着这一目的,学院为走课建立了一套方法论,从而跟踪对学生学习产生最大影响的策略的实施情况,这在哈蒂的研究中也有体现:

> 走课小组通常由管理人员、"可见的学习"领导者、课程领导者和教师组成,会在事先商定的时间和地点会面。K-12课程表张贴在公告板上。我们设计了一套流程,使我们在走课过程中能够到访每一个教室。在一节课的50分钟内,我们通常会参观4—5个课堂。
>
> 我们两人一组进行随访,每位教师都承担着不同的责任。一位教师记录班级的学生人数、提问数量以及正在进行的活动。另一位教师则和至少两名学生坐在一起,问他们有关学习的问题。("今天学习了什么内容?""进展情况怎么样?""下一步要学什么?")
>
> 对学生学习的观察会被记录在模板上,并会标明年级和课程,但是不会写上教师姓名。收集的数据反映了哪些策略能对学生成绩产生最大的影响,这些在哈蒂对效应量的研究中也有体现:对评价的理解、主动学习、学生提问、对话等等。当我们发现我们能够观察更多东西时,我们会对这个模板进行修订。
>
> 这些数据经过处理后将尽快向教师公布,这样每个人都能理解我们的进展情况——哪些方面发展得比较好,哪些方面有所下滑,以及我们应该从哪里着手推进下一步目标。
>
> [彼得·克劳福德(Peter Crawford),
> "可见的学习"领导者和走课负责人]

为了阐明这一过程,图13.3展示了2014年3月的模板。

可见的学习走课

日期	3月14日,星期五	
时间	1—4节课	
团队成员	EC、JP、PCu、PCr、DW、VF、BHi	
	2013年10月	今天
参观的课堂数量	45	33
观察的学生人数	762	576

课程的阶段？

	2013 年 10 月	今天
课程开始	12	8
课程中间	19	17
课程结束	14	7

学生了解课程的学习意图和成功标准吗？

	2013 年 10 月	今天
学习意图得以展示	56%	88%
成功标准得以展示	51%	76%

	2013 年 10 月	今天
了解学习意图的学生	69%（之前为 80%）	76%
了解成功标准的学生	67%（68%）	55%

学生在做什么？

	2013 年 10 月	今天
听教师讲课	46%（之前为 35%）	39%
阅读	22%（之前为 11%）	15%
积极参与	60%	76%
独立学习	38%	67%
小组学习	38%	42%
提问	38%	33%
接受教师反馈	73%	67%
接受同伴反馈	36%	42%

	2013 年 10 月	今天
学生能够理解他们的评价任务吗？	数据不足	70%

图 13.3　"可见的学习"走课模板

创造共同的"可见的学习"教学法

为了支持向共同教学法的转变，学院开发了一套围绕"可见的学习"概念的课程计划模板。这个模板由科组领导和"可见的学习"领导在为期两天的"可见的学习"研讨会之前研发而成。它以互补的方式（jigsaw approach）实施，先由"可见的学习"跨学科团队试行，再由课程和年级团队试行。它相当于给教师提供的提示，设置挑战性的目标或"锚"，从而提高学生的参与度，改进有指导的或独立的教学实践，以实现学习意图。

图 13.4 是最终修改后的模板。

教师	
科目	
年级	
主题／单元	
课数	
日期	

可见的学习清单	时间	
学习意图（有挑战性的目标）		
成功标准		
锚（建立责任感和提高学习任务的参与度）		
展示： ● 输入 ● 示范 ● 检查理解情况		
指导性教学实践（针对概念理解）		
结课		
独立教学实践		

"学习成果日"的形式是以跨学科团队为主、各科任团队为辅（看以下安排）：

- "可见的学习"领导者上一堂如何使用"学习是可见的"模板的课；
- 用"学习是可见的"模板备课；
- 集体备课，要产生"学习成果"。

图 13.4　"学习是可见的"课程计划

收集影响的证据

2014 年的主题为"证据、影响、行动"。每隔四周，每位教师都需要提供学生成为课程主导者的实际证据。这不一定是总结性数据，学院也鼓励教师探索不同类型的证据去展示在他们领域的进展情况。最初，这个新期望也带来了一些忧虑，然而它最终为教师提供了丰富的机会去互相对话、分享和激励。

结果是我们在庆祝教与学中那些令人惊奇的事情！我们向彼此学习，发现我们在几天时间里就能取得进步，更不必说几周了。

（课程领导者）

当教师被问到他们从收集第一轮学习证据中学到了什么时，他们回答道：

我意识到9年级的男孩需要尽可能多的动手活动。
我需要把考试结果转换成更加有用的证据。
四个学生在逆运算上需要额外的帮助。
一些8年级学生知道的东西比我了解得还多。
两个学生在叙事结构方面需要额外的帮助，所有学生都需要增强编辑技能。
词汇考试让我知道了8年级学生从科学这门课中已经学到了食物链的知识。
在半小时内，我所教的7年级学生的绘画水平提升了三倍。

教师接受过关于如何通过计算效应量来支持他们学习的证据的培训。教师与同事、"可见的学习"领导者和课程领导者一起讨论对数据的解读，探讨以下问题：

谁可以接受更大的挑战？
谁需要接受干预？
什么起作用了？什么没有？
差距在哪里？优势在哪里？
我们已经实现了什么？我们还要实现什么？

调整专业会议时间

"可见的学习"研讨会所使用的互补实施方式被证实是有效的。它现在已成为常规实践，教师们通常周一下午进行集会，先是在"可见的学习"团队里，然后在他们的课程组和年级组里。这两个会议的中心议题都是使用影响证据来指导学生学习和专业学习的规划。

这已经被证实是一个非常成功的结合，在同一时间框架里，同时在两个团队中增强教师的声音。迄今为止，这个结果是对我们学院教师合作的最大肯定。

（执行团队）

在这期间，教师有机会分享他们学生学习的证据和效应量的计算结果。然后，他们从同事那里获得关于下一步做什么的反馈——这是使学习向前推进的至关重要的部分。结构的调整使教师有时间集合在一起来解读他们的影响证据。

学生对教师的反馈

学院使用各种方法来确保学生能够向教师传达有关学习和变革的信息，包括学生访谈和焦点小组。最近，学院采用了"欧文学生评价和教学达成量表"（Irving Student Evaluation of Accomplished Teaching Scale）（Irving，2005）。这是一个"可见的学习"工具，用于持续收集数据，帮助教师确定"我们处于什么水平、我们如何达到目标水平和下一个目标是什么"（见图13.5）。当然，这个工具的使用在一开始也会造成一些焦虑，但事实上，大部分所得的反馈是肯定的，而且它推动了积极的讨论。

学生每个学期定时完成网上调查，结果经过处理制成图表。这使教师有机会记录每个班级中的进步，并设立改进的目标。教师和课程领导者也要讨论和分析数据，构建协调和信任的关系，协力提高学习成果。

实施 SOLO 分类评价

新教学法的一个重要方面是实施 SOLO 分类评价，以此来评估学生的学习并设计课程。SOLO 分类评价的开发者之一约翰·比格斯（John Biggs）[①] 解释道：

SOLO 分类评价是一种根据学习结果的复杂程度来进行分类的方法，它使我们能够以质量优劣来评价学生的作品，而不是字数的多少或做对的数量。一开始，我们仅掌握了任务中的一个或少数方面（单层结构的）；然

[①] 引自约翰·比格斯的网站：www.johnbiggs.com.au/academic/solo-taxonomy/。

248 | 可见的学习在行动

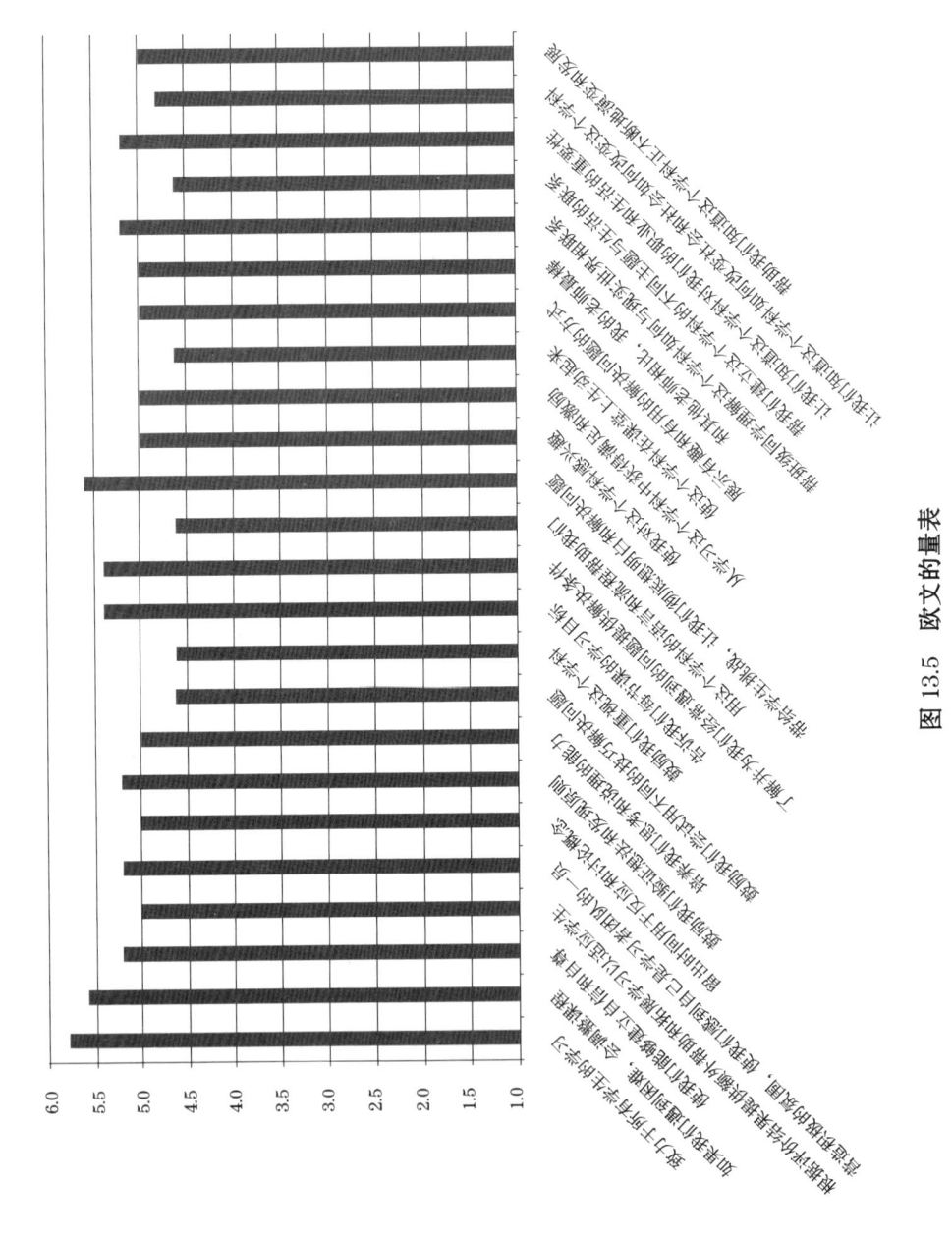

图 13.5 欧文的量表

后，我们学会了多个但不相关的方面（多层结构的）；再次，我们学着怎样把它们整合为一个整体（相关的）；最后，我们能够将学到的所有东西迁移到未知的应用情景中（可拓展的抽象层次）。

图 13.6 显示了维多利亚·兰图尔在课堂中应用 SOLO 分类评价的情况。维多利亚让学生每周一次或两次使用 SOLO 的表格去反思他们的进展情况。他们移动贴纸来表明他们认为自己达到了什么程度，以及他们下一步需要做什么以取得进步。维多利亚说，她发现分类评价帮助她更好地识别个体的需求和优势。她问过学生的感受，学生告诉她，他们喜欢能够清晰地看到自己的目标在哪里，以及需要做什么才能达到那个目标。

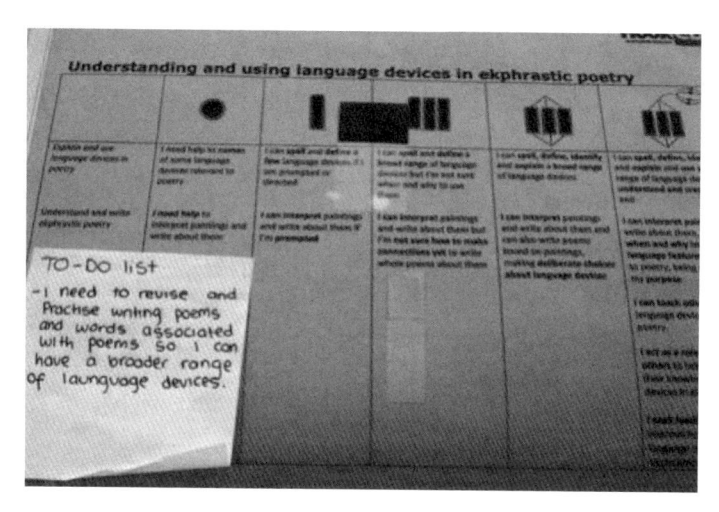

图 13.6　使用 SOLO 表格监测进度

分享学习的语言

全学院对视觉提示的引入，使得关注的重点转移到学习和思考上来。SOLO 分类评价的海报悬挂在每一间教室里，并且作为一个色彩鲜艳的视觉提示，提醒大家记住那些能够激励从表层学习转向深层学习的动词。教室墙壁挂满了经过点评的学生作业，评语上提供了关于下一步怎么做的前馈。教室里都有着学习意图和成功标准的提示牌，有些布置在互动白板上，有些以电子的形式发布。教师们正在学习如何在课堂上经常提及学习意图和成功标准，促使学生留意他们的进展情况、反思和重新聚焦在成功之路上。

学习考察

2013年12月，"可见的学习"团队参与了一次前往新西兰奥克兰市的学习考察团，他们看到"可见的学习"在一些学校得到了成功的实施。考察之旅结束时，他们为2014年制订了一个新的行动计划。在他们的个人反思环节，团队成员很庆幸他们之间形成了一种专业上的友谊，同时也表达了一种乐观精神，尽管有挫折，但"可见的学习"已成为学校语言和文化的一部分。更为关键的是，团队成员开始把他们自己看成学习的专业领导者。戴维·惠顿说：

> 我发现了团队头脑风暴和反思会议上展示出来的真诚和共同声音，这激励着我。我感觉到我们已经超越了每周二例会的指导，这鼓励我们发表更深入的评论，同时提供这样评论的证据或基本原理。我感觉我们在专业的和个人的信任度方面达到了一个很高的水平。

改变的行动对学生的预期学习成果有什么影响？

奥克斯利学院用丰富翔实的数据来监控三个"可见的学习"目标的进展情况（见边码第242页）。领导者深知全学院变革的动力机制，因此他们很清楚什么时候这些目标需要做出调整。基于这个原因，目标3"在2014年4月前，所有奥克斯利学院的学生都必须在核心学习领域（读写和计算能力）上达到0.4或更高的效应量"被修改为"在2014年4月前，通过收集证据来证明所有奥克斯利学院的学生在所有课程领域都取得了学习进步"。

学院领导和教师现在都习惯使用效应量激发教与学的对话。计算效应量的数据来自NAPLAN，以及教师使用条件化格式模板来询问他们对学生成绩的影响。这组学生在计算能力上平均达到了0.8的效应量，但这一数据引发了新的问题："什么使那些处于绿色区域的学生取得进步，而其他学生却没有？"和"可以用什么措施协助那些没有取得进步的学生？"

本·希克斯是一名中学数学教师，以前习惯从学生那里收集质性反馈，但是现在意识到使用效应量可以帮助他了解自己对学生产生了多大的影响。本喜欢从只关注成绩转向同等关注成绩和进展情况的讨论方式。他评论道：

> 诸如"优秀学生仍旧在进步吗？"这样的问题开始涌现，之前没有出现这样的问题，是因为它们根本无法回答。

这种方法能够帮助他们比较各种不同的学习方法带来的影响，这让本和他的同事们很兴奋。他们可以尝试一些有趣的新想法去激发学生投入到数学学习中，然后测量其效应量，并讨论是否有效果。图 13.7 就是使用效应量来监测 7 年级数学的进步和成绩的例子。

学院使用这种方法在阅读、书写、拼写、语法、标点符号和计算等各个核心领域跟踪整个学院水平上的进步。运用规律和趋势可以建立数据基准线，从而帮助对一些具体计划做出正确的决定。

学院已经看到整个学院成绩数据的提高。图 13.8 提供了一个案例，实施一个新的干预措施后，学生拼写能力取得了超过 0.8 的平均效应量。

除了量化数据以外，定期的学生焦点小组访谈、走课和视频日记都表明奥克斯利学院的学生以学习者的身份在成长。学生用学习的语言来表达他们的进步，以及这些进步是如何发生的。他们谈起学习的时候非常自信，而且知道为了获得成功，他们需要"奋斗、进取和坚持"（strive, stretch, stick），这展示出了他们成长的思维方式。

> 当我刚上 2 年级的时候，我并不知道成功标准和学习意图是什么，但是现在当我不知道该对英语做些什么的时候，成功标准就写在黑板上，老师会提醒我："看一下成功标准"，然后我看了一下，就知道怎么做了。
>
> （某 2 年级学生）

7 年级几何：进步与成绩

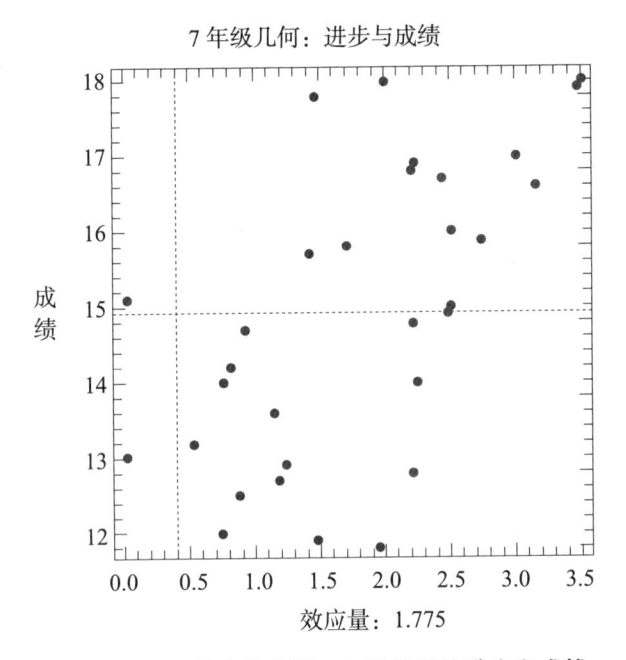

效应量：1.775

图 13.7　使用效应量监测 7 年级数学的进步和成就

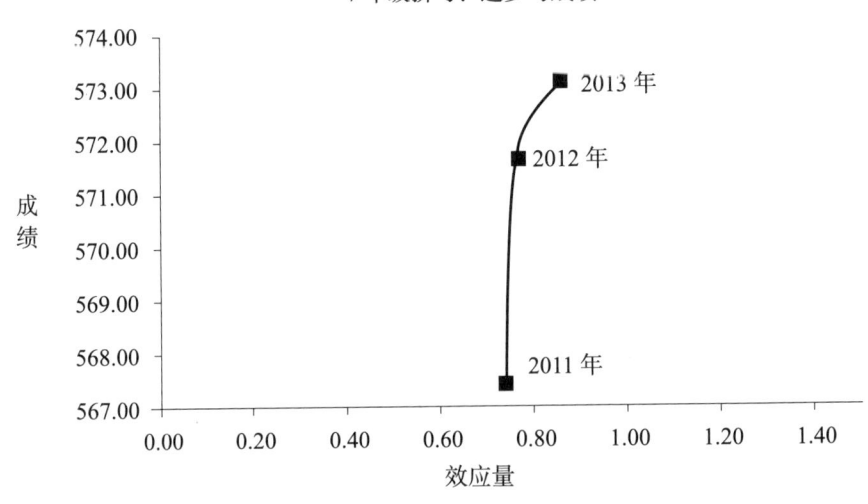

7 年级拼写：进步与成绩

图 13.8　使用效应量监测进度

K-12 年级的走课所获得的数据表明，学生越来越清楚他们要达到什么水平、如何达到目标水平和下一个目标是什么（见图 13.9）。特别是在中学课堂里发生了一个重大转变：从以教师传授为主导转变为学生更加积极地参与学习。学生们自己也注意到了这些不同：

> 我认为现在在科学领域，当我们与其他学生一起合作，并从他们身上学到很多的时候，我们做的很多团队活动特别有意义。而且我们不停地变换位置，这样你就可以和不同类型的人聊天，倾听他们的想法。
>
> （某9年级学生）

> 我进步很大，因为我可以把我们正在学习的主题教给其他人。之前，我可能会问我的同伴或教师发生什么了，然而现在我其实可以帮助那些不确定发生了什么事的学生。当我真正地理解了我所学习的东西的时候，我想我可以学得更好，这样我就可以教其他人，并且用我自己的语言去理解。
>
> （某8年级学生）

需要特别提到的是，小组活动越来越多地被当作一种促进课堂讨论的方法（效应量为0.8），课堂对话比以前观察到的更多了。走课不会事先宣布，很明显，整个学院的教学质量更加稳定了。

学生了解课程的学习意图和成功标准吗？

	2013年10月	2014年3月	2014年5月
学习意图得以展示	56%	88%	95%
成功标准得以展示	51%	76%	80%
了解学习意图的学生	69%	76%	75%
了解成功标准的学生	67%	55%	68%

学生在做什么？

	9月	10月	3月	5月
积极参与	53%	60%	76%	78%
从事小组活动（从10月开始统计）		38%	42%	39%
接受同伴反馈（从10月开始统计）		38%	42%	44%

图13.9　监测课堂实践

学生逐渐形成一种"可见的学习者"的身份认同，这种变化同样也发生在教师身上。

> 今年，教师们的作用真的非常明显……而且成功标准也起到了很大作用，因此我可以清楚地知道和理解我想要知道的东西。
>
> （某 8 年级学生）

以下这位刚入职的中学教师说运用视觉提示对他自己的实践价值很大：

> 它帮我明确了我在教室里做什么，核心理念是什么……也帮助学生了解他们正在做什么，以及成功是什么样子的。还有看着黑板，核对一下课程……好的，我们正在做什么，重新回归到主题上……在课程结束或一周结束的时候，我们可以很容易地看到我们是否成功，或者思考我们需要改变什么让成功实现，这非常了不起。

一些高年级学生由于之前都是在传统课堂上完成他们所有的学习，因此得非常吃力地应对"可见的学习"框架所带来的改变。然而，其他人非常珍惜这些改变，特别是实施的学习意图、成功标准以及伴随着这些改变而更有针对性的反馈。

> 在过去的整整一年里，所有教师都会给出个性化反馈，这些反馈是非常有效的，告诉我们每个学生需要学习的东西。
>
> （某 10 年级学生）

这个故事关注整个学院的学习和发展。理解"整体是由部分组成的"这点很重要——每位教师都开始了自己的旅程，他们探究自己实践的具体方面，以及学院要以何种方式与"可见的学习"联系起来。例如，身为教师兼"可见的学习"领导者的戴维·惠顿谈到学习意图和成功标准对 2 年级学生的影响时，感到非常兴奋，这些学生现在用学习语言相互交流，就像我们在前文谈到的那个学生科迪莉亚一样。

科迪莉亚的一个朋友说：

> 当你了解了学习意图和成功标准，你就知道你在学习。如果这些东西不在白板上，你的大脑可能一片空白。但是在我们班，我们都能够聚焦在学习意图和成功标准上。

戴维如此描述：

当我为七八岁的2年级学生设计"可见的学习"策略时，他们开始明白为什么要做这些事，这些步骤告诉他们如何去做，最后通过这些步骤，他们理解了他们到达了学习过程的哪一步。对我来说，"可见的学习"帮助我的学生理解学习实际上是一种过程或者是一种旅行，它不是由开头和结尾两个点来衡量的。他们明白他们获得的技能是能够在更广阔的世界里得以应用的技能，这超越了我们当前所有科目的学习情境。

举一个在数学课上的学习度量的例子。我会反躬自省："我将'可见的学习'的策略发挥到最大效果了吗？"根据从学生那儿得到的反馈，我对学生的反馈，还有测试分数、数据、总结性评价和形成性评价，我得出了答案。所有这些信息融合在一起让我思考我自己的教学和学习课程，我是否做出了修正、编辑或改变，还有没有可能更好？

这个过程有时候也充满了挑战，因为教师、学生和家长不愿意从传统教学方法转向一个不太熟悉的新事物。领导团队敏感地注意到这些真实存在的恐惧，因此他们取得了显著的成绩，"可见的学习"也得到最大化的理解和接受。这要求每个人在有需要的时候愿意做出调整和改变，开诚布公，频繁地进行交流。也许最重要的是，学院发现监测进步的过程促成了一种责任感——哪怕微弱的成功也是对付出的努力的一种回报，并催生一种主人翁意识。

当问及其他学校可参考的关键信息时，奥克斯利学院的"可见的学习"团队和指导联盟建议：

首先要建立一个心智框架，将学生和学习放在你所做的所有事情的中心位置。

学校和教师的"可见的学习"反映出学生的"可见的学习"：我们需要知道我要达到什么水平，我要如何达到目标水平，下一个目标是什么。

与我们的学生一样，我们作为教师具有不同的先前知识，在学习进程中的不同地方开始了我们的旅程，我们以不同的步调学习，有些因素比其他因素更有效，但是要一直奋斗——进取和坚持。

继续循环

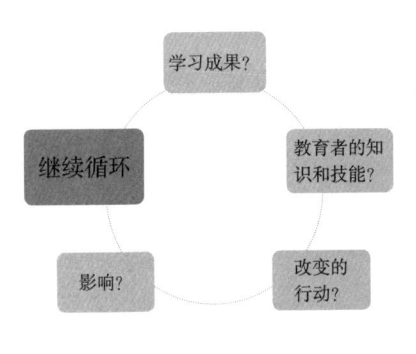

奥克斯利学院 2014 年新上任的院长可能会改变它的实践方针,但是格兰特和迈克尔都是经验丰富的领导者,他们深知保持政策的连贯性以及清晰把握大方向的重要性,只要数据表明该学院的实践是合情合理的。于是,学院决定继续致力于培养成长的思维方式,掌握"可见的学习"的心智框架和基于证据的教与学。他们将继续监测"可见的学习"计划的实施情况,未来的重点在于:

- 课程设计要明确学习意图、成功标准、学习证据,以及学生对教师的反馈和效应量数据;
- 建立对"可见的学习"课程的整体进程的理解;
- 培养专家型教师;
- 将课程领导者发展成为评价者。

院长迈克尔·帕克说:

最好奇的人往往是最可能回馈社会的人。这些即将走入社会的学生惠及的绝不仅仅是他们自己,他们必将有助于创造一个生机勃勃、不断进步的社会和文明。因此,我们的学院将继续向 21 世纪的学习环境转变,以道德准则为基石,创建能够培养学习者的思维技能、好奇心和"大概念"(big ideas)的课程。

第14章　澳大利亚沃东加小学

背　景

沃东加小学历史悠久，创建于1857年，坐落在澳大利亚维多利亚州东北部郊区的墨累河市，是一所规模庞大的州立小学。目前，学校有760个学生，年级分布从基础水平（5岁）到6年级（11—12岁）。

尽管学校坐落在维拉度里部落（Wiradjuri tribal lands），但只有6.5%的学生为澳大利亚土著。学校变得越来越多元化，从2014年有7.6%的学生修读英语作为第二语言就可见一斑。三分之一的学生来自社会经济背景较差的家庭，越来越多的学生家长受雇于当地的军事基地，与之相伴的是生源状况尤其不稳定，这些都是严峻的挑战。

领导团队由校长帕姆·蒂布－马丁（Pam Thibou-Martin）和助理校长罗杰·费德勒（Roger Fiedler）、达米安·邓肯（Damian Duncan）组成。其他教师在利安娜·毕晓普（Leanne Bishop）协调下担任特定的领导者角色。这些领导者已经在自己的岗位工作长达8—13年。尽管在阅历、培训和教育方法上有所不同，这支教师队伍还是相当稳定的。

概　况

领导团队意识到，尽管学校的五年标准化外部评价趋势数据表明学生的成绩是"合格的"，但这并没有尽他们所能。这个故事中描述的变革过程正是在这种意识的推动下发生的。学校的成绩达到了一个瓶颈，但领导团队希望看到向上的轨迹，并且认为问题的解决之道在于教师的专业学习。

在这项"可见的学习"项目实施之前，学校专业学习的重点是由休姆地区办公室（Hume Regional Office）根据学校的考试数据决定的。这样的学习一直以来深受重视，而且融入了学校文化，但是在学生身上没有发生学校所期望的那种改变。

这个故事描述了学校为创建一所"可见的学习"学校所做的全部努力。在这种环境中，学校领导者是"教学领导者"——他们花大量时间协调各方努力，定期走课，和教师一起在数据基础上讨论教师的教学实践和其对学生成绩的影响之间的关系。领导者、教师和学生都把自己的学习对自身开放，也彼此开放，掌握自己的命运，为永远聚焦于学习的共同愿景而奋斗。

有代表性的教师

帕姆·蒂布－马丁从事教育工作29年，在沃东加小学担任校长11年。

罗杰·费德勒担任助理校长10年，从事教育工作24年。

达米安·邓肯担任助理校长8年，在澳大利亚和美国从事教育工作24年。

利安娜·毕晓普从教29年，她在过去13年里还担任教师主管之职，现在是学校"可见的学习"的负责人。

爱玛·沃克（Emma Walker）是该学校6年级教师，从教3年。

詹姆斯·哈里斯（James Harris）现在教2年级，帮助领导有关学生身心健康（well-being）的学校工作。

沃东加小学的"可见的学习"故事

理想的学习成果是什么？

传统上，沃东加小学收集不同来源的学生的学习结果数据，包括：

- NAPLAN中读写和计算的成绩数据；
- 学生对学校的态度和身心健康状况的数据；
- 学生考勤数据；
- 根据校本评估收集到的数据所做的趋势分析。

在这些数据的基础上，学校通过关注学生身心健康和建设学习社区，努力使学生参与到学习中来。特别是，学校尝试使当地社区的价值观与它向学生提供的课程保持一致。

学校的内部评估表明，过去的干预得到了实质性的实施，学生的行为和身心健康已经得到了很大的提高。例如，2009年到2010年，有关5年级和6年级学生对学校态度的调查显示，"与学校的联结"和"与同伴的联结"这两项指标上都显示了正向的趋势。学校在提高自我共同体意识和与更大社区的合作上都得到了大家认可，并获诸多殊荣。然而，这些积极的成果没有转化为其他领域的成功，尤其是学校努力追求的学业成功。特别是，领导团队感觉到，由于学校的重心在于提高低成就学生的成绩，高成就学生往往被忽视了。

> 领导团队仍隐隐担忧还有些什么东西缺失了，我们缺少能够让我们学校成为一所具有有效教学和良好的学生学业成就的优秀学校所需的一揽子方案。
>
> （帕姆·蒂布-马丁）

领导团队按照他们的直觉行动，进一步分析数据以查明发生了什么。幸运的是，学校已经获得了大量的数据，足以使教师通过不同方式反思学生的学习成果：学生个体层面、班级、年级以及全校层面，以及纵向数据的对比。

> 当我们深入挖掘个体层面和学校整体的数据时，如何根据学校的情况改革整个学校的教育目的是显而易见的。通过严谨的分析，我们能够明确学生学习成绩的核心问题，意识到我们需要系统地调整学校的课程。
>
> （达米安·邓肯）

尽管付出了如此艰辛的努力，但是按照全国学业标准来衡量，学生的成绩并未有明显提高。尤其突出的是，尽管学校成功地提高了低成就学生的学习成绩，但能力较高的那部分学生的进步有限。参见图14.1，该图显示了2009年到2013年3年级学生写作能力的变化。

260 | 可见的学习在行动

2009年 3年级 试卷　2010年 3年级 试卷　2011年 3年级 试卷　2012年 3年级 试卷　2013年 3年级 试卷

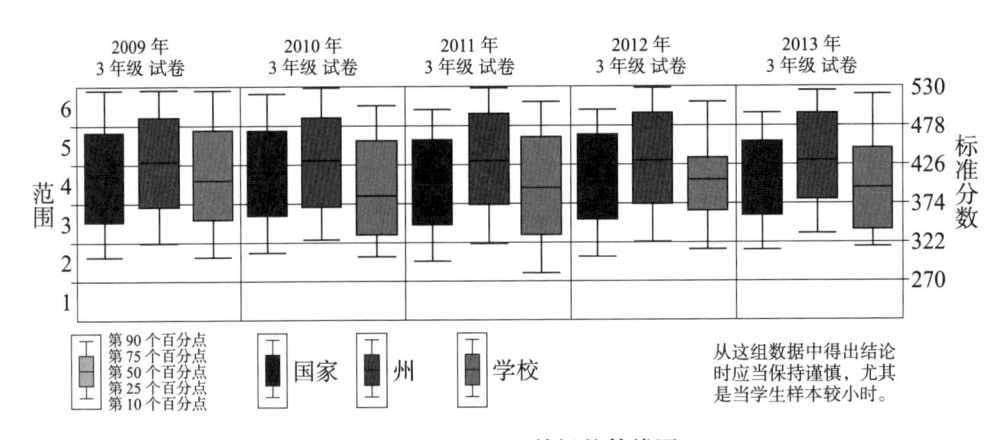

范围：1-6

标准分数：270, 322, 374, 426, 478, 530

第90个百分点
第75个百分点
第50个百分点
第25个百分点
第10个百分点

■ 国家　■ 州　■ 学校

从这组数据中得出结论时应当保持谨慎，尤其是当学生样本较小时。

图 14.1　NAPLAN 数据的箱线图

数据分析引发了学校对一些棘手问题的反思：

> 当我们如此努力地将对数据的解释应用到课堂实践中时，为什么我们在一年的时间里没有取得一年应有的进步？我们自己的诊断性数据趋势得到了标准化测试结果的印证，其结果表明，我们的学生取得的进步不如其他"类似学校"同年级的学生。我们"付出的努力"与学生取得的成绩不对等，这样的难题会让学校领导团队感到困惑。停滞不前的数据让所有人感到沮丧。
>
> （帕姆·蒂布－马丁）

如果他们所做的事情没有得到他们期望的结果，那么他们就需要做些改变。这样的探究成了改革的催化剂。

> 学校的表现越来越暴露出一个问题：我们没有提升高成就学生的学习成绩。证据表明我们阻碍了高成就学生继续进步，这让我们所有人明白必须做出重大改革。
>
> （罗杰·费德勒）

焦点从身心健康转向学业成就、从低成就学生转向高成就学生，但学校原有的社区文化和全纳精神并没有被摒弃，理解这一点非常重要。相反，这些愿望是一种驱动力，确保任何新项目都能惠及所有学生和整个社区。

我们希望家庭和学校的联结超越传统意义上的学校和家庭之间的友好关系，开创一种真正的教育合作伙伴关系，分享关于学习的知识和理解，拥有共同的语言和价值观。

（指导联盟）

教师和学校领导需要什么知识和技能来取得这些成果？

幸运的是，在领导团队深入挖掘学校长期数据的时候，他们有机会得以参加由德布·马斯特斯主持的"可见的学习$^+$"工作坊。"可见的学习"学校的概念引起了领导团队的共鸣，他们认为这提供了一种能帮助他们实现理想的学习成果的方法。

我们理想中的学校是这样一个地方：学生将自己理解成学习者，并能够理解学习的进程……我们需要开发一套全校使用的"可见的学习"语言和学习路径去实现这个目标。所有的利益相关者都要知道，学生的学习曾经处于什么水平，现在处于什么水平，他们将要达到什么水平。

（利安娜·毕晓普）

领导团队意识到，要想实现这一转变，必须重新定义学校的愿景、目的和教学法。对于这样的一所学校而言，许多教师都已经形成了自己的教学哲学，且从未受到过大的挑战，因此实现这一改变是一件意义非凡的事。教师也可以看到学生成绩方面的问题。然而，他们当前的教育信仰和实践如何影响学生成绩、需要什么样的改变才能改善这一状况，他们对此尚未达成共识。因此，他们开始寻求这样的专业学习：

把学生学习放在我们工作的中心位置，让我们能够开发一种全校参与的方法，支持教师反思他们教学中的所有要素，建立严谨的专业对话。

（帕姆·蒂布-马丁）

学校与"可见的学习+"顾问杰恩－安·杨签订合同，让他以"诤友"的角色参与这次新的旅程。杰恩－安通过上文提到的深度数据分析向领导团队提供支持，以一种外部的视角来帮助团队深入发掘和理解那些被忽视的课程。她不仅帮助团队认识到学校没有提升高成就学生的成绩，而且使其意识到学校发展的是一种学生顺从的文化，而非学生学习的文化。

局外人的视角警醒着我们的领导团队和教师，以一种令人愉快和发人深省的方式削弱了我们对自己专业的盲目骄傲。它强调了变革以及对变革工具（"可见的学习"）负起责任所需的全部东西。

（达米安·邓肯）

应用"可见的学习+"学校矩阵模型

应用"可见的学习+"学校矩阵模型（见第5部分附录5.1）对理解由学生的学习需求衍生出的教师专业学习需求是非常关键的一步。这个模型旨在使整个学校可以围绕"可见的学习"的主题开展自我评估。这些主题包括：认识你的影响力，"可见的学习者"，有热忱、善激励的教师，有效反馈以及"可见的学习"学校。

这个矩阵模型帮助我们学校更好地理解在改革过程中战略计划需要聚焦在哪些事情上，而不是简单地选择一个具有高效应量的策略。这个矩阵模型同时拓宽了我们的视野，让我们更好地了解教师对我们学校反馈质量的看法。它强调了我们在给予、接收和监测有效反馈上需要继续关注和更多努力。

（帕姆·蒂布－马丁）

在这个分析的基础上，学校决定将注意力首先放在学习意图和成功标准的设定上。领导者希望这有助于清晰反馈的运用，先是教师运用，然后是学生运用。

事实上，学校基于对自身数据的探究而生成的新目标，有助于形成一种认识，即"可见的学习"不是在已经进行的工作之外提出的新要求，而是建立在现有实践的基础上，并使其更加有效。另外，关于效应量的学习使学校拥有了一个强大的新工具去测量和监控变革的影响。

教师和学校领导尝试了什么新行动？

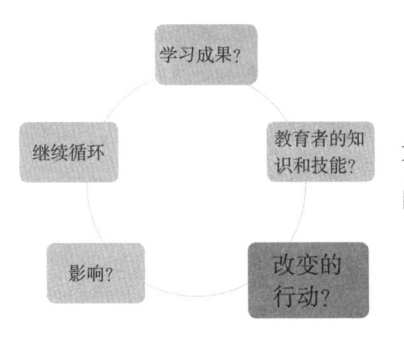

形成行动方案

改革的第一步是学校制订一个"百日计划"，以此支撑 2012 年度"可见的学习"项目的实施。这个计划的两个要点是：

1. 建立共同的教学法；
2. 建立结构性支持。

百日计划：建立共同的教学法支撑"可见的学习"

在领导团队带头制订计划的过程中，所有教师通过聚焦于教学法、实践和教育目的的对话，都有机会参与到改革当中。这种经历有助于创造一种紧迫感和责任感。

在工作坊形式的专业学习团队会议上，我们的教师面临着这样一个问题："为什么要做你现在做的事情？"这些对话聚焦于教师教学的影响及其对成功实践的理解，并以哈蒂研究中提出的不同种类和层次的影响因素为依据。我们并不把什么新的东西强加给教师，相反，我们促使教师表达他们自己的核心观点，从而形成关于学校的目标、愿景和我们希望培养学生何种品格的共识。我们用下面的问题来辅助开展讨论：

- 为什么？
- 你怎么知道的？
- 真的有效果吗？

图 14.2 提供了其中一场工作坊的成果作为例子。它展示了年级组如何形成关于写作的共同理解和期望：

- 里面的圈表示学校关于写作的看法。
- 中间的圈表示每个教师关于写作的看法。
- 外面的圈表示年级组关于写作的理解。
- 团队目标列在铅笔图案里。

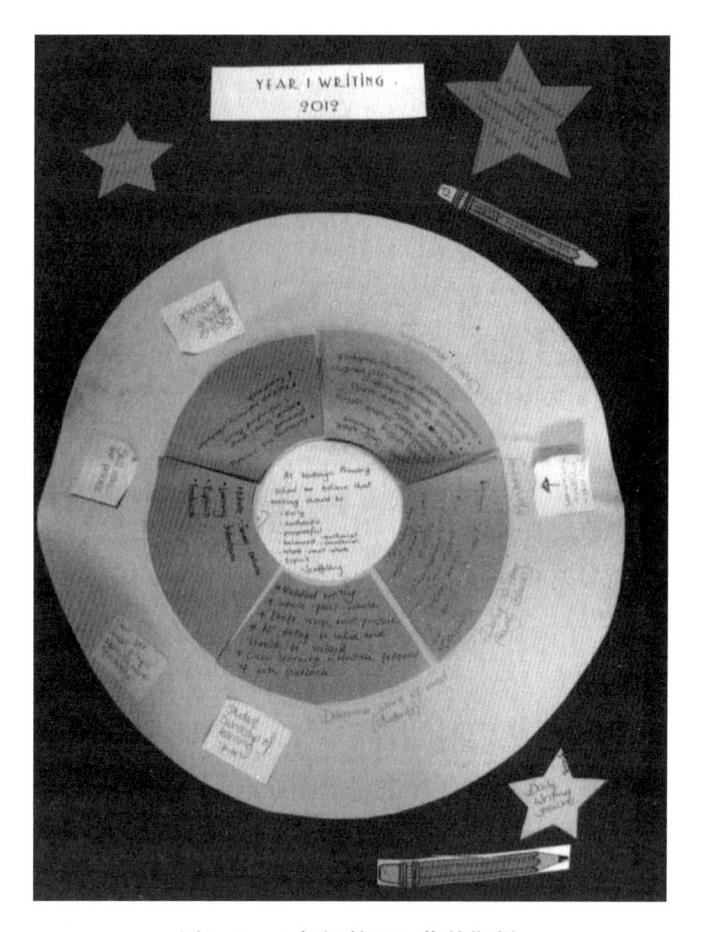

图 14.2　1 年级关于写作的期望

"可见的学习"学校通常会通过一个流程来确定学校最为看重的学习者品质。沃东加学校实施这个流程的方法是对一系列的建议进行头脑风暴。接着教师以小组的形式确定含有五个建议的清单，这个环节激发了关于"什么最重要"的激烈讨论。

这一工作的最终成果便是图 14.3 所示的"可见的学习"框架。

可见的学习

教育目的
参与学习・拓展思维

↑↓

愿景　原则
挑战——高期望、实现目标的雄心
好奇心——对世界的好奇、探索的欲望
共同体——归属感、承诺、共同的责任
文化——获得成功的共同愿景

↑↓

学习者品质
联结
提问
坚持
反思
自治

↑↓

有效策略
学习意图—成功标准—清晰反馈

图14.3　"可见的学习"框架

百日计划：建立支持"可见的学习"的组织结构

与建立共同的教学法同时进行的是建立支持"可见的学习"实施的组织结构。学校成立了一个执行团队，这个团队包括指导联盟（帕姆・蒂布-马丁、罗杰・费德勒、达米安・邓肯、利安娜・毕晓普）和更广泛的领导团队的成员。学校期望每一个领导者都以"可见的学习"的视角来检视自己的角色，确保"可见的学习"是贯串整个课程的焦点。

利安娜担任"可见的学习"项目特设的兼职负责人（相当于全职工作的一半时间）。创造一种互相分享的工作环境，以及确保有足够的资金支持，是学校的重要责任。通过这一角色，利安娜成为"可见的学习"项目的内部"诤友"，她会参加员工会议和提供个别指导。她需要在挑战和支持两者之间取得平衡，既要问一些有难度的问题，也要给教师提供建议、鼓励、材料和反馈。她还是学校"可见的学习"战略发展过程中不可缺少的角色，每周要参加指导联盟的会议、协助制订计划以及监测改革的影响。

有机会在全校实施"可见的学习"时担任领导的角色，使我需要采取一种兼容并蓄、通力合作的工作方式，让每一位教师都得到尊重，让他们对"可见的学习"的贡献在全校范围内得以分享。作为课堂第一线的教师，同时担任领导者的角色，我有机会在课堂里实践"可见的学习"，同时在与其他教师工作时能够以领导者的视角去观察。能够跟领导者、教师和学生一起尝试、分享和领导这项战略性工作，这是一个独一无二的机会。

（利安娜·毕晓普）

尽管这一改革的目的是要改进学生的学习，但实现方式是通过成人的学习。因此，学校重新调整了教师考核和会议的时间，把学习和实施"可见的学习"原则放在优先地位，并使之契合沃东加小学的价值观和精神气质。

百日计划的其中一项日程是建立若干专业小组，根据对彼此课堂上"可见的学习"的观察，给教师提供支持和明晰的反馈。这些小组被称为"三人小组"，每个小组由来自不同年级、不同年资、不同岗位角色的三名教师组成。每个教师都被归入一个"三人小组"。除了对关键领域进行观察和反馈外，三人小组还阅读和讨论专业文献。这些文献内容广泛，但核心文本是约翰·哈蒂的《可见的学习（教师版）》。

三人小组为教师提供了一个重要平台，通过这个平台，教师能更好地理解学校称之为"求知对话"的实践和常规方法。这些对话的焦点是"认识你的影响力"。学校期望教师以专业的方式和尊重的态度对彼此课堂实践的各个方面提问，并运用证据来设计他们的探究（比如，"我想知道既然学生所进行的任务都是基于类似的需求，为什么要以不同的方式对学生分组？"）。运用证据的提问旨在让教师给予或接受批判性反馈的时候，不会感觉到那是针对教师本人的评价。

正如图 14.4 所示，三人小组需要教师大量投入时间和资源。

领导团队还核查了学校的专业检查程序（即考核程序），将重点放在"可见的学习"的专业理解和成长上。这意味着专业学习和考核相一致，也与最为迫切的需求的证据相一致，同时还与学校的"可见的学习"框架相一致。

2013年沃东加小学绩效与发展计划

"教师必须有一个心智框架，用来评估自己对学习的影响力，这一点非常重要。"

（约翰·哈蒂）

专业学习三人小姐

2013年将继续实施三人小组计划。通过关注我们可以从同事身上学到什么，我们能够培养自身的能力，成为聚焦于教学的教师，建立非单枪匹马的专业学习模式。

你被安排在某个"专业学习三人小组"内，这样可以创造机会通过和具有不同经历及背景知识的同事一起观察、讨论和反思来达到学习和成长的目的。和其他专业学习机会一样，你只有沉浸其中才能有所收获。

学校通过领导团队制订的培训支持时间表来支持教师的专业成长，同时有众多外部的专业成长机会供你选择。

在一年时间里，你将与专业学习三人小组的其他成员一起讨论你们的专业学习目标、观察彼此的课堂并提供建设性反馈。一旦你们准备好，校长们将帮助协调你们进入彼此的课堂进行观察。

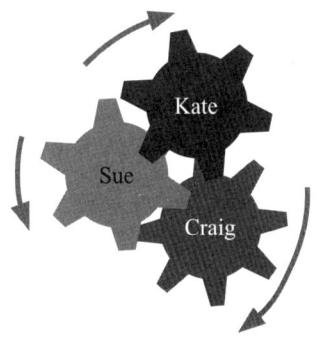

该绩效与发展计划的第3页可以用来记录你参与三人小组的经验、讨论和专业学习情况。

图14.4　绩效与发展计划（节选）

实施计划

2013年，沃东加小学进入了"可见的学习"实施阶段。下面列出了该校所采取的一些新的举措。为了更加明确要做的事，他们将领导团队、教师、学生和更为广泛的社区认为最为迫切的因素分解开来。当然，这是人为的分解，其目的是要表达这样一个事实：这项改革其实是全校性的改革，它对社区的各个方面都产生了影响。整个学校社区都感受到了"做事方式"的改变，因为它使所有人都看到了学习。

学校领导团队的新行动

指导联盟意识到需要更多的时间来钻研有关"可见的学习"的信念和理解，并且为在沃东加小学实施"可见的学习"指出一个确切的方向。为此，领导团队在2012—2013学年的暑假举行了一次高峰会谈。领导者给自己提出的"求知问题"有："你觉得什么是'可见的学习'？"以及"对于'可见的学习'，你有什么疑问？"（见图14.5、图14.6和图14.7）。

268 | 可见的学习在行动

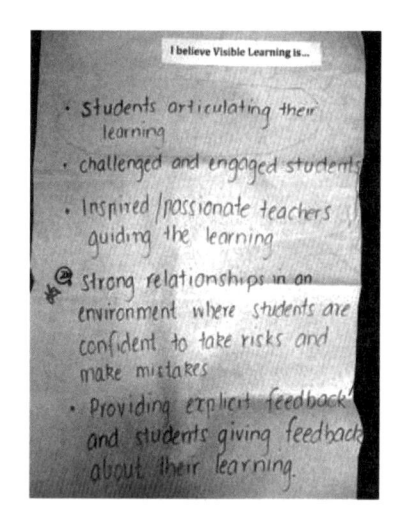

图 14.5　领导者对"可见的学习"的思考（a）

译者注：图 14.5 中白色贴纸上的内容为"我认为可见的学习是……"，下面的内容分别为"学生清楚表达他们的学习情况；给学生挑战，并让他们积极投入学习；有热忱、善激励的教师指导学习；在一个有很强信任关系的环境中，学生能够自信地接受挑战和犯错误；教师提供明确的反馈，学生提供关于他们学习的反馈"。

图 14.6　领导者对"可见的学习"的思考（b）

译者注：图 14.6 中白色贴纸上的内容为"我的困惑是……"，下面的内容共有四点，分别为："2013 年的专业学习是什么？我们如何发展一套一致的方法，包括学习意图、反馈、成功标准？父母的参与。监测成功。"

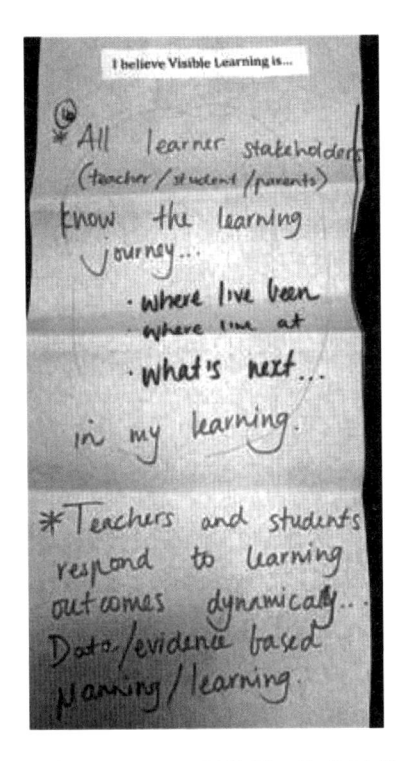

图 14.7　领导者对"可见的学习"的思考（c）

译者注：图 14.7 中白色贴纸上的内容为"我认为可见的学习是……"，下面的内容为："学习者的所有利益相关者（教师、学生和家长）都知道学习的旅程，在我的学习中'曾经处于什么水平，现在处于什么水平，将来要达到什么水平……'；教师和学生对学习成果做出动态反应……基于数据或证据的计划和学习"。

在高峰会谈之后，指导联盟发起了以下行动：

- 指导联盟开发了一些资源，使得整个学校都能接触到"可见的学习"语言。比如，代表"可见的学习"四大愿景的旗帜就插在学校正门的两旁。
- 他们设计了一项家庭作业活动，让学生创作一个"话匣子"玩具，用来帮助他们反思有效学习者的特质。
- 身为"可见的学习"负责人，利安娜带领大家一起收集和监测全校范围内与"可见的学习"实施有关的证据。这是一个积极、持续的过程，以此来监测进步，反思成功与挑战，并时刻了解进展情况。

270 | 可见的学习在行动

- 领导团队召集了"认识你的影响力"会议（即教师专业学习会议，会上分析"认识你的影响力"这部分的数据），于每学年中期及学年结束时举行。
- 领导团队改变了会议日程，使得每个年级的教师每周都能够在一位领头教师的支持下举行一次合作计划会议。
- 小学部的领导团队开发了聚焦学习者品质的社会故事书。
- 读写、计算和身心健康的团队领导者为阅读、写作和数学课程开发了全面的学习路径（见图 14.8），这些路径将学校"可见的学习"的大局观和澳大利亚联邦政府的课程联系在一起。
- 领导团队在所有沟通中都使用了"可见的学习"语言。
- 领导团队示范了如何将学生置于专业对话的最前沿，如何熟练运用证据，包括学生成绩数据和学生的意见。通过这样做，他们推广了"求知对话"的概念。
- 领导团队鼓励教师建立"数据跟踪墙"图表（见图 14.9 和图 14.10），将它作为支持教学规划的手段，使学生的学习进程可视化。
- 用视频和书面的形式记录学生的意见。

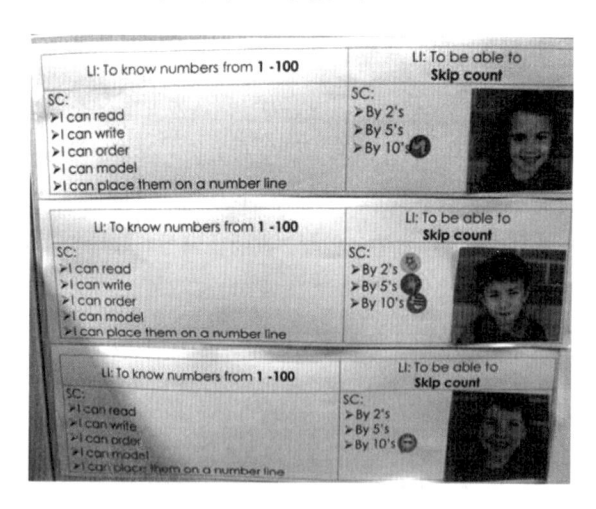

图 14.8　建立学习路径

译者注：图 14.8 中左边的标题为"'认识从 1 至 100 的数字"，具体包括："我能读，我能写，我能排序，我能模仿，我能把它们填入一个数列中"。右边的标题为"我能跳着数数（等差数列）"，下面包括三个目标："差值为 2，差值为 5，差值为 10"。当学生实现目标时，就在后面贴上贴纸。

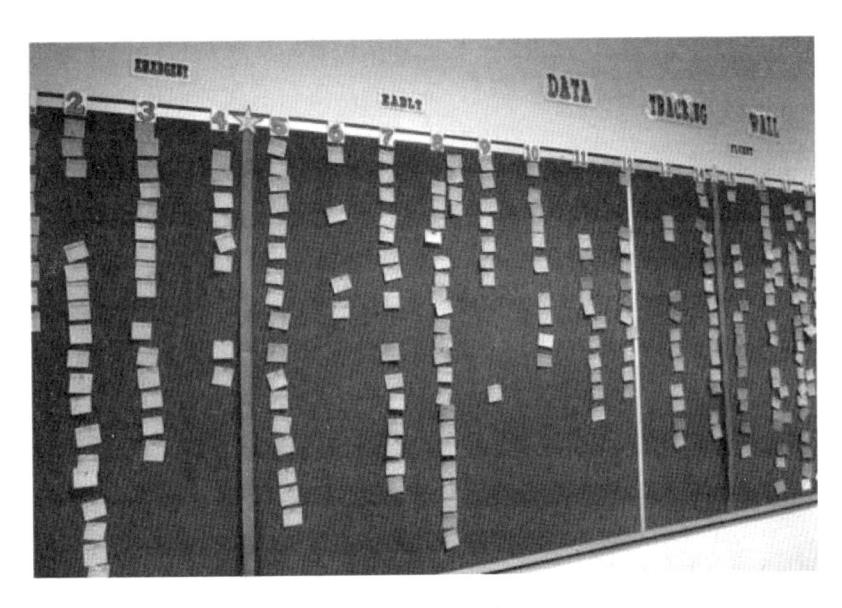

图 14.9　数据跟踪墙（a）

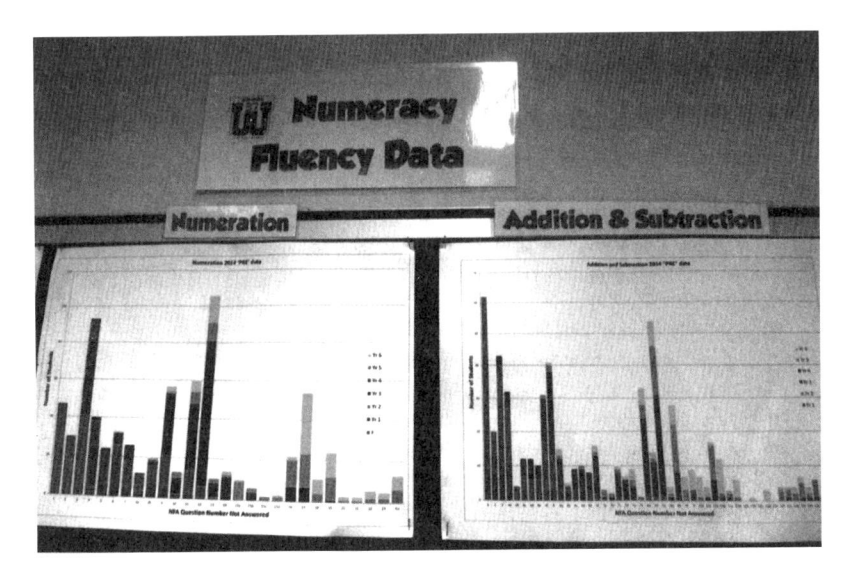

图 14.10　数据跟踪墙（b）

译者注：图 14.10 中上方的大标题为"计算能力熟练程度的数据"，下方的两张图分别为数数和做加减法的熟练程度数据图表。

- 领导团队依据学校"社区、文化、好奇、挑战"四大愿景，规划并实施了全校探究单元。这些探究单元和学习者品质联系在一起。例如，探究单元"好奇"就和学习者"好问"的品质联系在一起，包括"科学好奇心之夜"和"火山实验班级对抗赛"等活动。
- 团队还制订了名为《我们的工作方式》的文件，来帮助教师长时间坚持改革，确保整个学校的学习不会因为斗志消磨或缺乏动力而迷失。《我们的工作方式》抓住了"可见的学习"的关键概念，列出了学校对教师的期望。

教师的新行动

教师教学中发生的可见的变化包括：
- 将学习意图、成功标准以及明晰的反馈融入学和教的互动；
- 社区中的所有人——学生、同事、家长和领导团队——都运用学习的语言；
- 实施与五大学习者特质相关联的语言、行为和反思；
- 用数据驱动规划，根据学生的需求教学；
- 收集年级数据，用来监测学生个体的"可见的学习"之旅；
- 运用他们所学的知识，确保教学过程清晰、目标明确并以学生为中心。

学生的新行动

- 学生学习了成功学习者的品质，以及成长的思维与僵化的思维的区别。他们学习了詹姆斯·诺丁汉的"学习低谷"概念以及走出学习低谷所需的策略。他们还学习了身处"学习地带"和"实践地带"所需的不同策略。
- 学生被鼓励去有意识地辨别和运用学习的语言。教师运用全新的学习路径资源，激励学生清晰地表达他们的学习目标、识别自己的进展情况，并且不断给自己提出新的挑战。
- 学校建立了学生论坛和小学理事会，这为学生提供了参与决定如何实施"可见的学习"的机会。
- 学生干部在图书馆陈列了与每一种学习者品质有关的书籍，家长和学生可以借阅。

更广泛学校社区的新行动

- 学校理事会（学校治理团队）把"可见的学习"列为常规日程项目。
- 学校制作了《我们在沃东加小学如何学习》（见图 14.11），以此与家长交流学习的语言。这种学习的语言在与家长沟通的所有渠道中都得到运用，包括新闻通讯和学校网站。
- 传统的教师–家长会现在被学生领导的会议所取代。这传达了一个清晰的信号，即学生才是学习的中心，也表明了学习的语言使沃东加小学的学生更有能力。
- 学校加入了沃东加街区的学习社群，这使沃东加的学前班、小学和中学的代表每学期都有机会会面，一起分享他们的"可见的学习"之旅。

在家里
我们鼓励你通过在家强调学习者品质来支持你的孩子学习

- 我通过……尝试了一种不同的想法
- 我怀疑……
- 当我不知道该怎么做……的时候，我会……
- 有些事对我来说很棘手，但我……
- 我用过的一个很好的策略是……

图 14.11 《我们在沃东加小学如何学习》

改变的行动对学生的预期学习成果有什么影响?

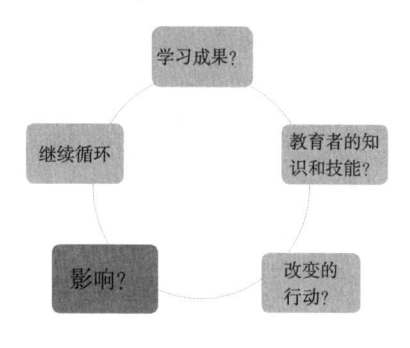

如果要考虑这些变化对沃东加的学生产生了什么影响,我们需要思考两个问题:

首先,这些变化在多大程度上促使沃东加小学成为"可见的学习"学校?

其次,假设沃东加小学在很大程度上已经成为一所"可见的学习"学校,就其根本性的目的而言,这种变化对改善学习成果有多大的影响力?

沃东加小学在多大程度上成为一所"可见的学习"学校?

指导联盟的报告称,"可见的学习"概念现在渗透在学校的方方面面:

> 整所学校,包括所有年级和学科的领导团队,都采用同样的方法,传递出连贯一致的信息,同时构建了一种理解和负责的文化。我们拥有热情、坚定的教师,他们希望有所改进,早已准备好改变自己的教学实践以促使这种改进发生。其中一部分是通过我们学校的文化来实现的。我们的领导团队乐于提供支持、有开放的心态、随时待命,并努力挑战教师,让他们率先垂范——"对学习的热爱,成长的思维模式"。在学校的每个年级,我们都言行一致。综合助理、专门教师、校长和教师在学校的所有方面都运用"可见的学习"语言。在改革过程中保持合作,使教师感觉到自己掌握了学校"可见的学习"的主动权。
>
> (指导联盟)

教师们运用学生数据来确定学习意图,这些学习意图有较高要求,但通过努力可以达到。他们能够把学习意图和学习任务区分开来,然后和学生一起设计成功标准,从而使教师和学生都能够监控进展情况。学校领导通过观察发现,更为清晰的学习意图和成功标准使得教学更加明晰,这意味着教师的反馈更加明确地指向学习目的。

教师和学校领导学会了将学生的成绩和进步与他们的教育实践联系起来。他们习惯于使用效应量去确认教学对他们班级和整个年级的学生产生了什么影响。教师之间的合作专业对话会解析这些数据,从而找出不同进展情况的原因,并运用所学知识为学生和教师的学习设定新的目标。

身为教师和学校领导的詹姆斯·哈里斯为自己所看到的变化激动不已：

> 作为一名教育者，我们实施"可见的学习"的时机对我而言是恰逢其时的。在此之前，我还在琢磨我的教育信条和教学方法。从我开始运用学习意图、成功标准、适当的反馈以及我们学校自己的"可见的学习"语言的那一刻起，我更加明白教学的意义。我感觉到我作为一名教师取得了很大的进步，我非常兴奋能加入我们学校的"可见的学习"之旅。在过去短暂的一段时间里，全校在教学方法和学生进步上发生了令人惊讶的变化。就学生的学业成绩而言，学校能够获得的成功是无止境的，我期待成为这一方面的驱动力量。

"可见的学习"学校这个概念需要花一定的时间才能理解：

> 要让教师理解"透过学生的眼睛看待学习"（哈蒂）这一概念，让教师的视角从他们的教学内容转向学生的学习，这是一件具有挑战性的事情，也是我们一直孜孜以求的事情。
>
> （指导联盟）

下文是项目开始一年后录制的反思录像的记录文稿，爱玛·沃克老师描述了她在理解上的转变：

> 当我在某次会议上第一次听到"可见的学习"时，我想的是："好吧，我最好回到班级，张贴大量的海报以及孩子们学习成果的示例，这样学习就可见了。"然而，通过这次旅程，我开始意识到"可见的学习"不是让你的班级看上去很美，而是班级拥有这些资源以后，学生就知道如何在学习过程中获得成功。这不再是教师的秘密，而是变得非常透明。让学生掌握有关学习意图和如何成功的知识，完全改变了我的思维方式，学生们开始对自己的学习更加负责，我不再是对他们的学习负责的唯一一个人了。

尽管已有部分教师的先例，学校领导团队还是被教师如此迅速地理解和掌握新概念所打动。团队相信这是因为"可见的学习"不是要遵从一套内容、程序或者实践，而是要理解一套原则。自始至终，教师都被给予时间来探究这些

276 | 可见的学习在行动

原则，思考如何将这些原则融入他们的实践，然后观察影响的证据。有了这些证据，教师就知道他们在做"正确的"工作，越来越相信自己有能力对所有学生产生真实、积极的影响。他们展开"求知对话"，在三人小组里的反思（见图14.12）证实了这些证据对他们自己学习的影响。

正如下面这位家长所言，这种变化如预期的那样扩散到了更广泛的学校社区：

> 沃东加小学的学习者品质手册给我们家庭带来了一种新的语言，它将我们的孩子置于学习的中心，家庭和学校都是积极的参与者。这种新的语言使得我们的孩子能够在家里分享和继续他们的学习，使得父母能够肯定和鼓励他们的学习。通过分享这些手册，我们一家人开始用这个新的方式谈论学习，当我们听到孩子们相互鼓励坚持某个复杂的乐高模型设计时，或者听到他们谈起对院子里某个新品种的鸟感兴趣时，我觉得这一切都是对我们的回报。

沃东加小学转变成一所"可见的学习"学校，对学生的预期学习成果有什么影响？

学校所期望的学生成果是他们都能成长为"可见的学习者"，并且他们都能够借此在学业成就方面取得可以测量出来的进步。

2014年三人小组

我们曾处于什么水平？	我们现在处于什么水平？	我们要达到什么水平？
没有三人小组 仅限于年级层面的对话 很大程度上没有对其他课堂进行观察 不能对同事提供得当的反馈	聚焦观察，寻求特定的证据 有信心提供热心的反馈 有组织的参观、阅读和专业对话	一起工作的能力 促进专业发展的三要素： ——明确的反馈 ——分享经验 ——提供上馈的新想法

我们曾处于什么水平？	我们现在处于什么水平？	我们要达到什么水平？
只提供热心的反馈 把它看成是一项独立的练习	更加一以贯之地坚持对成功的预期 更加确信三人小组的价值 在这个过程中，大多数教师形成了成长的思维方式，理解其价值	更加注重合作，将其作为专业成长的工具 加强与可见的学习的联系

图14.12 教师三人小组的反思

学生作为"可见的学习者"

在实施"可见的学习"的第一学期,教师们就注意到学生谈论学习的次数大为增加,与之相应的是,他们谈论行为的次数越来越少。使用"可见的学习"语言来反思他们的学习并和他人讨论,已经成为学生的一个习惯了。

> 作为学生,我发现我能够把注意力较长时间地集中在我的学习上。我通常会保持一种成长的思维,但面对挑战时我可能还是会有僵化的思维。我最擅长独自学习,因为这样不容易分心。遇到挑战我通常会坚持。当我必须得做小数乘法时,我经常在成长的思维和僵化的思维之间摇摆不定。我相信我在书信写作(不管是正式还是非正式书信)方面有进步,我知道要把哪些信息包括进去。我发现学习地带、学习低谷和僵化的思维这些概念都差不多,因为它们都意味着我正在学习新的事物,接受对我来说非常重要的挑战。我感觉我在拼写和阅读方面有所进步。我非常享受5年级的学习。

学校所有年级的学生都对自己的需求和优势有了进一步的理解。学生已经开始理解进步的轨迹比当前的成绩更重要。学生对自己在学习路径上的位置以及下一步需要做什么有着越来越精确的认知。他们挑战自己以取得成就,他们挑战自己识别并克服学习过程中遇到的困难。学生开始把自己看作学习者共同体中相互支持的一分子。

这种社群感超越了教室的界限,学生开始在学生论坛和小学理事会上参与决策。正是学生论坛发起了关于好奇心的那些活动,以及创造出一系列玩偶去代表学习者品质。

无论是在年级大会、全校大会上,还是在一系列的特别活动中,学习都能够被清晰地表达和分享。影响甚至越过了学校大门。一个6岁的男孩深受"好奇心"探究单元的鼓舞,他甚至把生日派对的主题定为"好奇心"。

学生成绩

领导团队开发了"象限数据练习"(quadrant data exercise),这使得教师能够以学生的进步去比较学生成绩。图14.13呈现了一个例子。正如你所见到的,这个方法的好处之一是它可以帮助识别那些应该取得进步但却没有取得进步的高成就学生。在这个例子中，班级整体的效应量达到了令人惊讶的 0.73，但有一些学生的进步陷于停顿了。

这个象限数据练习是 2013 年 6 月阅读理解评估的象限数据。

2013 年 6 月 PROBE

学生姓名	第一次评估	第二次评估	效应量
Jordan	8	11	0.88
Serena	17	18	0.29
Jake	8	11	0.88
Daisy	11	12	0.29
Katelynn	11	13	0.59
Jaydon	4	9	1.47
Brihanna	10	12	0.59
Benjamin	8	11	0.88
Caitlin	12	14	0.59
Adina-Tallara	7	11	1.18
Benjamin	9	11	0.59
Callum	17	20	0.88
Akira	17	18	0.29
Isaak	12	16	1.18
Bree	12	13	0.29
Liam	8	11	0.88
Brodie	16	19	0.88
Lainey	14	16	0.59
Jai	11	12	0.29
Ruby	8	11	
Cameron	9	12	0.88

平均值	10.90	13.38
标准差	3.63	3.15
标准差的平均值	3.39	
集体的效应量	0.73	

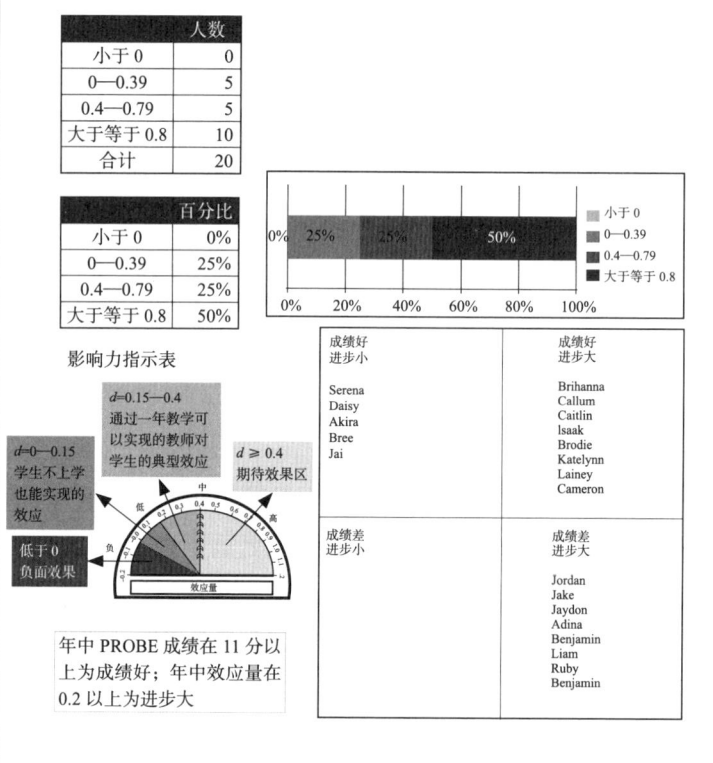

	人数
小于 0	0
0—0.39	5
0.4—0.79	5
大于等于 0.8	10
合计	20

	百分比
小于 0	0%
0—0.39	25%
0.4—0.79	25%
大于等于 0.8	50%

影响力指示表

$d = 0.15 - 0.4$ 通过一年教学可以实现的教师对学生的典型效应

$d = 0 - 0.15$ 学生不上学也能实现的效应

$d \geq 0.4$ 期待效果区

低于 0 负面效果

成绩好 进步小	成绩好 进步大
Serena Daisy Akira Bree Jai	Brihanna Callum Caitlin Isaak Brodie Katelynn Lainey Cameron
成绩差 进步小	成绩差 进步大
	Jordan Jake Jaydon Adina Benjamin Liam Ruby Benjamin

年中 PROBE 成绩在 11 分以上为成绩好；年中效应量在 0.2 以上为进步大

图 14.13　象限数据练习[①]

继续循环

"可见的学习"学校的核心特征之一就是不停地自我审视，这意味着学习旅程永不结束。在每学期末，每个年级组都会在专业学习会议上分享他们的

---

① PROBE 代指散文（prose）、阅读观察行为（reading observation behavior）及评估（evaluation），是一个阅读理解评估工具。

"可见的学习"之旅。这些分享的机会确保教师互相学习，一起确定需要提高的领域。

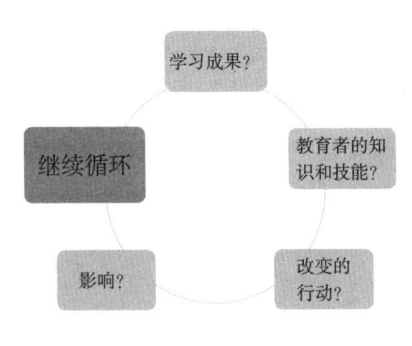

当我们在 2013 年年末反思我们的"可见的学习"之旅时，教师们相信我们已经打下了坚实的基础，下一步需要做的就是巩固和牢记我们已经开始做的事情。我们 2014 年的重点是加深对已有框架的理解——教育目的、愿景原则、学习者品质和运用有效策略。六名新教师在 2014 年入职，开发一个成功的引导过程支持这些教师转向"可见的学习"实践是非常关键的。

（指导联盟）

这个引导过程把教师资源手册《我们的工作方式》作为支持手段。计划中的进一步资源开发还包括使用矩阵模型去设定与学习者品质相关联的学习进程。对持续的专业对话的支持包括实施每周合作计划会议。另一个新的措施是重新审视学校和"可见的学习沃东加中学部"之间的关系。通过建立两个部门之间的相互理解，学校希望该校的学生能够顺利地进入中学部。

对于未来的发展图景，领导团队胸有成竹：

我们不能"自上而下"地推进改革：沃东加小学的改革要取得成功，所有行动都需要不断地调整改进，而且要由所有的利益相关者共同开发。"可见的学习"是整个学校的责任。

（指导联盟）

第 15 章　英国托伯莫里学校

> 最初的时候，一些教师对"可见的学习"存有疑虑，他们对计算效应量的技术性问题感到烦心，而没有思考这项研究可以为他们的决策提供什么信息。我认为，"可见的学习"有助于明确那些需要关注和改进的地方，它成了学校改革背后的主要推动力之一。
>
> [理查德·高思罗普（Richard Gawthrope），副校长]

有些"可见的学习"学校可能看上去已经成立了很多年。参观者走进学校，感受到"可见的学习"哲学无处不在，运用学习意图和成功标准对学校社区的每个成员来说都是十分自然的事。但事实上学校可能要经历一次重大改革，才达到这样的状态。有时候，这样的变革是非常迅速的，而且就发生在最近，例如托伯莫里学校。

背　　景

托伯莫里学校坐落于苏格兰马尔岛。马尔岛是一个半乡村地区，但交通便利、四通八达，因而这里的人们并不闭塞。这个城镇有 1000 人，学校有 225 个学生，年龄介乎 3—18 岁。学前班有 15 个孩子，小学部有 66 个学生，中学部有 144 个学生。绝大多数的学生来自托伯莫里镇，还有其他一些来自周围小镇的转学生。

托伯莫里学校的办学宗旨是"共同创造具有这样一种文化的社区：我们的年轻人能融入其中、取得成功；他们志向远大、勇于创新；在这里他们可以做最好的自己。"学校的愿景是"创建一所服务于 3—18 岁学生的学校，使之成为一个受人尊敬并且活跃于更广泛社会的学习社区，向所有学生传授现代世界中学习、生活和工作所需的知识、技能和态度"。它的核心目标是"有价值的成就，有价值的社区"，核心价值就是尊重、坚韧、创造、合作和自信。

第 15 章　英国托伯莫里学校

在 2010—2011 年，苏格兰为 3—18 岁的孩子采用了名为"卓越课程"（Curriculum for Excellence）的新国家课程，该课程的实施无论是对托伯莫里学校还是对苏格兰其他学校而言，都是重中之重。

概　　况

克雷格·比迪克在 2012 年 5 月被任命为托伯莫里学校的校长时，他非常兴奋。作为一名专业学习的促进者，他知道重要的是不要为了改变而改变，而是要理解他的新学校和他可以在哪里奉献自己的价值。在长时间观察课堂之后，克雷格得出了一个结论：尽管学校总体运行很好，但很多学生并没有真正地投入到学习中去。尽管他们的教师做了最大的努力，但学生常常很消极，将责任推卸到教师身上。克雷格知道学生每天都遇到挑战是何等重要，这是他作为学校领导的最根本责任所在。

当克雷格参加"可见的学习"的入门课程时，他发现这就是他想要在学校实施的东西。在与来自英国"可见的学习⁺"奥西里斯团队的顾问克雷格·帕金森合作的情况下，克雷格开始向教师介绍"可见的学习"哲学。他的做法得到了高级领导团队的大力支持，团队成员包括：贾尼丝·米切尔（Janice Mitchell）（中学部副校长）、理查德·高思罗普（小学部副校长）、格雷厄姆·戴维森（Graham Davidson）（高级管理人员，数学和科学的教学主任）。还有其他教师参与到"可见的学习"领导团队中来：林内·霍恩（Lynne Horn）、约翰·科伊尔（John Coyle）和莉莉安·米切尔-斯蒂芬（Lilian Mitchell-Stephen）。这有助于确保向学校所有年级和人员传达"可见的学习"信息。

克雷格知道需要花费很大功夫才能让教师参与其中，对"可见的学习"的坚守是年复一年的，而非朝夕之事。不管怎样，因为他和教师们的付出，托伯莫里学校才能在短短的一年时间里发生很大的变化。

有代表性的领导者

"可见的学习"干预在托伯莫里学校取得成功，这可以归功于整个高级领导团队和 2013—2014 年新组建的"可见的学习"领导团队的共同努力。

这个故事直接引述两位领导者的话：

克雷格·比迪克已经从事教育工作长达 26 年，在被任命为托伯莫里学校的校长之前，他从事过学术顾问、学生指导，以及行为干预等工作，包括解决学生心理健康问题和吸毒、酗酒等问题。从 2004 年到 2007 年，克雷格担任某个大型专业学习项目的驻校促进者。在成为教师之前，克雷格是大学研究员，也做过制药公司的质量管理化学技师。

理查德·高思罗普从 2009 年起进入学校担任副校长，他十分享受领导力的挑战。他本身也是专心学习的人，善于抓住一切机会去支持同事的专业学习。

托伯莫里学校的"可见的学习"故事

理想的学习成果是什么?

2012 年，克雷格担任了托伯莫里学校的校长一职。克雷格知道绝大部分的学生都可以拿到好的考试成绩，但也有越来越多的证据表明有些班级的学生并没有取得与之前进步相一致的水平。他旁听了一些课程来查明原因。克雷格发现绝大多数班级都纪律很好，但学生管理的一致性上还有一些不稳定因素。最重要的是，他发现尽管学生都有很强的学习动机，可是一些中、低水平的学生还是陷于苦苦挣扎的状态中。同时，其他学生没有遇到挑战而无法拓展自我。托伯莫里学校的教师和领导者有一些核心问题需要面对：

- 为什么要让苦苦挣扎的学生继续痛苦地学习？
- 什么样的教师行为助长了自满状态？
- 我们需要在学生身上改变什么来帮助他们更加主动地掌握自己的学习？

在实施"可见的学习"干预后，克雷格和他的领导团队开始了系统地收集数据，这一过程主要集中在影响循环的前两个阶段。最初的调查包括课堂观察、学生访谈以及焦点小组。克雷格说：

在数据收集过程中，我们发现学生并不明白一个好教师或者一个好学生应该是什么样子。他们有很多浅层的观念，但没有深度的理解。

领导团队分析数据以后，列出了一个"症状"清单，这些"症状"包括：

- 低参与度；
- 学生的学习技能较差；
- 学生关于能力的思维处于僵化状态；
- 学生不愿做有难度的任务；
- 学生将学习领导权交给了教师；
- 某些学生操纵了与教师的课堂互动，使教师填鸭式地灌输他们所需的信息；
- 缺乏对话；
- 缺乏从教师到学生以及从学生到教师的反馈。

托伯莫里学校的领导者和教师都希望应对并治愈（如果可以的话）这些"症状"。接触了"可见的学习"的基本信条之后，他们就最终目标达成了共识：所有的学生都要掌握评价能力。然而，他们还需要做一些基本工作才可达到此目标。这需要：

- 确保学生和教师将自己视作学习者；
- 对好的学习和好的学习者有何特征要达成共识；
- 挑战学生，使其拓展自我；
- 增加课堂对话的机会；
- 确保有效反馈；
- 培养学生的认知和元认知的技能，包括自我管理学习的能力；
- 帮助学生理解预期的学习进程，以及如何按照学习进程去自我评价。

了解学生的学习需求，将学习成果放在首位，这些成为进步的催化剂。它凸显了一个事实：教师和领导者都非常需要辨识和掌握一系列新知识和新技能。

教师和学校领导需要什么知识和技能来取得这些成果?

克雷格和他的同事们现在需要深入挖掘证据来理解教师的哪些实践促成了学生目前的状况。虽然托伯莫里学校有很多好的教师,但是领导团队发现这些教师经常主导他们的课堂,学生扮演一个被动接受知识的角色。很多教师都在独白,而不是引导学习者共同体通过合作学习对话共同构建知识。

在数据收集过程中,学校正在接受女王督学团(Her Majesty's Inspectorate of Education)的督导。督学团非常关注教与学,因此收集的数据非常有价值:

> 督学团的督导印证了我们的发现。教师需要少一些说教,通过任务而非仅仅通过学习结果来区分学习,挑战并支持所有的学习者,尤其是那些具备中上水平学业能力的学生。督学团也发现了教师没有精心备课去鼓励更多的思考。很多课缺乏督学团所言的"创新",因此遗失了"卓越课程"所蕴含的建构主义的关键理念。
>
> (克雷格·比迪克)

教师很难调整自己的教学来满足个体学生的优势和需求,部分是因为他们没有建立连贯的和支持性的评价过程和惯例。这将损害他们提供有效反馈的能力,或者阻碍他们探究自身的行为、作为教育者的学习发展与学生进步之间的关系。他们没有能够使学生挑战自己以迈向下一步学习目标,因为他们无法详细地描述实现这些目标的进程。对小学和初中的学生来说,这个问题尤其棘手。尽管这是苏格兰的教育者都要面临的广泛存在的问题,但克雷格和他的领导团队感到为他们的学校想出对策已经是迫在眉睫的事了。

克雷格和新成立的"可见的学习"团队里的同事们认为,教师参与改进学校的能力与教师对新课程的知识和信心有关。对那些在知识、教学和学习方面已经形成了根深蒂固的个人理论的教师来说,新课程是一个巨大的挑战。团队意识到他们工作中的重点是让教师接触到关于有效教学的全新的或修正后的理论,了解新课程的来龙去脉,从而重塑教师文化。"可见的学习"具备可靠的研究基础,拥有自己的机构和权威性,参与到这样一个全校性的发展过程中,它可以让教师的思考突破他们身处的情景，更多地思考那些"大概念"。从本质上来说，这正是"可见的学习"对教师的要求。这是一个制订发展计划的机会，既将学校的具体问题考虑在内，同时又让他们认识到新课程蕴含的一些目标。

托伯莫里学校的确也有自己的优势。督学团认为该校具有积极的氛围，对学生和家长都非常友好热情。这也证实了克雷格自己的观察，这里大部分的学生具有良好的学习动机，懂礼貌而且积极乐观，教师也备受好评。

在接下去的几个月里，托伯莫里学校的领导团队制订了改革日程，以应对新课程带来的挑战，同时制订了新的管理日程来处理与高中入学资格以及积极的学生目标相关的议题。他们还继续监控教室里发生的一切，并且在克雷格·帕金森的帮助下，规划如何运用"可见的学习"推进该校的教与学。该日程被写入了学校的三年改进计划，其中包括优先关注点、任务、策略、时间安排、人事安排以及评估程序等细节。该计划有两条主线："课程与评价"和"学习与教学"。在派发给家长的一份长达30页的册子中，领导团队解释了如图15.1所示的学与教的目标。

第二条主线的目标：学习与教学
- 在教师在职培训日或其他专业发展活动中，将"可见的学习"继续专业发展计划引入托伯莫里学校（小学部和中学部），开展全校实践，包括运用研究和效应量较高的教师-学生之间的反馈策略，以改进学习。
- 在小学部和中学部推广基于证据的最佳教学实践方式，将其作为由"可见的学习"发展而来的可持续的模式。
- 听取全校学生（3—18岁）的意见——包括社团的意见和对意见的学习。

图15.1 学习与教学的目标

教师和学校领导尝试了什么新行动？

教师第一次接触"可见的学习"通常都是从"建基日"开始的，这天他们开始学习"可见的学习"干预的结构、起源以及约翰·哈蒂的一些关键发现。教师们还会了解"心智框架"的概念，并且有机会将它和自己的教育哲学与实践联系起来加以思考。他们还要学习"效应量"的概念，学习如何收集和分析适当的证据，以及如何将自己的学习转化为行动。

理查德·高思罗普回答了一系列关于"建基日"的问题，还有托伯莫里学校"可见的学习"的早期反馈。

早期反馈：实例 1

你的第一印象是什么？

第一天，我就对效应量及其相关的信息和研究非常感兴趣。我正是从这个时候开始思考它会如何改进我自己的教与学，以及学校整体的教与学。

你认为"可见的学习"能为教师带来什么？

最初的时候，一些教师对"可见的学习"存有疑虑，他们对计算效应量的技术性问题感到烦心，而没有思考这项研究可以为他们的决策提供什么信息。我认为，"可见的学习"有助于明确那些需要关注和改进的地方，它成了学校改革背后的主要推动力之一。"可见的学习"向教师展示了自我评价的重要性，以及在观察过程中应该关注哪些关键方面。与学生展开对话也可以加深他们对一些特定领域的理解，给予这些领域以真正的关注。将改进计划的各个方面与"可见的学习"联系起来有助于确定可做出显著改进的领域。这使我们得以针对关键领域给予反馈，运用数据验证研究发现的效度。久而久之，这些数据很可能被用来展示进步的情况。

你认为"可见的学习"能为学生带来什么？

学生们对"可见的学习"的认识越来越深，而且，通过问卷调查等手段，这样的认识有望继续深入，这将给他们更多的机会去反思和影响他们自己的学习。

讲一件你发现的有意思的事。

我发现矩阵模型是辅助自我评价的一种非常有用的工具，也可以在讨论时给出提示，进而为制订行动计划提供信息。我特别喜欢其中的标题，因为我发现它们为严谨的自我评价提供了清晰的关注点。

理查德给予了非常积极的反馈，部分原因是他很早就作为领导团队的一员参与到"可见的学习"中。那些早期没有参与的教师的反馈就有点模棱两可了。这从"早期反馈：实例 2"和"早期反馈：实例 3"当中可以看出。

早期反馈：实例 2

你的第一印象是什么？
开始的时候我有些犹豫。

你认为"可见的学习"能为教师带来什么？
它可以提供一个关注点，让我们知道哪些地方需要改进。

你认为"可见的学习"能为学生带来什么？
它应该可以改善学习环境和教学。

讲一件你发现的有意思的事。
我觉得效应量特别有意思，我打算进一步研究一下。

有没有觉得不好的地方？
动员日——总体的反馈不是很好——它让很多人望而却步。

早期反馈：实例 3

你的第一印象是什么？
我不太了解"可见的学习"究竟是什么，而且动员日对我来说也不是很明确。我后来通过杰夫·佩蒂（Geoff Petty）[①]的书了解了一些信息，这本书对背景的描述很详细。我对把注意力集中在教室里那些被证明有效的事情上非常感兴趣。

你认为"可见的学习"能为教师带来什么？
我希望它能让我们更愿意反思自己的教学，能够选择我们所知道的有效的教学和学习风格，停止做那些无效的事。

你认为"可见的学习"能为学生带来什么？
我希望他们能够意识到自己是学习者，在教师继续改善他们的反馈时，学生能够承担责任，对反馈做出回应。

讲一件你发现的有意思的事。
我希望再考虑一下如何依据"可见的学习"进行课堂观察。

有没有觉得不好的地方？
有时候我不清楚该做什么/在矩阵模型之后会发生什么，这种不确定性会让人心生畏惧。我觉得学生被过度调查了，我知道学生的意见非常重要，但我们学校很小，所以我们没有选择，只能反复地询问同一批学生。

对于一些教师模棱两可的反应，克雷格和领导团队并不惊讶。教师的反应不尽相同，有些非常兴奋，有些感觉他们已经受够了被要求学习各种各样的新事物。领导团队深知他们必须加倍努力让某些教师参与进来。

　　我认为"建基日"非常成功，但我们需要多一天时间去讨论"可见的

[①] 杰夫·佩蒂是英国教学专家，他传递的信息与他的前同事约翰·哈蒂所表达的信息高度一致。关于他更多的信息，参见网站 www.geoffpetty.com。

学习"对教师来说意味着什么、我们学校应该如何实施以及它会造成什么影响。最终我们决定利用黄昏的时间去加深我们的理解。正如督学团的督导报告所强调的,由于我们苏格兰的背景和新课程的实施,我们还有很多复杂的事情需要考虑。

(克雷格·比迪克)

在托伯莫里学校,"可见的学习"需要和苏格兰的新课程整合在一起。"卓越课程"规定的内容比先前的国家课程更少,鼓励学校关注学习的过程。"卓越课程"旨在使课程更加整体化,它描述了所有课程领域需要教授和评估的读写、计算、身心健康等方面的目标。课程纲领还鼓励跨学科学习,鼓励学校选择能够提供更多跨学科学习机会的主题和情境。

托伯莫里学校的教师在课程设计团队中通力合作,旁听课程,创建了一个书面的资料库,记录了他们教授和评价的内容、教学内容的深度等。然后,他们开始分析如何将跨学科的学习内容联结在一起,特别是如何将读写、计算、身心健康等的学习目标整合在一起。他们开始重新检视他们的单元计划,思考如何重新设计这些计划以提供更多整体性的学习机会,从而循序渐进地加深和拓展学生的学习和思维。

托伯莫里学校改进计划的两条主线要求教师对学生的进展情况有更深刻的理解和跟踪。领导团队着手制订清晰的读写与数学课程政策,这些政策将与当地教育主管部门的课程纲领保持一致。针对这一迫切的需求,克雷格·比迪克撰写了"托伯莫里学校评价工具包"。这是一份重要的文件,它提供了评价量规和标准化评价框架,教师可以用它来指导学习和设定具有挑战性的目标。克雷格和学校的评价工作组一起,仍然在继续开发评价工具包,支持教师理解和运用工具包里的一些概念。

领导团队开始要求课程团队承担更多的责任,建立系统去跟踪与"卓越课程"所规定的学习结果相关的数据,同时还实施了一些临时性措施,这些措施将与新的评价工具保持一致。课程团队还被要求设定读写、计算以及其他学业技能上的关键目标,这些目标要超越他们现在的水平。这样的话,学校的教师和领导者对学生的进步会有共同的见解。

课程团队在考虑,除了现有的数据外,在每个年级还可以运用哪些其他的标准化数据,以及考虑课程领域和更广泛学习中的什么数据能够提供关于良好学习者的信息。他们在小学阶段引入了更多的标准化测试，并且开始将效应量作为真正理解学生进步的手段。各课程团队也开发了相应的评价量规，明确地告知学生如何在某一学习领域取得更高的成就。

学校一直在思考如何报告学生的成绩和描述学生的学习。"可见的学习"团队想要传递的信息是：学生一旦成为有评价能力的学习者，他们就能够确定他们在不同的学科领域所需的知识和技能，理解他们如何才能取得进步。一群对此感兴趣的教师组成了一个工作小组，他们在思考如何帮助学生记录个人的进步和成就，记录他们校内外所有的学习情况。

新的课程与评估体系和"可见的学习"一样，强调运用明晰的学习意图和成功标准，使学生清楚地了解教师所期望的结果。此外，学校所有年级的教师都开始学习如何给学生提供与学习意图和成功标准直接相关的有效反馈。他们在形成性评价和总结性评价中都运用了这些量规。

领导团队通过一轮课堂观察和走课来监测教师实施"可见的学习"的早期情况。为了使课堂观察取得最好的效果，团队制订了协议，确保教师理解课堂观察的重点永远在于学生的学习，而不仅是视察教师的教学活动。

克雷格和他的团队深知，教育学生需要发动整个社区的力量。父母需要相信托伯莫里学校的教师所做的一切都是为了让他们的孩子有更多的机会去改进学习和取得成功。家长手册中分享了改进计划的细节，这是确保家长能够参与进来的方法之一。另外一个方法就是克雷格帮助家长理解约翰·哈蒂有关效应量的研究，以及它如何帮助我们理解教育中真正有效的因素。

托伯莫里学校的领导团队必须聚焦于培养有评价能力的学习者和创建"可见的学习"学校这两个目标上，同时清楚地认识到可能使学校偏离轨道的各种压力：

> 时间，还有工作负担，是我们最大的敌人。学校的实际情况是我们需要推行新课程和开发基于标准的评价工具，这对许多苏格兰教师来说都不熟悉。有些教师也感觉到不确定和忧虑。教师开发的新课程将要面向全国资格考试，而后者被视为是高中生的高风险考试。学校同时也迫切需要重新审核小学和初中课程，使之符合苏格兰政府的目标，建立一个更加灵活和具有挑战性的跨学科课程体系。

（克雷格·比迪克）

改变的行动对学生的预期学习成果有什么影响?

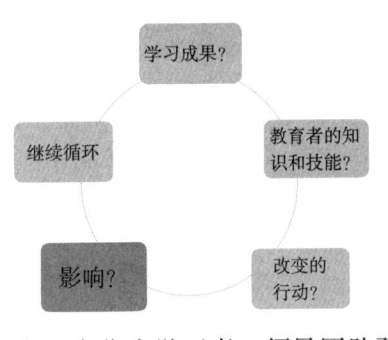

托伯莫里学校的"可见的学习"领导团队继续收集和分析来自不同渠道的信息,以监测改进计划目标的进展情况。除了考试结果外,团队也收集了学生焦点小组的信息以及教师和家长的反馈。目前还没察觉到"可见的学习"对学生学习产生实质性的影响,但已有迹象表明它对教师的实践产生了影响,同时使学生将自己定位为学习者。领导团队预料,随着干预措施成为学校新的推动力,这样的影响自然会更加显著。

在课堂观察和走课的过程中,领导团队可以看到教师更加关注与"可见的学习"相关的共同目标,学生也更加清楚地认识到自己需要具备评价能力。有些教师给予学生更多的时间参与学生之间和师生之间的对话,领导团队希望这成为普遍的行为。有些教师开始使用提问和提示的方式激发学生的高阶思维,这使得对话的质量有所提高。领导团队发现有迹象表明,一些教师现在开始思考他们如何才能拓展所有学生的思维,无论是那些遇到困难的学生,还是一直在考试中取得高分的学生。克雷格指出:"如果我们想要所有课堂都取得成功,分享好的实践非常重要。"

托伯莫里学校评价工具包的最初结果已经被证实是有价值的,它使教师,有时在学生的协助下,能够根据诸如 SOLO 分类评价法的结构设计量规,进而鼓励正确的反馈形式。教师运用这些量规促进学生参与讨论如何才能在某一学习结果上达到更高的水平。领导团队发现,使用量规促使教师与学生展开更多的对话,讨论哪些技能和知识需要更多的关注,更高水平的作品应该是什么样子的。课堂之外,教师开始理解和讨论新的评价量规,这种方式鼓励了专业对话和合作,使教师形成如约翰·哈蒂所言的理念:"透过学生的视角看学习"。

教师现在运用走课、同行评价和讨论来改进课堂的学习策略。他们还在专业发展会议上使用学生对教学的评价,对此加以分析,以观察学生在课堂学习中的体验。有些教师还建议使用视频录像,从而更好地观察自己的实践。

最近,托伯莫里学校对学生进行了调查,要求学生对学习进展情况进行反馈。调查给将来的改进提供了指引,同时也给出了值得庆祝的理由。例如,超过 84% 的学生感到他们总是或者经常很清楚他们正在学习什么。尽管我们没有其他可以用来比较的基准数据，但从学校和督学团提供的信息来看，在2012年可不是这样的。

督学团2014年6月的督导报告对托伯莫里学校创建的学习环境给予了积极的评价，例如：

> 无论是学前班、小学还是初中，儿童和少年都非常懂礼貌，高效地参与到学习中，渴望取得好成绩。他们和教师的关系融洽。从学前班到初中的儿童和少年都正成长为独立的学习者，并开始对自己的学习承担责任。所有年级的儿童和少年都非常自信地和小组其他成员合作完成课堂内外的任务和项目。

督学团为学校的改进过程提供了一个外部的视角：

> 校长对发展和改进学校很有远见。他着手发展教师、儿童和少年的领导者品质，特别关注提升学习和教学的质量。他邀请教师、儿童、少年和他们的父母，对学校事务加以评论。他还运用当前的研究来指导和改进教学实践。高级管理人员定期观察课堂并给教师提供有用的反馈。教师经常自我反思并且致力于改进他们的教学，审视和更新他们的课程。学校应当继续开发自我评价的方法，确保这些方法得以在课堂实践中使用，从而显著地改进教学。教师同时也是学校各个工作组的成员，他们一同制作新的教学材料、分享新的想法和实践。他们觉得自己在改进学校的过程中有所贡献，领导力和责任感被激发。所有这些以及其他类似的行动使得学校能够确定需要改进的领域。学校和社区的其他组织建立起良好而广泛的联系，并充分利用这些联系为儿童与少年创造机会。学校应当让合作伙伴更多地参与到合作规划和评价中来。这有助于确保合作伙伴在促进学生的学习和进步方面发挥更大的作用。

托伯莫里学校的故事讲述的是一所刚刚踏上"可见的学习"之旅的学校，与此同时，它所在的系统也正在经历变革。

"可见的学习"领导团队的其中一个主要的推动力来自"认识你的影响

力"。我认为我们所做的工作有两条主线:一是专业发展项目使教师更加了解评价和如何培养有评价能力的学习者;另外一个同样重要的工作是开发更好的课程、评价工具以及基础设施。从某种程度上来说,这两条主线彼此依存:我们需要工具和基础设施给我们提供原始数据,以理解"可见的学习"及其相关行动的影响。与此同时,我相信人际关系和情感维度是"可见的学习"是否成功的重要影响因素。从学生调查中获得的"软"数据以及课堂观察表明,我们在课堂师生关系、教师定位、学生自我概念上都在往好的方向转变。学生肯定知道有些事情正在发生!

(克雷格·比迪克)

克雷格说领导团队将吸取第一次证据收集阶段的经验教训,通过新一轮的教师课堂观察和走课,进一步监测教师实施"可见的学习"的情况。

"可见的学习"团队很有动力去收集大量数据,他们非常兴奋于这些数据能够使他们更加了解学校的学习情况。团队相信这将进一步吸引学校的其他教师全心全意地投入其中。

(克雷格·比迪克)

托伯莫里学校的故事表明,当一所学校采取基于证据的方法并尽可能地让每个人参与其中时,他们可以在短时间内在"可见的学习"旅程中取得重大进步。正如下一节所示,这也意味着学校能够为将来的发展制订好的计划。

继续循环

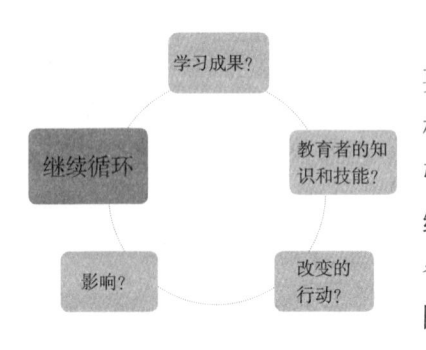

对于"可见的学习"学校而言,"接下去要做什么"是一个非常关键的问题。对克雷格·比迪克和托伯莫里学校的团队而言,这将引导他们在接触"可见的学习"哲学的第二年继续前行。在撰写本书期间,学校已经开始准备和教师们分享他们在实施"可见的学习$^+$矩阵模型"的第二阶段行动中所收集的数据。这将是一个有计划的、分成两个阶段的过程。首先，领导团队将分享通过问卷调查网站进行的有关"有热忱、善激励的教师"的问卷调查结果，以及一些与反馈有关的信息。学校已经知道他们要关注以下有需求的领域：

- 通过测试学生的先前知识，使任务的挑战性和学习者的发展水平之间更加匹配，并且运用测试信息区分任务难度；
- 通过提供更有挑战性的任务、高阶思维的问题和结构化的合作学习，鼓励独立思考；
- 保持课堂实践的连贯性，关注课程设计和教学策略；
- 通过持续地发展学生的认知、元认知和自我评价技能，以及通过对话建构知识的能力，帮助学习者视自己为教师；
- 通力协作确保全体教师了解托伯莫里学生的学习进程，并且运用这种知识来提高所有不同能力水平学习者的成绩；
- 运用效应量和标准化数据，了解各个班级以及全校学生的成绩和进步。

在撰写本书时，学校根据他们已知的情况，采取了一系列的行动。这些行动包括：

- 加快对单元计划的审议，寻找更多的跨学科合作的机会；
- 围绕新的主题和情境设计新的单元，他们希望这样可以鼓励学生更加深刻、创新和批判地思考；
- 将新的主题和新设计的学习进程联系在一起，这样学生的学习每年都能按照计划取得进步；
- 在新单元计划中加入新活动，旨在培养学生以更加成熟的方式讨论他们学习和进步的能力；
- 继续促进和要求教师围绕评价和学习进程开展专业对话，将之作为培养有评价能力的学习者的全校的方法之一；
- 把和克雷格·帕金森共同开发的自我评价机制作为"可见的学习从证据到行动"的一部分，以监测教师的课堂教学实践，从而支持积极学习和课堂对话成为日常例程；
- 将在小学阶段采用的效应量计算作为在中学阶段运用效应量的范例；

- 在当地教育主管部门收集到大量学校的读写等领域的数据时，与之分享有关评价、进步和运用效应量的经验；
- 规划和开发系统，确保进行同行课堂观察的教师能够更加自信地向被观察的同事提供反馈，特别是与"可见的学习"证据和督学团督导报告提及的关键发展目标相关的反馈。

附录 5.1 积极阅读指南

可能你已经非常熟悉"可见的学习⁺矩阵模型"。在霍奇山小学、奥克斯利学院、托伯莫里学校和沃东加小学,它都是一种重要的学习工具,在推动和指导全校探究上发挥了重要作用。在这个版本的矩阵模型中,探究的详细情况已经被删去,如果你愿意,你可以用它来记录你注意到的某所学校或更多学校的改变。

	策略计划	角色分工和责任	评价和学生管理系统	专业发展项目	教师和团队的时间安排和日程	教学计划	时间表和跟踪	观察和走课	考核
学校风气									
可见的学习者									
认识你的影响力									
有热忱、善激励的教师									
有效反馈									

附录 5.2　从理论到实践

当你读第 5 部分的故事的时候,你应当记录你注意到的关于学校的"可见的学习$^+$矩阵模型"。如果你这样做了,就可能会思考你自己所在学校的实际情况有何相似或不同之处。现在,你可以选择你所感兴趣的某一方面,开始探索你的学校或机构的相关情况。

总　结

2013年，在布里斯班举行的"可见的学习"大会上，约翰·哈蒂教授在他的开幕致辞上站起来说："我看着你们所有人，心想'假如我弄错了怎么办？'"当教育者要求来参观时，我也有同样的感觉，但我总是在同一个地方打消了这个念头——凯勒·维尤思就是一个真实而生动的例子，他没有弄错。

（查尔斯·布兰奇福特，凯勒·维尤思学校的校长）

这些以"可见的学习"研究为基础的故事旨在激励全世界的教育者，本书的15章例证了学校如何以不同的方式诠释"可见的学习"带来的信息，创造自己的改革和影响力的故事。本书的目的是激励你，向你展示你也可以踏上类似的自我反思和收集证据的旅程，以帮助你的学生获得更好的教育结果。如前言所说，这个旅程始于认识你的影响力，如果影响可以接受，那么就收集证据和继续这种实践。如果不是，这目的就要校正、调整和变更，将"可见的学习"研究的大概念作为你的框架。你会看到不同旅程和决策都基于相同的主题——"认识你的影响力"和"成为一个评价者"——这些都是"可见的学习"研究及其相关工作所要传达的关键信息。

"认知教育"已经设计了一个专业学习项目，为学校领导者和教师提供知识和工具去参与研究和思考什么对他们的学生最有效。项目主任德布·马斯特斯和约翰·哈蒂紧密、持续的合作保证了这个项目的严谨性。该项目旨在建立一个专业学习的过程，当培训者离开特定的学校、团体或系统后，这个项目依然能运作。这个项目的重点在于开发帮助领导者和教师自我反思的过程和工具，这些都是依实际情况而定的，对于每所学校都是独特的。"认知教育"的"可见的学习$^+$"团队开发的模式是以展示和评估影响为基础的。图16.1总结了一套完整的专业学习培训，前言对其有更详细的解释。

本书五个部分对应"可见的学习"的五条线索，每一部分都附有阅读指南，旨在帮助你快速地开始自我反思。它们可以作为领导团队或教师会议的提示，用于思考：自身影响的证据；对于你的学校或所在情境中的教师，影响意味着什么；或者开启你自己独特的"可见的学习"故事。仔细阅读每所学校的故事，可以让你获得很多的灵感和实践案例，但我们希望你记住，你的故事也是独一无二的，你的决策有大量证据作为支撑，所有决定都是在"可见的学习"格言的指导下做出的——"教师透过学生的眼睛看学习，学生将自己视为他们自己的教师"。

本书中的这些学校已经开启了变革之旅，他们正在庆祝成功，寻找应对挑战的方法。有些学校还处于成为"可见的学习"学校的最初阶段，其他学校正处于第二年或第三年的影响循环中。每一个影响循环都带来新的证据和挑战，但这些过程和工具是恒定不变的框架。现在衡量影响的大小还为时尚早，而且这个循环没有可预见的终点。然而，正如我们在本书的前言中所说的，教师和学校领导的专业能力相结合能带来真正的改变。发展这样的专业能力，滋养它，建立一个专业的联盟，这是一个系统为促进学习所能做的最昂贵也最值得的投资。

我们希望你在你自己的"可见的学习"影响循环里进展顺利。

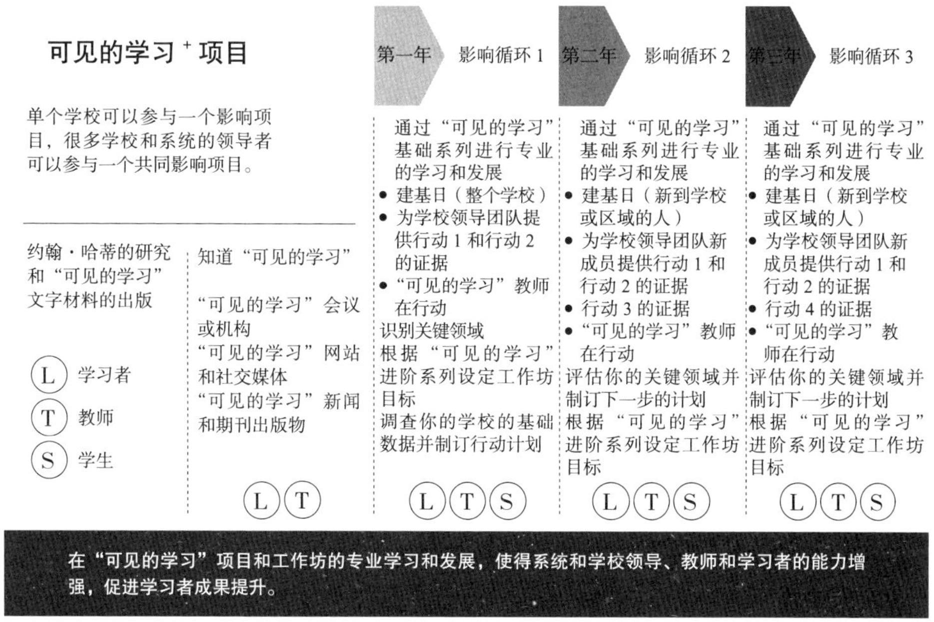

图 16.1　可见的学习⁺项目

参考文献

Barber, M., Kihn, P., & Moffit, A. (2011a). *Deliverology: From idea to implementation*. Washington, DC: McKjney and Co.

Biggs, J. (n.d.). SOLO taxonomy. Available from www.johnbiggs.com.au/academic/ solo-taxonomy/

Cognition Education. (2012a). *Visible Learning^{plus}: Evidence into action: Workbook one*. Auckland: Cognition Education.

Cognition Education. (2012b). *Visible Learning^{plus}: Foundation Workbook*. Auckland: Cognition Education.

Fullan, M. (2008). *The six secrets of change*. San Francisco: Jossey-Bass.

Hattie, J. (2009). *Visible Learning: A synthesis of over 800 meta-analyses relating to achievement*. London and New York: Routledge.

Hattie, J. (2012a). Know thy impact. *Educational Leadership*, 70(1), 18–23.

Hattie, J. (2012b). *Visible Learning for teachers: Maximizing impact on learning*. London and New York: Routledge.

Hattie, J. (2013). [Interview with]. Know thy impact: teaching, learning and leading: An interview with John Hattie. *In Conversation*, Vol. IV(2). Available from http:// www.eosdn.on.ca/docs/In%20Conversation%20With%20John%20Hattie.pdf

Hattie, J., & Timperley, H. (2007). The power of feedback. *Review of Educational Research*, 77(1), 81. Sage Publications. Available from: http://education.qld.gov. au/staff/development/performance/resources/readings/power-feedback.pdf

Irving, E. (2005). *The development and validation of a student evaluation instrument to identify highly accomplished mathematics teachers*. (Unpublished doctoral dissertation). University of Auckland.

Levin, B. (2012). *System-wide improvement in education*. Geneva, Switzerland, International Academy of Education/International Bureau of Education. Available from www. ibe.unesco.org

Ministry of Education. (2009). *Reading and writing standards for years 1-8*. Wellington: Author. Available from http://nzcurriculum.tki.org.nz/National-Standards

Ministry of Education (ongoing). *e-asTTle: Electronic assessment tools for teaching and learning*. Auckland: University of Auckland School of Education. Available from http:// e-asttle. tki. org. nz/

Ministry of Education (ongoing). *asTTle: Assessment tools for teaching and learning: He Pūnaha Aromatawai mō te Whakaako me te Ako*. Auckland: University of Auckland School of Education. Available from http://e-asttle.tki.org.nz/

Moss, C., & Brookhart, S. (2012). *Learning targets: Helping students aim for understanding in today's lessons*. Alexandria, VA: ASCD.

Nottingham, J. (n.d.). *Challenging students* with a learning pit. Available from www. devisa-hb.se/thinkingnetwork/FromJames/ChallengingOurStudentsToLeam.pdf

Nottingham, J. (2010). *Challenging learning*. Cheltenham, Vic.: Hawker Brownlow Education.

NZCER (2001). *STAR: Supplementary tests of achievement in reading: years 4—9*. Wellington: NZCER.

Petty, G. (2006). *Evidence-based teaching*. Cheltenham: Nelson Thornes.

Robinson, V. (2011). *Student-centred leadership*. San Francisco: Jossey-Bass.

Robinson, V., Hohepa, M., & Lloyd, C. (2009). *School leadership and student outcomes: Identifying what works and why. A best evidence synthesis iteration (BES)*. Wellington, New Zealand: Ministry of Education. Available from http: //www. educationcounts. govt.nz/publications/series/2515/60169/60170

Rubie-Davies, C. M. (2014). *Becoming a high expectation teacher: Raising the bar*. London: Routledge.

Timperley, H. S. (2009). *Realizing the power of professional learning*. Maidstone, England: Open University Press.

Timperley, H., Wilson, A., Barrar, H., & Fung, I. (2007). *Teacher professional learning and development: Best evidence synthesis iteration*. Wellington: Ministry of Education. Available at http://www.educationcounts.govt.nz/publications/series/2515/15341

Visible Learning^{plus}: Foundation workbook. (n.d.). South Yarra, Auckland: MacMillan Professional Learning/Cognition Education.

Zbar, V. (2009). School improvement and reform: the holy trinity of consistency, innovation and capacity. *CSE Occasional Papers. Number 111*. Melbourne: Centre for Strategic Education.

索 引[*]

Aboriginal students 土著学生 66，67，70，75

academic results 学业成绩：挪威奥斯高学校 171，172，179，*180*；新西兰克利夫登学校 190，191；香港智新书院 45；英国霍奇山小学 167，*167*；学术进步测量 (MAP) 217，222；澳大利亚蒙米亚小学 87-9，*88*；澳大利亚奥克斯利学院 239；澳大利亚基督教长老会女子学院 105，108；澳大利亚萨达迪恩小学 67；新西兰石田学校 130，139，*140*；英国托伯莫里学校 284；澳大利亚沃东加小学 259，261-3，*262*；美国沃尔福德小学 218；见 student outcomes 学生成果

accountability 问责制度：瑞典古斯塔夫·瓦萨科兰学校 15，143；美国莫伯利学区 214

achievement 成就 见 academic results 学业成绩；student outcomes 学生成果

action plans 行动计划 7-8，10；挪威奥斯高学校 175-7，*176*；新西兰克利夫登学校 198，199-201，202-3；香港智新书院 43，46，47，48，52；瑞典古斯塔夫·瓦萨科兰学校 15，143，148，149；英国霍奇山小学 161；澳大利亚凯勒·维尤思小学 28，29，33，35-6，40，41；澳大利亚蒙米亚小学 86，95，*95*，103；澳大利亚奥克斯利学院 240，241，242，249，252；澳大利亚基督教长老会女子学院 110，111-12；澳大利亚萨达迪恩小学 68，77，*77*-8；澳大利亚沃东加小学 265-8，269，272，281；美国沃尔福德小学 221，222，223，228，230

adaptive practitioners 适应性实践者 3，7

African-American 非裔美国人 218

aggression，students 学生攻击行为 66

Annual Operating Plan (AOP) 年度工作计划（萨达迪恩小学）68

Åsgård Skole，Ås，Norway 挪威奥斯高学校 15-16，170-1；影响力 178-81；领导 171，174-8；学生成果 172-5，178-81；教师 171，174-8

Asians 亚裔 15，155

aspirations 期望：挪威奥斯高学校 173，*176*；新西兰克利夫登学校 194-5，*195*；香港智新书院 47，*48*；瑞典古斯塔夫·瓦

[*] 本索引所附页码为英文原版书页码，即本书边码。斜体页码指的是该词条出现于图或表。子词条不附英文原文。

304 | 可见的学习在行动

萨科兰学校 *148-9*；英国霍奇山小学 158；澳大利亚凯勒·维尤思小学 26，28；澳大利亚蒙米亚小学 102；澳大利亚奥克斯利学院 241；澳大利亚萨达迪恩小学 *77-8*；英国托伯莫里学校 282

assessment criteria 评价标准 见 success criteria 成功标准

assessment-capable learners 有评价能力的学习者 203；挪威奥斯高学校 173；新西兰克利夫登学校 *191-2*，197；瑞典古斯塔夫·瓦萨科兰学校 *153-4*；英国霍奇山小学 *159*，159，163；美国莫伯利学区 210，215；澳大利亚蒙米亚小学 86，90，101，103；澳大利亚基督教长老会女子学院 104，107；英国托伯莫里学校 285，291，292，294

attendance, students 学生出勤 31，69，*76*，140，261

attitude, students 学生态度：挪威奥斯高学校 177；英国霍奇山小学 *166*，167；澳大利亚基督教长老会女子学院 108；澳大利亚沃东加小学 261

Australia 澳大利亚 见 澳大利亚凯勒·维尤思小学；澳大利亚蒙米亚小学；澳大利亚奥克斯利学院；澳大利亚基督教长老会女子学院；澳大利亚萨达迪恩小学；澳大利亚沃东加小学

autism 自闭症 218

baseline statements 基准线 77

beehives, learning 蜂巢：学习 *133*，138

bees, reading 蜜蜂：阅读 133，*133*

behavior, students 学生行为：英国霍奇山小学 166；澳大利亚萨达迪恩小学 66，68，70；澳大利亚沃东加小学 261，279

benchmarking 制定基准：香港智新书院 *46*；澳大利亚凯勒·维尤思小学 26，27，32，*34*；澳大利亚萨达迪恩小学 *69*，*76*；澳大利亚沃东加小学 261

Big Day Out (Visible Learning^{plus} program) 大日子（可见的学习$^+$项目）7；见 Foundation Day 建基日

blogs 博客 225

boarding schools 寄宿学校 见 澳大利亚基督教长老会女子学院

brag books 表扬相簿 72

Building Principals (USA) "教学楼"校长（美国）207

butterfly analogy 蝴蝶比喻 *30*，30，31

capability, assessment 评价能力 见 assessment-capable learners 有评价能力的学习者

capacity, leaders 领导者能力 193，212

celebrating progress 表扬进步 301；澳大利亚奥克斯利学院 246；澳大利亚萨达迪恩小学 68，*72-4*，*72-3*；新西兰石田学校 135

challenge, in learning 学习挑战 4，12，23，80，82，183，185；挪威奥斯高学校 170，*176*；香港智新书院 54；瑞典古斯塔夫·瓦萨科兰学校 *148*；澳大利亚凯勒·维尤思小学 32；美国莫伯利学区

214；澳大利亚蒙米亚小学93；澳大利亚基督教长老会女子学院106-7；澳大利亚萨达迪恩小学70，75，77，77-8；新西兰石田学校127，137；英国托伯莫里学校295；澳大利亚沃东加小学267，268，274，279

Challenging Learning 挑战学习 9

change agents 变革者：新西兰克利夫登学校192；瑞典古斯塔夫·瓦萨科兰学校153；澳大利亚蒙米亚小学102；澳大利亚萨达迪恩小学65，69，71

child speak 儿童话语131-2，141；

Clevedon School, New Zealand 新西兰克利夫登学校16，189-90；影响力197-205；领导者191-7；学生成果191-3，197-205；教师190，191-7

coaching 培训：英国霍奇山小学163；澳大利亚凯勒·维尤思小学25，35-6；澳大利亚蒙米亚小学89；见 professional development 专业发展

Cognition Education Ltd 认知教育有限公司 xi-xii，1，7，9，25，46，300

coherence, feedback 反馈的连贯性108

Collaborative Impact program 共同影响项目8-9

color-coding success criteria 对成功标准进行颜色编码4，163，164

community 社区/共同体119，121，184；新西兰克利夫登学校189，190，191，192-3，194-5；瑞典古斯塔夫·瓦萨科兰学校143，154；澳大利亚凯勒·维尤思小学25；澳大利亚蒙米亚小学90，91，92，102；澳大利亚基督教长老会女子学院110，114；澳大利亚萨达迪恩小学66，70，71，72；新西兰石田学校126-7，141；英国托伯莫里学校282-3，291，293；澳大利亚沃东加小学261，263，269，275，275，278-9；美国沃尔福德小学222

consultants 咨询顾问 vi-vii，9，10，231，233；新西兰克利夫登学校190，195；瑞典古斯塔夫·瓦萨科兰学校143，144；英国霍奇山小学160；澳大利亚凯勒·维尤思小学24-5，28；美国莫伯利学区209；澳大利亚蒙米亚小学86，90；澳大利亚奥克斯利学院239；澳大利亚基督教长老会女子学院107；澳大利亚萨达迪恩小学68；新西兰石田学校130；英国托伯莫里学校283；澳大利亚沃东加小学264；美国沃尔福德小学217，218

continuing professional development(CPD) 继续专业发展160，215

creativity, teaching 创造力，教学286

critical thinking 批判性思维221

cues, visual 视觉提示131

culture, learning 学习文化216；新西兰克利夫登学校16，195；香港智新书院47，48；英国霍奇山小学159，161，168；澳大利亚凯勒·维尤思小学29；美国莫伯利学区216；澳大利亚蒙米亚小学96，102；澳大利亚萨达迪恩小

学 68，70；澳大利亚沃东加小学 260，263，264，274，276

Culture Counts workshops "文化有价值"工作坊 70

curriculum 课程 4；英国国家课程层次 160；苏格兰 283，286-7，290-2；瑞典 15，143，144

data 数据：挪威奥斯高学校 179，*180*；新西兰克利夫登学校 191-2，193，196，197，199-200；香港智新书院 45，52；瑞典古斯塔夫·瓦萨科兰学校 146-7；英国霍奇山小学 *167*，167；澳大利亚凯勒·维尤思小学 27，29-30，*30*，32，*34*；澳大利亚蒙米亚小学 87-9，*88*，101-2；澳大利亚奥克斯利学院 239-40，*240*，246，252-5；澳大利亚萨达迪恩小学 *72*；瑞典 143；英国托伯莫里学校 284-5，291，292，294；澳大利亚沃东加小学 260-3，*262*，273，276-7，279，*280*；见 effect sizes 效应量

Developmental Reading Assessment (DRA) 发展性阅读评价 52

Diagnostic Reading Assessment (DRA) 诊断性阅读评价 222，228

digital technology 数字技术：澳大利亚基督教长老会女子学院 105-6，*113*，113-17；新西兰石田学校 141

discovery College, Hong Kong 香港智新书院 12-13，42-3；影响力 61-3；领导者 43，44，46-9，47；小学部 43，49-54；中学部 43，54-61；学生成果 45-7，*48*；教师 44，46-9

diversity 多元性：澳大利亚蒙米亚小学 14，86；新西兰石田学校 126；美国沃尔福德小学 219

e-asTTle (electronic assessment tools for teaching and learning) 教与学的在线评价工具：新西兰克利夫登学校 196，197，199；香港智新书院 46，*46*，52，55，56，59；新西兰石田学校 *131*

Education Review Office (New Zealand) 教育审查办公室（新西兰）190，191，192

effect sizes 效应量 *2*，2，4；挪威奥斯高学校 173，178，179，*180*；新西兰克利夫登学校 196,197，199-200；香港智新书院 53，54；反馈 85；澳大利亚凯勒·维尤思小学 12，35，36，*37-9*，41；澳大利亚蒙米亚小学 101-2；澳大利亚奥克斯利学院 240，246，252-5，*254*；英国托伯莫里学校 282，*287-9*，291，295；澳大利亚沃东加小学 276；见 student outcomes 学生成果

effective feedback 效应反馈 见 feedback 反馈

effectiveness 效应 见 impact 影响力

engagement, students 学生参与：澳大利亚萨达迪恩小学 67；英国托伯莫里学校 285；美国沃尔福德小学 220，226-7

English as second language 英语作为第二语言：新西兰石田学校 126，131，139；澳大利亚沃东加小学 259

索 引

English for Speakers of other Languages (ESOL) 面向其他语言使用者的英语课程 126

English language learners 英语学习者 15, 135

English lessons 英语课程（香港智新书院）54-61

English Schools Foundation (ESF) 英基学校协会 12, 42

enhancement, students 提高, 学生 1-2, 4

errors 错误 见 failure 失败; mistakes 错误

evidence, of impact 影响力的证据 12, 175, 246-9

Evidence into Action (Visible Learning^{plus} program) 从证据到行动（可见的学习$^{+}$项目）239-40, 242

evidence-based teacher education 基于证据的教师教育 6

evolution, intentional 有意识的改进 223

extended work 拓展工作 5, 221

external assessment 外部评价 205; 挪威奥斯高学校 156; 新西兰克利夫登学校 189, 190; 香港智新书院 42, 45, 46, 62; 新西兰石田学校 131; 英国托伯莫里学校 286, 290, 293

facilitators 促进者 1, 16, 226, 283-4

failure, students 学生失败 80, 82; 英国霍奇山小学 157, 163; 澳大利亚蒙米亚小学 93; 美国沃尔福德小学 17, 219; 见 mistakes 错误

Federal government (USA) 联邦政府（美国）17, 225

feedback 反馈 5, 10, 13, 85; 挪威奥斯高学校 172-3, 174, 175, 179; 新西兰克利夫登学校 197, 200-1, 204; 香港智新书院 50-1, 56, 58, 55-6, 57-8, 60; 瑞典古斯塔夫·瓦萨科兰学校 150; 英国霍奇山小学 157; 澳大利亚凯勒·维尤思小学 32, 33; 美国莫伯利学区 17, 211, 212, 216; 澳大利亚蒙米亚小学 14, 90, 92-5, 93-5, 97, 100-1; 澳大利亚奥克斯利学院 244, 257; 教育实践 119, 120, 121, 122; 澳大利亚基督教长老会女子学院 14, 105, 107-8, 113, 113-17; 新西兰石田学校 134, 137-8; 英国托伯莫里学校 286, 292-3; 澳大利亚沃东加小学 268

focus groups 焦点小组: 挪威奥斯高学校 173, 174; 英国霍奇山小学 145, 147, 159, 163, 165; 澳大利亚蒙米亚小学 90, 95

formative feedback 形成性评价 96, 105, 108, 118

Foundation Day (Visible Learning^{plus} program) 建基日（可见的学习$^{+}$项目）7; 香港智新书院 46-7; 澳大利亚蒙米亚小学 90; 澳大利亚萨达迪恩小学 69-70; 英国托伯莫里学校 287-9, 287-90

Fountas and Pinnell Benchmark Assessment System 方塔斯和皮奈尔基准评价体系 27, 101

gardens, learining 学习花园 75-6

girls'schools 女子学院 见 澳大利亚基督教长老会女子学院

goals, students 学生目标 见 learning intentions 学习意图；objectives for learning 学习目标

good learners 良好学习者：挪威奥斯高学校 173；新西兰克利夫登学校 191；英国霍奇山小学 *162*, 162, 165-7, *166*；澳大利亚萨达迪恩小学 68, 71, *75*；新西兰石田学校 128-30；美国沃尔福德小学 219-21, *220*, 223-4；见 learner qualities 学习者品质；visible learners 可见的学习者

governments 政府：美国联邦政府 17, 225；瑞典政府 15, 143, 144；得克萨斯州政府 17

grades 分数 见 academic results 学业成绩

growth 成长 见 progression, students 学生进步

guiding coalitions 指导联盟 7-8, 9, 10, 11；挪威奥斯高学校 171-5, 177-8, 181；香港智新书院 42, 45；英国霍奇山小学 156, 163-5；澳大利亚凯勒·维尤思小学 11, 16, 25, 29, 31-2, 36；美国莫伯利学区 208；澳大利亚蒙米亚小学 87, 90, 92, 94-5, 96, 100；澳大利亚奥克斯利学院 238, 241-3, 257；澳大利亚基督教长老会女子学院 105-10, 113, 117-8；澳大利亚萨达迪恩小学 66, 68-9；澳大利亚沃东加小学 263,

266, 267-8, 269-71, 276-7, 281

Gustav Vasaskolan, Sweden 瑞典古斯塔夫·瓦萨科兰学校 15, 142-4；影响力 153-4；领导者 144, 145-52；学生成果 143, 144-9, 150, 153-4；教师 144, 145-52

Hattie, John 约翰·哈蒂 xi；反馈 85, 90, *120*；研究视角 1-7；学生成果 117-18

Her Majesty's Inspectorate of Education (HMIe) 女王督学团 286, 290, 293

Hodge Hill Primary School, UK 英国霍奇山小学 15, 155-6, 163；影响力 163-9；领导者 157, 160-3；学校领导者 156；学生成果 157-61, 163-9；教师 160-3

home-school partnerships 家校合作关系：新西兰石田学校 140；澳大利亚沃东加小学 263, *275*, 278

How am I doing?(feedback question) 我如何达到目标水平？（反馈问题）10, 32, 146, *234*, 250

hubs, learning 学习中心 126, 134

IEU (Indigenous Education Units) 土著教育班级 66, 67, 70, 74-5

impact 影响力 3-5, 12, 300；挪威奥斯高学校 174, 178-81；新西兰克利夫登学校 196, 197-205；共同影响项目 8-9；香港智新书院 12-13, 49-62, *62-3*；瑞典古斯塔夫·瓦萨科兰学校 153-4；英国霍奇山小学 163-9；澳大利亚凯勒·维

索引 | 309

尤思小学 12，23，35-41；美国莫伯利学区 212，213-16；澳大利亚蒙米亚小学 96-103；澳大利亚奥克斯利学院 246-9，252-8；澳大利亚基督教长老会女子学院 114-18；澳大利亚萨达迪恩小学 13，72-3，75-6，*77-8*；新西兰石田学校 137-40；英国托伯莫里学校 292-5；澳大利亚沃东加小学 268，276，278-81；美国沃尔福德小学 226-30；*见* Know Thy Impact 认识你的影响力；success criteria 成功标准

impact cycles 影响循环 10-11，*11*，301；澳大利亚凯勒·维尤思小学 35；澳大利亚基督教长老会女子学院 107，118；澳大利亚萨达迪恩小学 72，77；英国托伯莫里学校 284；美国沃尔福德小学 221

improvement 改善 *见* progression，students 学生进步

independent schools 私立学校 *见* 香港智新书院；澳大利亚奥克斯利学院；澳大利亚基督教长老会女子学院；美国沃尔福德小学

Indigenous Australians 澳大利亚土著人 65-6，75，259

Indigenous Education Units (IEU) 土著教育班级 66，67，70，74-5

individuality 个性 3

Inside Series (Visible Learning^{plus} program) 进阶系列（可见的学习$^+$项目）7，8

inspired and passionate teachers 有热忱、善激励的教师 10，16-17，231，233，*234*，*298*；挪威奥斯高学校 174，181；新西兰克利夫登学校 16，197，198，205；美国莫伯利学区 16-17；澳大利亚萨达迪恩小学 70；英国托伯莫里学校 294；澳大利亚沃东加小学 264；美国沃尔福德小学 17，217，220，221，*222*，229

instructional practices 教学实践 7；挪威奥斯高学校 174，175；瑞典古斯塔夫·瓦萨科兰学校 143，146-7，150；澳大利亚凯勒·维尤思小学 32，35；美国莫伯利学区 208，213；澳大利亚蒙米亚小学 87，89，92，94-5，*95*；澳大利亚沃东加小学 18，260；美国沃尔福德小学 221，223，227

instructions 教学 221

intentional evolution 有意识的改进 223

intentions 意图 *见* learning intentions 学习意图

internal assessment 内部评价 301；新西兰克利夫登学校 199-200；香港智新书院 42，46，61；英国霍奇山小学 156；澳大利亚沃东加小学 261；*见* effect sizes 效应量

International Baccalaureate 国际文凭 43，56，105

international Visible Leaning community 可见的学习国际共同体 9-10

Irving Scale 欧文量表 250，251

journals 日志 130

justice, social 社会正义 67

Keilor Views Primary School，Australia 澳大利亚凯勒·维尤思小学 12，23-5，*24*；反馈 32，*33*；影响力 35-41；领导 25-6，28-35；学生成果 26-30；教师 28-35

Key Stage levels，UK 英国的关键阶段 156，167，*167*

KidsMatter 儿童很重要 86

kindergarten level 幼儿园阶段 228，237

Know Thy Impact 认识你的影响力 3-5，10，12-13，*298*；挪威奥斯高学校 175；新西兰克利夫登学校 193；香港智新书院 5，12-13，47；英国霍奇山小学 4，158；澳大利亚凯勒·维尤思小学 12，25，29；美国莫伯利学区 212；澳大利亚蒙米亚小学 5；澳大利亚奥克斯利学院 238，*240*；澳大利亚萨达迪恩小学 13；英国托伯莫里学校 294；澳大利亚沃东加小学 5，264，271；美国沃尔福德小学 *222*

Knowledge Net 知识网络 135

LEA (Local Education Authority) 地方教育行政部门 290，295

leaders，schools 学校领导 4-9，12，23，300-1；挪威奥斯高学校 171，174-8；新西兰克利夫登学校 191-7；香港智新书院 13，43，44，46-9，47；瑞典古斯塔夫·瓦萨科兰学校 15，144，145-52；英国霍奇山小学 15，156，157，160-3；澳大利亚凯勒·维尤思小学 25-6，28-35；美国莫伯利学区 210-13，215；澳大利亚蒙米亚小学 14，87，89-96；澳大利亚奥克斯利学院 18，241-52；澳大利亚基督教长老会女子学院 14，106，107-14；澳大利亚萨达迪恩小学 13，66-7，68-75；新西兰石田学校 130-6；英国托伯莫里学校 283-4，285-92；澳大利亚沃东加小学 18，263-74，*270-1*，276；美国沃尔福德小学 218-19，221-5

leadership 领导力：能力 193，212；结构 243；学生成果 239

learner qualities 学习者品质 127-30，*128*，*129*；新西兰石田学校 131，137-8；英国托伯莫里学校 285；澳大利亚沃东加小学 266-7，*267*，274；美国沃尔福德小学 223-4；见 assessment-capable learners 有评价能力的学习者

learners 学习者 见 good learners 良好学习者；students 学生；visible learners 可见的学习者

learning hubs 学习中心 126，134

learning intentions 学习意图：挪威奥斯高学校 16，173-8，*176*，181；新西兰克利夫登学校 200，201，*203*，204；香港智新书院 *48*，52，57-8，61；瑞典古斯塔夫·瓦萨科兰学校 15，150；澳大利亚凯勒·维尤思小学 29，*33*，36，40；美国莫伯利学区 209，211；澳大利亚蒙米亚小学 92，96，*98*；澳大利亚奥克斯利学院 241-2，*245*，247-8，250，253，255-6，*256*；英国托伯莫里学校

291；澳大利亚沃东加小学 265，276，277；美国沃尔福德小学 224，229；见 objectives for learning 学习目标

learning needs (students) 学习需求（学生）10，45，105，264，285

learning needs (teachers) 学习需求（教师）10，160-1，*203*，221，222，264

learning objectives 学习目标 见 objectives for learning 学习目标

learning pathways 学习路径：香港智新书院 52；新西兰石田学校 134-5；澳大利亚沃东加小学 264，272，*272*，274，279

"learning pit" 学习低谷 133，*133*，139，224，226-7

learning roads 学习之路 177-8，*178*

learning trails 学习之路 72

learning walks 学习漫步 96，165

learning walls 学习墙 162，*162*，166，177

lesson plans 课程计划 298；挪威奥斯高学校 174；美国莫伯利学区 214；澳大利亚奥克斯利学院 242，246，*248*；美国沃尔福德小学 225

lifelong learning 终身学习 86，211，238，241

literacy 阅读/读写：挪威奥斯高学校 170，175，178，179，*180*；新西兰克利夫登学校 196，*197*，201，*202*；香港智新书院 49-61，*62-4*；瑞典古斯塔夫·瓦萨科兰学校 142；澳大利亚凯勒·维尤思小学 24-5，*26*，27，31，*34*；澳大利亚蒙米亚小学 86，87，89，96，99，102；澳大利亚奥克斯利学院 241，242，252-3，*254*；新西兰石田学校 125，130，131，134，*136*，137，138，139，*140*；英国托伯莫里学校 290-1；澳大利亚沃东加小学 260，266，*266*，272，279，*280*；美国沃尔福德小学 226，*227*

Local Education Authority(LEA) 地方教育局 290，295

magnitude, of impact 影响力的大小 4

management systems（澳大利亚基督教长老会女子学院）管理系统 105-6，109，110，113-17

Māori 毛利人 126，189

MAP (Measures of Academic Progress) 学术进步测量 217，*222*

mathematics 数学 见 numeracy/mathematics 算术/数学

matrices 矩阵 见 Visible Learning^{plus} Matrix 可见的学习$^+$矩阵

meetings, teachers 教师会议 249

mental health 心理健康 86

mentoring 指导 244，*245*

Middle Years Program (MYP) 中学项目 56-8

mindframes 心智框架 257；新西兰克利夫登学校 192；瑞典古斯塔夫·瓦萨科兰学校 146，153；澳大利亚凯勒·维尤思小学 29；澳大利亚奥克斯利学院 243；从心智框架到实践 79，*80*，81，*82*；澳大利亚萨达迪恩小学 70-1，*71*，77，

77-8；澳大利亚沃东加小学 279

mistakes 错误 155，157，161，165，216；见 failure 失败

Moberly School District，USA 美国莫伯利学区 16-17，207-8；影响力 213-16；领导 210-13，215；学生成果 209-11，213-16；教师 208，210-13

Monmia Primary School，Australia 澳大利亚蒙米亚小学 14，85-6；影响力 96-103；领导 87，89-96；学生成果 87-91；教师 89-96

multistructural aspects 多层结构 250

music classes 音乐课程 104

NAPLAN data "全国评估项目——读写和计算能力"的数据：澳大利亚蒙米亚小学 87-8，*88*，101-2；澳大利亚奥克斯利学院 253；澳大利亚沃东加小学 260，*262*

National Curriculum levels，UK 英国国家课程层次 160

National Standards，New Zealand 新西兰国家标准 130，139，*140*

needs 需求 见 learning needs 学习需求

New Zealand 新西兰 见 新西兰克利夫登学校；新西兰石田学校

New Zealand National Standards 新西兰国家标准 130，139，*140*

newsletters 新闻通讯 225

Northern Territory Department of Education，Australia 澳大利亚北领地教育部 68

Norway 挪威 见 挪威奥斯高学校

Norwegian University of Life Sciences (NMBU) 挪威生命科学大学 170

numeracy/mathematics 算术/数学：澳大利亚凯勒·维尤思小学 35，36，*37-9*；澳大利亚蒙米亚小学 87，89，*98*，101，102；澳大利亚奥克斯利学院 253，*254*；澳大利亚萨达迪恩小学 69，*76*；澳大利亚沃东加小学 273

objectives for learning 学习目标：挪威奥斯高学校 174；新西兰克利夫登学校 203；英国霍奇山小学 157，163；美国莫伯利学区 207，209，211-12，213-15；英国托伯莫里学校 290-1；澳大利亚沃东加小学 276；美国沃尔福德小学 228-9；见 learning intentions 学习意图

observation guides 观察指南（澳大利亚凯勒·维尤思小学）33

Ofsted 英格兰教育及儿童服务与技能标准局 156

On-Demand Adaptive Tests 按需随选的适应性测试 101

open-door policies 开放的政策 194

outcomes 成果 见 student outcomes 学生成果

ownership，students 学生自主权：挪威奥斯高学校 *176*；新西兰克利夫登学校 192，204；香港智新书院 51；瑞典古斯塔夫·瓦萨科兰学校 142；英国霍奇山小学 157，*159*；澳大利亚凯勒·维尤思小学 40；澳大利亚蒙米亚小学 102；澳

索引 | 313

大利亚奥克斯利学院 242，257

Oxley College，Australia 澳大利亚奥克斯利学院 18，237-8；影响力 252-8；领导 241-52；学生成果 239-42，252-8；教师 238-9，241-52

parents 父母：挪威奥斯高学校 172，180；新西兰克利夫登学校 190，192，204；香港智新书院 58；澳大利亚基督教长老会女子学院 108，113，114，*115*；澳大利亚萨达迪恩小学 72；新西兰石田学校 135-6，*136*，140；英国托伯莫里学校 291；澳大利亚沃东加小学 278

pathways 路径 见 learning pathways 学习路径

pedagogs 助教 142，143，*147*

pedagogy 教育学：澳大利亚凯勒·维尤思小学 35，40；澳大利亚奥克斯利学院 239，246，250；澳大利亚沃东加小学 265-7

peer-assessment 同伴评价：学生：新西兰克利夫登学校 200-1；澳大利亚蒙米亚小学 96；美国沃尔福德小学 227

peer feedback 同伴反馈：教师 96

pervasiveness，of impact 影响力的普及性 4

PISA (Program for International Student Assessment) 国际学生评价项目 62，143

planning 计划 见 action plans 行动计划；lesson plans 课程计划

practice of education 教育实践：香港智新书院 46-7；反馈 119，*120*，121，*122*；心智框架 79，*80*，81，*82*；基于研究 6-7，19；故事 9-11；教师 231，*232*，233，*234*；可见的学习者 184，*185*；可见的学习$^+$矩阵 297，*298*，299

praise 表扬：挪威奥斯高学校 173；澳大利亚蒙米亚小学 *94*，94-5，100

prediction，of student outcomes 学业成果的预测 117-18

Presbyterian Ladies' College，Australia 澳大利亚基督教长老会女子学院 14，104-6；影响力 114-18；领导 106，107-14；学生成果 106-9，*110*；教师 107-14

primary level 小学阶段：香港智新书院 43，49-54；见 挪威奥斯高学校；新西兰克利夫登学校；英国霍奇山小学；澳大利亚凯勒·维尤思小学；澳大利亚蒙米亚小学；澳大利亚萨达迪恩小学；新西兰石田学校；澳大利亚沃东加小学；美国沃尔福德小学

principles 原则 见 Visible Learning principles 可见的学习原则

private schools 私立学校 见 香港智新书院；澳大利亚奥克斯利学院；澳大利亚基督教长老会女子学院；美国沃尔福德小学

PROBE (Prose，Reading Observation Behavior，and Evaluation) 阅读理解评估工具（散文、阅读观察行为与评估）52

problem solving abilities 问题解决能力 129，221

process-oriented feedback 过程导向的反馈 179

professional development 专业发展 1，6-7，300-1；新西兰克利夫登学校 190，194，195，198，205；继续专业发展 160，

215；英国霍奇山小学 160-3；澳大利亚凯勒·维尤思小学 24-5；美国莫伯利学区 16-17，208，210，215；澳大利亚蒙米亚小学 86；澳大利亚奥克斯利学院 238，241-2；澳大利亚基督教长老会女子学院 113；英国托伯莫里学校 294；"可见的学习"项目 1，6-9，*8*，300-1，*302*；澳大利亚沃东加小学 259-60，264，268，*269*，277-8，*278*，281；美国沃尔福德小学 221-3，*222*

professional learning communities (PLCs)（澳大利亚蒙米亚小学）专业学习共同体 94-5，*95*

progression, students 学生进步 4，5，6；挪威奥斯高学校 16，171，174；新西兰克利夫登学校 196，*197*，197，199-200，203-4；香港智新书院 12-13，53，54，58-9；英国霍奇山小学 165，167-8；澳大利亚凯勒·维尤思小学 23，26，31；澳大利亚奥克斯利学院 239，250，*252*，252-5，*254*；澳大利亚萨达迪恩小学 72，*72*-4；新西兰石田学校 138；英国托伯莫里学校 290-1；澳大利亚沃东加小学 276，279；见 effect sizes 效应量

Progressive Achievement Tests 进展性成就测试 101

qualities of learners 学习者品质 见 learner qualities 学习者品质

quality of feedback 反馈的质量 107-8

questions 问题 见 Where am I going? 我要达到什么水平？；How am I doing? 我如何达到目标水平？；Where to next? 下一个目标是什么？

questionnaires 问卷 288，294-5

rate of progress 进步率 见 progression, students 学生进步

reading 阅读：挪威奥斯高学校 175，178，179，*180*；新西兰克利夫登学校 201；香港智新书院 49-54，55-6，*62*；瑞典古斯塔夫·瓦萨科兰学校 142；澳大利亚凯勒·维尤思小学 27，*34*；澳大利亚蒙米亚小学 99，102；新西兰石田学校 125，130，137，139，*140*；澳大利亚沃东加小学 279，*280*；见 literacy 阅读/读写

reading bees 阅读蜜蜂 133，*133*

reading trees 阅读树 142，150，*151*

reflection 反思 5，10，231；新西兰克利夫登学校 200，201；香港智新书院 56；美国莫伯利学区 215；澳大利亚蒙米亚小学 91，93，96，98；澳大利亚奥克斯利学院 244，*245*，252；澳大利亚基督教长老会女子学院 110，*112*，115-16；新西兰石田学校 29，*129*，131，134；英国托伯莫里学校 *289*；澳大利亚沃东加小学 271，274，277-8，*278*；见 self-reflection, students 学生的自我反馈

relationships 关系：新西兰克利夫登学校 194；澳大利亚蒙米亚小学 96；澳大利亚萨达迪恩小学 66，70，75；英国托伯

索 引 | 315

莫里学校 293

relationships-based learning 以关系为基础的学习 70

research into practice 教育实践研究 6-7，19；见 practice of education 教育实践

resources，schools 学校教育资源 6

Response to Intervention (RTI) meetings 干预反馈会议 228

results 结果 见 academic results 学业成绩

risk-taking，students 学生承担风险 93，116，125，155

roads，learning 学习之路 177-8，*178*

RTI (Response to Intervention) meetings 干预反馈会议 228

rubrics 量规：新西兰克利夫登学校 196，203；香港智新书院 57-9，61；瑞典古斯塔夫·瓦萨科兰学校 150；澳大利亚蒙米亚小学 95，96，98；澳大利亚基督教长老会女子学院 108；新西兰石田学校 *129*，131；英国托伯莫里学校 290-1，292；美国沃尔福德小学 217，223，226，*227*，228

Sadadeen Primary School, Australia 澳大利亚萨达迪恩小学 13，65-6；影响力 75-6，77-8；领导者 66-7，68-75；学生成果 67-70；教师 68-75

schools 学校 见 Visible Learning schools 可见的学习学校

Scotland 苏格兰 见 英国托伯莫里学校

secondary level 中学阶段：香港智新书院 43，54-61；见 美国莫伯利学区；澳大利亚奥克斯利学院；澳大利亚基督教长老会女子学院；英国托伯莫里学校；美国沃尔福德小学

self-assessment，students 学生自我评价：新西兰克利夫登学校 200-1，204；香港智新书院 56；英国霍奇山小学 163，*164*；美国莫伯利学区 210；澳大利亚蒙米亚小学 96；美国沃尔福德小学 228

self-directed learning 自我导向的学习 221

self-monitoring 自我监督 51，55，*120*

self-reflection，students 学生自我反思：香港智新书院 51；美国莫伯利学区 17，216；澳大利亚蒙米亚小学 93

self-reflection，teachers 教师自我反思 53

self-regulation 自我管理 120，122，*183*，*185*；挪威奥斯高学校 174，175，177；香港智新书院 57；英国霍奇山小学 157，169；澳大利亚蒙米亚小学 93，94，95，100；澳大利亚基督教长老会女子学院 108，*110*，113，*113*；英国托伯莫里学校 285；美国沃尔福德小学 227

self-review，teachers 教师自我反思：新西兰克利夫登学校 192，199，201；美国莫伯利学区 212，216；澳大利亚基督教长老会女子学院 113，*113*；澳大利亚萨达迪恩小学 68；美国沃尔福德小学 227

single-parent households 单亲家庭 218

social justice 社会正义 67

SOLO taxonomy 可观察的学习成果结构分

类评价法 250，*252*

special needs 特殊需求 214，217

spelling 拼写：新西兰克利夫登学校 *202*；澳大利亚凯勒·维尤思小学 31；澳大利亚蒙米亚小学 102；澳大利亚奥克斯利学院 253，*254*；见 literacy 阅读/读写

staff 职工 见 leaders，schools 学校领导；teachers 教师

staff meetings 职工会议 249

staff turnover 职工流动率 190

Stonefields School, New Zealand 新西兰石田学校 14-15，125-7；影响力 137-40；领导 130-6

student outcomes 学生成果 127-31，137-41；教师 127，130-6

strategies, for learning 学习策略 2，3，13，*183*，*185*，*232*，*234*；挪威奥斯高学校 174，175，*176*，180-1；新西兰克利夫登学校 189，195，196，198，*203*；香港智新书院 43，50-3，55-6，58，59-61，63；瑞典古斯塔夫·瓦萨科兰学校 143，146-7，*149*，150；英国霍奇山小学 4，160-1，163，165，166，168-9；澳大利亚凯勒·维尤思小学 12，24，26-31，35，41；美国莫伯利学区 208，212-13，215；澳大利亚蒙米亚小学 85，86，89，*93*，95，102；澳大利亚奥克斯利学院 238，242，244，246，256-7；澳大利亚基督教长老会女子学院 117，*120*；澳大利亚萨达迪恩小学 77-8；新西兰石田学校 127，*129*，130，131，141；英国托伯莫里学校 287，292，295，*298*；澳大利亚沃东加小学 265，*267*，268，274，281；美国沃尔福德小学 219-20，221，223，225，227-8，230

Strong Learners Intensive Centre (SLIC) 有力学习者增强中心 74-5

struggling learners 学困生 284

student behavior 学生行为：英国霍奇山小学 166；澳大利亚萨达迪恩小学 66，68，70；澳大利亚沃东加小学 261，279

student engagement 学生参与：澳大利亚萨达迪恩小学 67；英国托伯莫里学校 285；美国沃尔福德小学 220，226-7

student leaders 学生领导者：澳大利亚凯勒·维尤思小学 40，*40*；澳大利亚沃东加小学 274

student outcomes 学生成果 *2*，2-3；挪威奥斯高学校 172-5，178-81；新西兰克利夫登学校 191-3，197-205；香港智新书院 45-7，*48*；瑞典古斯塔夫·瓦萨科兰学校 15，143，144-9，150，153-4；英国霍奇山小学 157-61，163-9；澳大利亚凯勒·维尤思小学 12，26-30，*27*；美国莫伯利学区 209-11，213-16；澳大利亚蒙米亚小学 87-91，*93*；澳大利亚奥克斯利学院 239-42，250，252-8；澳大利亚基督教长老会女子学院 106-9，*110*，117-18；澳大利亚萨达迪恩小学 66，67-70，75-6，*76*；新西兰石田学校 127-31，137-41；英国托伯莫里学校 284-7，

292-5；澳大利亚沃东加小学 18，260-5，276，278-81；美国沃尔福德小学 219-21，226-30；见 effect sizes 效应量；progression，students 学生进步；success criteria 成功标准

student ownership 学生自主权：挪威奥斯高学校 *176*；新西兰克利夫登学校 192，204；香港智新书院 51；瑞典古斯塔夫·瓦萨科兰学校 142；英国霍奇山小学 157，*159*；澳大利亚凯勒·维尤思小学 40；澳大利亚蒙米亚小学 102；澳大利亚奥克斯利学院 242，257

student speak 学生话语 196，203

student voice 学生的声音 / 学生的意见 219；新西兰克利夫登学校 191，201，204；香港智新书院 46，51，52；瑞典古斯塔夫·瓦萨科兰学校 150；英国霍奇山小学 163；澳大利亚凯勒·维尤思小学 32，35-6；澳大利亚蒙米亚小学 91-2；英国托伯莫里学校 287，289；澳大利亚沃东加小学 272

students 学生：攻击行为 66；英语学习者 15；给予教师的反馈 92，249-50，*251*，257；良好学习者 26-8；学习需求 10，45，105，264，285；学习者品质 274；自我反思 17，51，*93*，216；理解反馈 100-1，*100-1*；见 peer-assessment, students 学生同伴评价；self-assessment, students 学生自我评价；visible learners 可见的学习者

study tours 访学之旅 25，86，91，252

success criteria 成功标准 4，6，12；挪威奥斯高学校 170，174，175，177，179-80，181；新西兰克利夫登学校 200；香港智新书院 *48*，50-1，55，57-8，60，61；瑞典古斯塔夫·瓦萨科兰学校 *152*；英国霍奇山小学 157，163；澳大利亚凯勒·维尤思小学 29，*33*，40；美国莫伯利学区 211，213；澳大利亚蒙米亚小学 89-90，96，*98*；澳大利亚奥克斯利学院 253，255-6，*256*；英国托伯莫里学校 291；澳大利亚沃东加小学 276；美国沃尔福德小学 220-1

summative feedback 总结性反馈 105，108，118

Sweden 瑞典：政府 15，143，144；见 瑞典古斯塔夫·瓦萨科兰学校

systems of learning 学习系统 5-6，8-9，17，301；新西兰克利夫登学校 199-200；澳大利亚奥克斯利学院 18，243-52；英国托伯莫里学校 18-19，287-92，293，295，*298*；澳大利亚沃东加小学 18，261，265-75

targets，schools 学校目标 8；挪威奥斯高学校 *176*；英国霍奇山小学 161-2，168；澳大利亚凯勒·维尤思小学 41；澳大利亚蒙米亚小学 90，*91*；澳大利亚奥克斯利学院 242，252-3，257-8；澳大利亚基督教长老会女子学院 109；澳大利亚萨达迪恩小学 68，69，*76*；英国托伯莫里学校 *287*

targets, students 学生目标 见 learning intentions 学习意图; objectives for learning 学习目标

task-level feedback 任务层面的反馈 100, 179

teachers 教师 3-6, 16, 68, 301; 挪威奥斯高学校 171, 174-8; 新西兰克利夫登学校 16, 190, 191-7; 香港智新书院 44, 46-9; 瑞典古斯塔夫·瓦萨科兰学校 144, 145-52, *147*; 英国霍奇山小学 160-3; 澳大利亚凯勒·维尤思小学 28-35; 美国莫伯利学区 16-17, 208, 210-13; 澳大利亚蒙米亚小学 89-96; 澳大利亚奥克斯利学院 238-9, 241-52; 同伴反馈 96; 教育实践 231, *232*, 233, *234*; 澳大利亚基督教长老会女子学院 107-14; 澳大利亚萨达迪恩小学 68-75; 新西兰石田学校 127, 130-6; 学生反馈 92, 249-50, *251*, 257; 英国托伯莫里学校 285-92, *287-9*; 澳大利亚沃东加小学 260, 263-9, 274, 277-8; 英国沃尔福德小学 17, 221-5; 见 inspired and passionate teachers, professional development 有热忱、善激励的教师专业发展; self-review, teachers 教师自我评价

technology 技术: 澳大利亚基督教长老会女子学院 105-6, *113*, 113-17; 新西兰石田学校 141

"the pit" (learning)（学习）"低谷" 133, *133*, 139, *224*, 226-7

thinking journals 思考日志 130

three feedback questions 三个反馈问题 见 Where am I going? 我要达到什么水平?; How am I doing? 我如何达到目标水平?; Where to next? 下一个目标是什么?

through-train schools "一条龙" 学校 42

timeliness of feedback 反馈的时效性 108, 114

TIMSS (Trends in International Mathematics and Science Study) 国际数学与科学学习趋势研究 143

Tobermory High School, UK 英国托伯莫里学校 18-19, 282-3; 影响力 292-5; 领导 283-4, 285-92; 学生成果 284-7, 292-5; 教师 285-92, *287-9*

trails, learning 学习之路 72

transparency 透明度 194

travel writing 游记写作 60-1

trees, reading 阅读树 142, 150, *151*

triads 三人小组: 英国霍奇山小学 163; 澳大利亚沃东加小学 268

trust 信任 32, 192, 193, 194, 198-9

turnover rate, teachers 教师流动率 190

uniqueness 独特性 3

unistructural aspects 单层结果 250

United Kingdom 英国 见 英国霍奇山小学; 英国托伯莫里学校

United States 美国 见 美国莫伯利学区; 美国沃尔福德小学

video 视频: 新西兰克利夫登学校 200; 香

港智新书院58；英国霍奇山小学158，*159*，165，*166*，168；澳大利亚蒙米亚小学92；澳大利亚奥克斯利学院240，253；澳大利亚基督教长老会女子学院113；澳大利亚萨达迪恩小学68；新西兰石田学校128，131，139；英国托伯莫里学校292；澳大利亚沃东加小学272，277；美国沃尔福德小学219，230

visible learners 可见的学习者10，14，182，*183*，184，*185*；挪威奥斯高学校15-16，178-81；新西兰克利夫登学校189；瑞典古斯塔夫·瓦萨科兰学校15，145，149；英国霍奇山小学15，155，158-9，*159*；澳大利亚凯勒·维尤思小学28，29；美国莫伯利学区213-14；澳大利亚蒙米亚小学89；澳大利亚奥克斯利学院237；新西兰石田学校14-15，125，127，131；澳大利亚沃东加小学274，279；见 good learners 良好学习者；learner qualities 学习者品质

Visible Learning leaders 可见的学习领导者见 leaders，schools 学校领导

Visible Learning^{plus} Matrix 可见的学习⁺矩阵5，17，297，*298*，299；澳大利亚蒙米亚小学90，91；澳大利亚奥克斯利学院240；教育实践297，*298*，299；英国托伯莫里学校294；澳大利亚沃东加小学264-5，281；美国沃尔福德小学221

Visible Learning^{plus} program 可见的学习⁺项目1，6-9，*8*，300-1，*302*；见 profes-sional development 专业发展

Visible Learning principles 可见的学习原则19；澳大利亚凯勒·维尤思小学29，31，35；澳大利亚蒙米亚小学86；澳大利亚沃东加小学268，271，274，281；美国沃尔福德小学218

Visible Learning schools "可见的学习"学校5，10，17-19，301；瑞典古斯塔夫·瓦萨科兰学校143，149，154；澳大利亚凯勒·维尤思小学25，28；澳大利亚蒙米亚小学89；澳大利亚奥克斯利学院18，238；英国托伯莫里学校18-19，282，291，294；澳大利亚沃东加小学18，260，263，264，267，276-81

visual cues（新西兰石田学校）视觉提示131

walks，learning 学习漫步96，165
walkthroughs 走课17；新西兰克利夫登学校196；瑞典古斯塔夫·瓦萨科兰学校147，150；英国霍奇山小学*159*，161；澳大利亚凯勒·维尤思小学26，31-2；美国莫伯利学区208；澳大利亚蒙米亚小学96，100；澳大利亚奥克斯利学院*240*，242，244-6，*247*，253-5；英国托伯莫里学校292，294；澳大利亚沃东加小学18；美国沃尔福德小学225，226，228

walls，learning 学习墙162，*162*，166，177
Where am I going? (feedback question) 我要达到什么水平？（反馈问题）10，*120*；新西兰克利夫登学校191，201，203；

瑞典古斯塔夫·瓦萨科兰学校 146；澳大利亚凯勒·维尤思小学 32；澳大利亚蒙米亚小学 90，*93*；澳大利亚奥克斯利学院 250，254，257

where to next? (feedback question) 下一个目标是什么？（反馈问题）10，*120*；挪威奥斯高学校 178；新西兰克利夫登学校 191，194，199，201，203；澳大利亚凯勒·维尤思小学 32；澳大利亚蒙米亚小学 89，90，*93*，102；澳大利亚奥克斯利学院 244，246，250，254，257；新西兰石田学校 *129*；英国托伯莫里学校 294

Wodonga Primary School，Australia 澳大利亚沃东加小学 18，259-60，276-8；影响力 276，278-81；领导 263-74，*270-1*，276；student outcomes 学生成果 260-5，276，278-81；教师 260，263-9，274，277-8

Wolford Elementary School，USA 美国沃尔福德小学 17，217-18；影响力 226-30；领导 218-19，221-5；学生成果 219-21，226-30；教师 221-5

workload，teachers 教师工作负荷 108，114

writing 写作：挪威奥斯高学校 170，179；新西兰克利夫登学校 196，*197*，202；香港智新书院 57-61，*62-3*；新西兰石田学校 134；澳大利亚沃东加小学 266，*266*；美国沃尔福德小学 226，227；见 literacy 阅读/读写

出 版 人　李　东
责任编辑　翁绮睿
版式设计　郝晓红
责任校对　贾静芳
责任印制　叶小峰

图书在版编目（CIP）数据

可见的学习在行动 ／（新西兰）约翰·哈蒂
（John Hattie），（新西兰）德布·马斯特斯
（Deb Masters），（澳）凯特·伯奇（Kate Birch）著；
彭正梅等译. — 北京：教育科学出版社，2018.7（2024.12 重印）
　书名原文：Visible Learning into Action:
International Case Studies of Impact
　ISBN 978 - 7 - 5191 - 1394 - 0

　Ⅰ.①可… Ⅱ.①约… ②德… ③凯… ④彭… Ⅲ.
①教学研究 Ⅳ.①G420

中国版本图书馆 CIP 数据核字（2018）第 088012 号
北京市版权局著作权合同登记　图字：01 - 2017 - 4605 号

可见的学习在行动
KEJIAN DE XUEXI ZAI XINGDONG

出版发行	教育科学出版社				
社　　址	北京·朝阳区安慧北里安园甲 9 号		市场部电话	010-64989009	
邮　　编	100101		编辑部电话	010-64981167	
传　　真	010-64891796		网　　址	http://www.esph.com.cn	
经　　销	各地新华书店				
制　　作	北京浪波湾图文工作室				
印　　刷	三河市兴达印务有限公司				
开　　本	720 毫米 ×1020 毫米　1/16		版　　次	2018 年 7 月第 1 版	
印　　张	20.75		印　　次	2024 年 12 月第 6 次印刷	
字　　数	326 千		定　　价	58.00 元	

如有印装质量问题，请到所购图书销售部门联系调换。

Visible Learning into Action: International Case Studies of Impact

By John Hattie, Deb Masters, and Kate Birch

ISBN 978 – 1 – 138 – 64229 – 4

Copyright© 2016 Routledge. All rights reserved.

Authorized translation from English language edition published by Routledge, an imprint of Taylor & Francis Group. All rights reserved. 本书原版由Taylor & Francis Group 出版公司出版，并经其授权翻译出版。版权所有，侵权必究。

Educational Science Publishing House is authorized to publish and distribute exclusively the Chinese (Simplified Characters) language edition. This edition is authorized for sale throughout Mainland of China. No part of the publication may be reproduced or distributed by any means, or stored in a database or retrieval system, without the prior written permission of the publisher. 本书中文简体翻译版授权由教育科学出版社独家出版并限在中国大陆地区销售。未经出版者书面许可，不得以任何方式复制或发行本书的任何部分。

Copies of this book sold without a Taylor & Francis sticker on the cover are unauthorized and illegal. 本书封面贴有Taylor & Francis 公司防伪标签，无标签者不得销售。